Na roda do samba

Na roda do samba

FRANCISCO GUIMARÃES *VAGALUME*

Organização, posfácio e notas de
Leonardo Affonso de Miranda Pereira

Copyright © 2023 Editora Serra da Barriga

Coordenação editorial: Andréia Amaral
Preparação de originais: Andréia Amaral
Revisão: Joelma Santos
Projeto gráfico de miolo e capa: Hugo Michels
Ilustração de miolo e capa: La Minna
Indexadora: Tathyana Viana
Diagramação: Aline Martins | Sem Serifa
Pesquisa de imagem adicional e licenciamento: Patrícia Pamplona

1ª edição, 2023

Dados Internacionais de Catalogação na Publicação (CIP)
(Câmara Brasileira do Livro, SP, Brasil)
Bibliotecária Tábata Alves da Silva CRB-8/9253

Vagalume, Francisco Guimarães
    Na roda do samba / Francisco Guimarães Vagalume; organização, posfácio e notas de Leonardo Affonso de Miranda Pereira. – 1. ed. – Niterói, RJ: Serra da Barriga, 2023. – (Coleção batuke)

    ISBN 978-65-980491-0-2

    1. Música brasileira 2. Rio de Janeiro (Estado) – História 3. Samba (Música) – História 4. Sambistas I. Pereira, Leonardo Affonso de Miranda. II. Título. III. Série.

23-159732   CDD 23-159732

Índice para catálogo sistemático:

1. Samba : Música : Rio de Janeiro : História   784.1888098153

Todos os esforços foram feitos para a localização dos fotógrafos responsáveis pelas imagens reunidas no caderno de fotos. No entanto, dada a época em que as fotografias foram produzidas, nem sempre foi possível encontrar os responsáveis. Por se tratarem de fotos importantes para o reconhecimento das pessoas mencionadas ao longo do livro, decidimos mantê-las, nos comprometendo a dar os devidos créditos na próxima edição, caso os profissionais reconheçam seus trabalhos e entrem em contato com a editora.

Proibida a reprodução, no todo ou em parte, por quaisquer meios, sem a prévia autorização por escrito da editora.

Direitos reservados à **Editora Serra da Barriga**.
Situada à Rua Quinze de Novembro, 106, 3º andar, sala 309
Centro, Niterói – RJ, CEP: 24020-125
E-mail: contato@serradabarriga.com

Ao Dr. Antonio Carlos da Rocha Fragoso,[1]
como penhor de eterna gratidão.

O autor

Ao grande espírito de PEREIRA CARNEIRO,[2] que, antes de ser um industrial e um homem de negócio, é um filantropo e um homem de sociedade.

HOMENAGEM DO AUTOR

Agradecimentos

Na *roda do samba* representa um sonho que foi tornado realidade, após muitas promessas, muitas desilusões, até chegar às portas do desânimo. Aí foi que encontrei Benedicto de Souza,[3] como o náufrago que encontra salvação.

Deixo, pois, nestas linhas, o meu expressivo agradecimento e minha eterna gratidão.

Francisco Guimarães (Vagalume)

Ao Dr. Pedro Ernesto,[4] o meu livro, como um preito ao emérito cirurgião que me salvou a vida, restituindo ao doce convívio dos que me são caros.

Prova de amizade e reconhecimento aos grandes amigos:

Dr. Augusto do Amaral Peixoto	Angelino Cardoso
Dr. Sylvio Maya Ferreira	Tenente Euclydes Pereira
Dr. Jorge Santos	Domingos Meirelles
Dr. Francisco de Castro Araújo	Fausto Gomes
Dr. Candido de Campos	Gaspar Lage
Maximiano Martins	Heitor Pinto de Almeida
Luiz Zagaglia	Teixeira
Alberto de Castro Amorim	Antônio Elysio Lopes
Dr. Manoel Bernardino	Matheus Donadio
Eduardo Velloso	Carlos Casquilhos
José Coelho de Mello	Francisco Martins
José Dias	Augusto Moraes (Barulho)

Manoel do Valle Júnior
Franklin Jenz
Corintho de Andrade
Antônio Velloso (K. Noa)
Arlindo Cardoso (K. Rapeta)
Flávio Mario de Oliveira
Cônego Dr. Olympio
    Alves de Castro
Dr. José Mattoso de
    Sampaio Corrêa
Arthur de Castro
Miguel Cavanellas
Argemiro da Costa e
    Silva Emilio Alvim
José Bourgogne de Almeida
Antônio de Amorim
    Diniz (Duque)
Major Verissimo José Nogueira
José Alves Vizeu
Manoel da Cunha Junior
Manoel Barreiros (Que-Ninho)
Paulino José Simplício
Manoel Júlio Frontino da Costa
Orestes Barbosa
Carlos Vasques
Oliveira Herêncio
Oscar Visconte
Capitão Arthur de Albuquerque
Davino Cervantes

Coronel Arthur José da Silva
Adalberto Pereira Pinto
Guilherme de Andrade Lima
Tenente Affonso Pacheco
Dr. José Moreira da
    Silva Santos
Oscar Maia
Júlio Antônio Simões
Dr. Enéas Brasil
Professor Jacobino Freire
Maestro J. Thomaz
José Gomes Soares
Ernesto Peçanha
Bento Carrazedo Filho
Samuel Santarém
Alfredo Guimarães
Ernesto Fialho
Benevenuto Carlos Bomfim
Conde de Vicente de Perrola
Dr. João Jones Gonçalves Rocha
Dr. Lourival Fontes
Dr. Oscar Sayão
Coronel João da Costa
    Guimarães
Dr. Júlio de Azurém Furtado
Coronel Matheus
    Martins Noronha
Carvalho Bulhões
Luiz Januzzi

Dr. Rufino Gomes
José Fernandes
Victor Fernandes Alonso
Álvaro de Almeida Campos
Dr. Armênio Fontes
Francisco Rocha
Armando Rosas
Diógenes José Pereira
   dos Santos
Dr. Alfredo Santos
Oscar de Almeida
José Leoni
Alberto Guimarães
Dr. Nelson Kemp
Capitão Tristão Augusto
   dos Santos
Sebastião Luiz de Oliveira
Coronel Manoel Gonçalves
Coronel Alfredo Carneiro
Manoel Ignacio de Araújo
Valentim Franco

Tenente José Pereira Gomes
Abadie de Farias Rosas
Paulo Magalhães
Annibal Bomfim
Charles Barton
Oscar Peixoto
Pillar Drummond (Finfinho)
Silvino Coelho
Henrique Amorim
Henrique Ferreira
Dr. Mozart Lago
Pedro José Pereira
Manoel José Pereira
Dr. A. Murillo
Dr. Rolando Pereira
Dr. Gabriel Ozorio de Almeida
Fidelis Conceição
Dr. Alvarenga Fonseca
Dr. José de Souza Rosa
Dr. Domingos Segret

Homenagens póstumas

A Eduardo das Neves, o Diamante Negro.[5]
A José Barbosa da Silva (Sinhô), o Rei do Samba.[6]
A Hilário Jovino Ferreira.[7]
A Henrique Assumano Mina do Brasil.[8]

À memória de meus pais.
A meus filhos.

À Jurimba.

Leitor amigo,

Muito estimarei que, estas mal traçadas linhas, te vão encontrar no gozo da mais perfeita saúde e disposição de suportá-las, até o fim deste modestíssimo trabalho que, longe de ser uma obra literária, é apenas um punhado de crônicas, que não publiquei porque os amigos mais íntimos induziram a que as reunisse num volume, à guisa de livro.

Quando as idealizei, foi no intuito de reivindicar os direitos do samba e prestar uma respeitosa homenagem aos seus criadores, àqueles que tudo fizeram pela sua propagação.

Não tive outro objetivo, senão separar o trigo do joio. Hoje, que o samba foi adotado na roda chique, que é batido nas vitrolas e figura nos programas dos rádios, é justo que a sua origem e o seu desenvolvimento sejam também divulgados.

Há nestas páginas duríssimas verdades que vão aborrecer a meia dúzia de consagrados autores de produções alheias, mas, tenham eles paciência, porque, quem o do alheio veste, na praça o despe, já muito bem dizia o meu velho amigo e mestre Conselheiro Acácio...

Não há ofensa quando se diz a verdade – *Veritas super omnia*!

Aqui continuo a ser o repórter.

Reuni nestas páginas o resultado das minhas investigações sobre o samba, que já está ficando por cima da carne seca... como se diz na gíria da gente dos morros, nas escolas do Estácio e do Catete, para quem este volume deve representar gratas recordações de um tempo feliz; reminiscências de um passado alegre, risonho, cheio de esperanças no futuro e que se acham desfeitas nos dias que correm.

Nós, os daquela época, somos os desiludidos de hoje.

* * *

Os cultores do samba, os sambistas verdadeiros, aqueles que sempre lutaram e continuarão a lutar para que o samba não seja desvirtuado, notarão a sinceridade que presidiu a confecção deste trabalho.

Ultimamente, apareceram muitos escritos sobre o samba, mas os seus autores demonstraram sempre o maior desconhecimento do assunto.

Aqui entre nós – que ninguém nos ouça – a minha única preocupação foi dar nome aos bois e provocar o estouro da boiada...

Muita gente ficará de calva à mostra, porque procurei desmascarar os que se locupletam com o resultado dos trabalhos dos outros, fazendo da indústria do samba um condenável monopólio.

Nas minhas reportagens, nas minhas investigações que o leitor amigo (ou inimigo) vai ler, poderei não agradar no estilo, mas uma coisa eu garanto – o que falta em flores de retórica, sobra em informações bebidas em fontes autorizadas e insuspeitas.

Assim, pois, peço ao leitor que entre com o pé direito *Na roda do samba*.

Francisco Guimarães (Vagalume)

Sumário

Nota do organizador 23

Parte 1.   O samba

1. A origem do samba 29
2. Onde nasce e morre o samba 34
3. Na batucada 43
4. Samba, sambistas e "sambestros" 46
5. O reinado de Sinhô 60
6. O diamante negro 76
7. Gente do outro tempo 91
8. Gente de hoje 106
9. Do samba ao carnaval 124
10. O samba e a gramática 128
11. O samba e o "rancho" 131
12. A decadência da vitrola 137

13. "Omelê" ou "batá" 146
14. *Veritas super omnia* 149
15. A quem couber a carapuça 154
16. Único apelo 157

Parte 2. A vida dos morros

1. Os morros 165
2. O Morro do Querosene 170
3. O Morro da Mangueira 183
4. O Morro de São Carlos 204
5. O Morro do Salgueiro 224
6. O Morro da Favela 243

Posfácio: Um repórter negro na roda do samba 271

Notas 297
Índice onomástico 345

Nota do organizador

Publicado originalmente em 1933 pela pequena Tipografia São Benedito, e relançado em 1978 em uma edição da Fundação Nacional de Artes (Funarte) apresentada por Jota Efegê, o livro *Na roda do samba* ganha uma reedição que tem a proposta de resgatar seu formato original de publicação. Diante da dificuldade de acesso à primeira edição, a ideia é levar a obra ao leitor na forma pela qual foi originalmente concebida e organizada pelo próprio Vagalume. Além da reprodução de imagens excluídas da primeira reedição,* tal esforço implica um cuidadoso trabalho de preparação de texto que pretendeu respeitar tanto sua ordem original de publicação quanto a grafia singular do autor, ainda que com a eventual correção de erros tipográficos evidentes.

---

* A editora optou por fazer duas mudanças em relação à primeira edição da obra: buscou outras fotos dos personagens citados, além das que já faziam parte da publicação original – porque entendeu que é uma maneira de resgatar a imagem de algumas pessoas que sofreram apagamento ao longo do tempo –, e decidiu concentrar as fotografias em um caderno específico, em vez de colocá-las entremeadas ao texto, como fez Vagalume na primeira edição.

A proposta de reedição de uma obra tão firmemente ancorada nos debates de seu tempo, como é o caso desta de Vagalume, envolve desafios que não podem ser desconsiderados. O primeiro deles diz respeito à reprodução de preconceitos que, muito comuns entre certos círculos no momento de sua escrita original, já não são mais toleráveis. É o caso daqueles ligados às disputas de gênero. Mesmo acostumado a conviver com a discriminação racial ou social, Vagalume muitas vezes adota uma postura excludente e preconceituosa ao se referir às mulheres, que são representadas em vários momentos do livro de forma pejorativa ou agressiva. A reprodução da forma original desses escritos se apresenta, por isso, como um significativo testemunho sobre os dilemas envolvidos na convivência entre diferentes formas de exclusão e violência que marcavam a sociedade brasileira do período.

Em termos mais práticos, outra dificuldade desta opção pela forma original de publicação se liga à própria possibilidade de entendimento das histórias e casos contados pelo autor. Ao tratar de nomes e eventos que podiam ser bem conhecidos de seus contemporâneos, mas que já são de todo opacos para os leitores da atualidade, este livro poderia apresentar dificuldades de compreensão que não existiam no momento de sua publicação original. Por esse motivo, a presente edição valeu-se de notas, no final do livro, que pretendem apresentar a um público mais amplo os temas e personagens tratados por seu autor. Ainda que algumas dessas referências possam ser óbvias para especialistas, a ideia é permitir que diferentes tipos de leitores possam compreender o sentido dos comentários do autor, a partir de saberes que naquele momento eram corriqueiros para seu público – o que exclui, evidentemente, as menções a personagens que eram já então desconhecidos do grande público, muitos dos quais apresentados pelo próprio autor no texto.

Colocadas ao fim do livro para não atrapalhar a leitura dos que quiserem apenas desfrutar do texto original, tais notas se apresentam assim como simples material de apoio para a compreensão das opiniões de Vagalume, sem a pretensão de abarcar toda a trajetória dos personagens citados. Note que elas se apresentam nos momentos em que o autor efetivamente trata pela primeira vez dos nomes e eventos em questão, e não necessariamente quando apenas os cita em listagens mais amplas. Desse modo, muitos dos personagens que são reiteradamente citados no livro são referenciados apenas em sua primeira aparição no texto. Por isso, o índice onomástico colocado ao final se apresenta como um meio de localizar essas diferentes menções dos muitos personagens que aparecem na obra.

Ressalto, por fim, que o livro incorpora ainda, em seu posfácio, um estudo sobre a obra e seu autor, que tem o objetivo de situar sua singularidade e importância nos debates sociais de seu tempo. Em conjunto, as notas e o posfácio pretendem permitir que o leitor compreenda o sentido da intervenção de Vagalume no debate que se começava a travar sobre o samba naquele momento, dando a ver o caráter específico de suas posições.

Leonardo Affonso de Miranda Pereira
Setembro de 2023

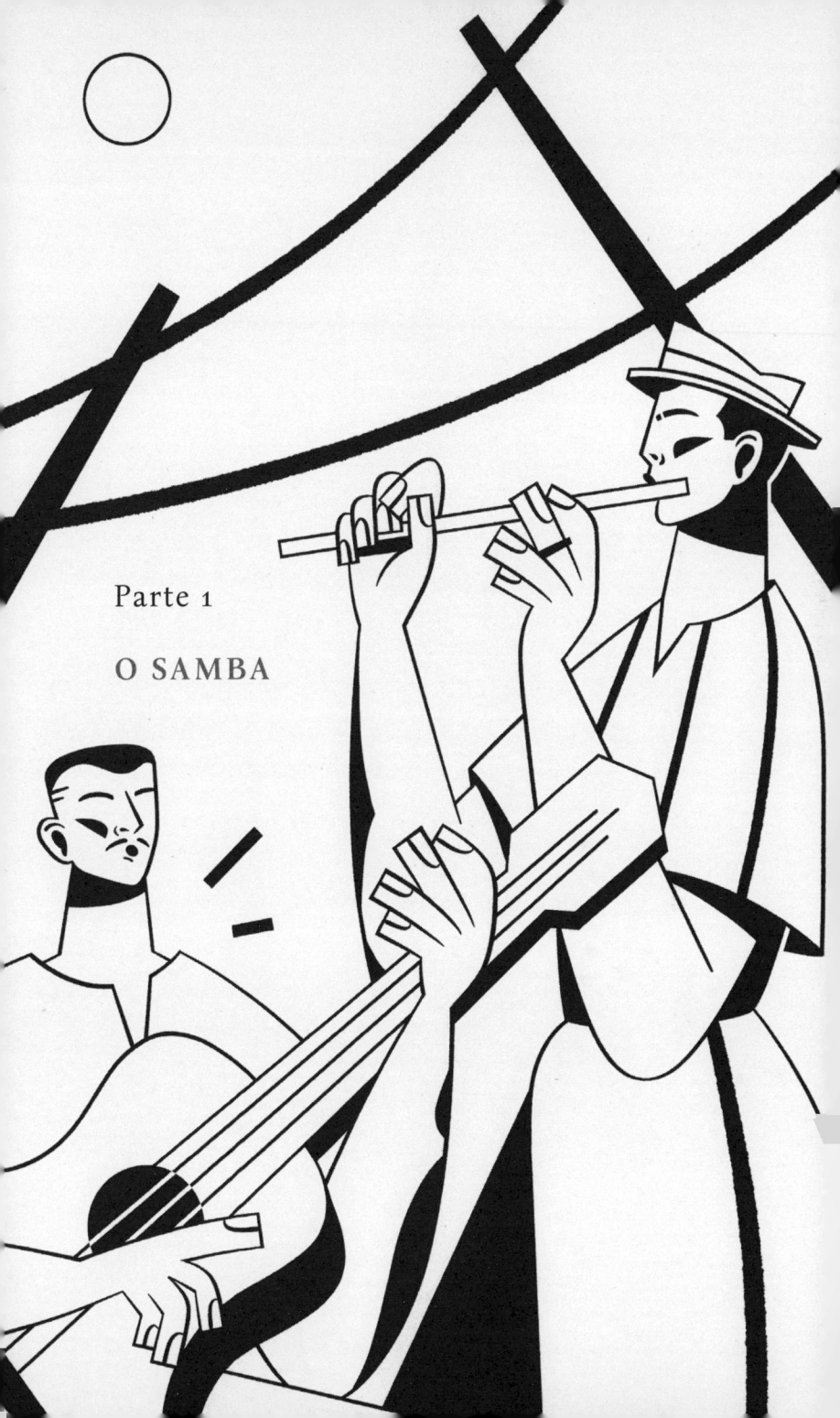

Parte 1

O SAMBA

A ORIGEM
DO SAMBA

Qual é a origem do samba?

Chi lo sá?

Segundo os nossos tataravôs, o samba é oriundo da Bahia.

A palavra é composta de duas outras africanas:

SAM – que quer dizer *Pague* – e BA – que quer dizer *Receba*.

A respeito contam a seguinte lenda:

Havia na Bahia um africano e um escravo, e escravizados eram também sua mulher e sete filhos.

Com muito sacrifício, conseguiu ele ajuntar a quantia de 7:000$000 e escondê-la em lugar bem seguro.

Adoecendo gravemente e sentindo a ronda da morte, chamou o filho mais velho, a quem revelou tudo: que em tal sítio, debaixo de uma árvore que tinha sinal, cavando cinco palmos, deveria encontrar uma lata e dentro dela uma cuia contendo 7:000$000.[1]

Com esse dinheiro, libertasse a sua velha companheira de mais de 50 anos e todos os seus filhos.

E o pobre velho assim concluiu:

— Eu morrerei escravo. Irei servir a Deus Nosso Senhor – lá no Céu! Peço a todos que rezem por mim.

Reunidos, mãe e filhos, todos começaram a rezar três vezes ao dia – às 6 horas da manhã, ao meio-dia e às Ave Marias.

E, como que por milagre, mesmo sem a assistência médica, a que o escravo não tinha direito, ele foi melhorando.

O filho possuidor do segredo vendo isso correu ao lugar indicado, cavou, descobriu a lata e, de posse do dinheiro, fugiu para a então província do Pará.

Restabelecido e sabedor da fuga do filho, o velho foi ao local e certificou-se da velhacaria, transmitindo-a à mulher e aos filhos, para que todos ficassem sabedores da ação indigna de seu filho mais velho.

Em africano, ele pronunciou esta sentença:

— OLORUM NÃ LARE' (Deus te desconjuro).

* * *

Daí em diante, mulher, marido e os filhos restantes começaram a trabalhar, trabalhar com afinco, e algum tempo depois obtinham a carta d'alforria.

Enquanto isso sucedia na Bahia, o velhaco fugitivo progredia no Pará e, anos depois, estando muito rico, viu-se acossado ou pela saudade dos pais e irmãos a quem traíra, ou do torrão onde nascera, ou mesmo pelo remorso, e regressou à Bahia disposto a obter por qualquer preço a liberdade sua e dos seus, conquistando deste modo o perdão de seu pai.

Qual, porém, não foi sua surpresa quando chegou e soube que da família era ele o único escravo e que seu pai estava muito rico, como chefe de estiva!

Procurou, então, os africanos que na Bahia constituíam o conclave e prometeu ao chefe uma quantia bem regular se conseguisse que o pai o perdoasse.

O caso era dos mais graves e só mesmo o conclave poderia resolver – depois de um africano haver excomungado seu filho!

Mas, já naquele tempo, o dinheiro era um caso sério...

Ante Sua Majestade Money, não havia impossíveis.

O chefe, tomando em alta consideração a oferta, combinou com os outros membros do conclave e disse ao rapaz:

— *Mê fio, vae hávê uma fésta glande, que sua paaai é obligado a cumpalicê. Vossuncê vai também ni fésta e léva bongo di papai que vai sê obligado a lecebê e predoá.*

O chefe foi imediatamente embolsado da oferta, porque – o seguro morreu de velho...

No dia da festa, o velho africano, na sua boa-fé, lá compareceu.

Eis que de repente surge-lhe o filho.

O velho exclamou possesso:

— OLANA'! (amaldiçoado).

O chefe fez um sinal e houve silêncio profundo. Reuniu-se o conclave e na sua soberania deliberou:

> QUE não havia motivo para que a divergência continuasse, em vista do arrependimento e das boas disposições do filho perante seu pai, a quem, por intermédio do Conselho, pedia perdão.
>
> QUE o regimen africano não sofrera golpe, porque quando o filho se apossou do dinheiro teve em mente aplicá-lo no trabalho honesto, fazendo assim crescer o cabedal dos africanos e seus descendentes.
>
> QUE, deste modo, não havia motivo para a excomungação.
>
> QUE em vista do arrependimento do filho e suas disposições querendo indenizar a seu pai e dele obter o perdão e a bênção, o pai estava na obrigação de receber a indenização, perdoar e abençoar o filho.

Resolvendo deste modo, o conclave obrigou o pai a abençoar o filho, depois de proferir o perdão em voz alta:

— MOFO – RIJIM – É! (Eu te perdoo).

Feito isto, deu-se a cerimônia da sentença.

Todos de pé, num gesto uniforme e em voz alta, dirigindo-se ao filho, exclamaram:

— SAM!... (Pague).

E ele respeitoso, depois de uma genuflexão ante os membros do Conselho, ajoelhou-se aos pés do pai, oferecendo-lhe um pacote com 7:000$000.

Em vista de incisão do pai, que fora tomado de grande emoção, os conselheiros batendo com o pé repetidas vezes ordenaram:

— BA! (Receba).
As pessoas presentes, segundo o ritual, repetiram: SAM! BA!
Ninguém se atrevia a desrespeitar uma decisão do Conselho, porque sabia ao que estava exposto. Pai e filho, num apertado abraço, ficaram bons amigos.
Em seguida, pela pacificação da família, que era muito conceituada, todos cantaram e dançaram repetindo sempre: SAM! BA!
E aí está a origem do Samba.

ONDE NASCE E
MORRE O SAMBA

Os baianos, com justo orgulho, chamam a si a paternidade do samba, que data dos fins do primeiro Império.

Até aí só existiam o jongo, o batuque e o cateretê.

Mais tarde veio o fado e, por último, o samba – que progrediu e venceu em toda a linha!

Não confundamos o fado brasileiro com o fado português. Este é mais lindo e harmonioso.

O nosso fado, porém, ao som duma viola, é mais alegre.

Uma coisa interessante – o violão não diz bem no fado.

Parece que lhe falta alguma coisa, não são tão arrebatadoramente como uma viola na mão de um cantador, de um homem que só sabe que – música é aquilo que toca...

Da Bahia, o samba foi para Sergipe e depois veio para o Rio, onde tomou vulto e progrediu, acompanhando a evolução até constituir um REINADO.

O primitivo samba era o RAIADO, com aquele som e sotaque sertanejos. Depois, veio o samba CORRIDO, já melhorado e mais harmonioso e com a pronúncia da gente da capital baiana.

Apareceu então o samba CHULADO, que é este samba hoje em voga; é o samba rimado, o samba civilizado, o samba desenvolvido, cheio de melodia, exprimindo uma mágoa, um queixume, uma prece, uma invocação, uma expressão de ternura, uma verdadeira canção de amor, uma sátira, uma perfídia, um desafio, um desabafo, ou mesmo um hino!

É este samba de hoje de Caninha, de Donga, Prazeres, João da Baiana, Lamartine, Almirante, Pixinguinha, Vidraça, Patrício Teixeira, Salvador Corrêa e muitos outros, e que constituiu o reinado do grande Mestre, do saudoso, do inolvidável, do Imortal SINHÔ!

É este samba que toda gente canta; é este samba que desbancou a modinha; que subiu aos palcos, que invadiu os clubes, que penetrou nos palácios e que, como ontem, hoje e amanhã, foi, é e será a alegria dos pobres, o alívio das mágoas dos sofredores, porque, segundo o velho adágio, quem canta os males espanta!

O samba, depois de civilizado, depois de subir ao trono levado pelo seu pranteado Rei, passou por uma grande metamorfose: antigamente era repudiado, debochado, ridicularizado. Somente a gente da chamada roda do samba o tratava com carinho e amor!

Hoje, ninguém quer saber nem fazer outra coisa. O samba já é cogitação dos literatos, dos poetas, dos escritores teatrais e até mesmo de alguns imortais da Academia de Letras!

* * *

O SAMBA é hoje uma das melhores indústrias pelos lucros que proporciona aos autores e editores.

Antigamente os sambas surgiam na Favela, no Salgueiro, em São Carlos, na Mangueira e no Querosene, que eram os "morros-Academias" onde se abrigavam os mestres do pandeiro (também chamado ADUFO), do chocalho, do reco-reco, da cuíca, do violão, do cavaquinho e da flauta.

Depois desciam à aprovação do povo do Estácio e seguiam à consagração da gente do Catete.

Eis por que durante muito tempo andou de boca em boca este sambinha:

> Não vale a pena
> Não vale a pena teimar
> Não há escola de samba
> Como o Estácio de Sá.

Ora, isto era positivamente uma afronta ao pessoal da chamada zona SUL, que logo respondeu parodiando:

> Não queira teimá mulher
> Mulher não queira teimá

> *Não há escola de samba*
> *Como o Catete não há.*

Daí as arrancadas.

Quando o Estácio podia, entrava bonitinho em cima do Catete e vice-versa, com uma novidade, quase sempre do partido alto, que é o que encerra o verdadeiro ritmo do samba.

* * *

O que hoje há por aí tem apenas o rótulo, é um arremedo de samba.

O que os poetas fabricam são modinhas que estão longe do que antigamente, escapando à classificação de samba, tinha a denominação de lundu.

O samba é irmão do batuque e parente muito chegado do cateretê; é primo do fado e compadre do jongo...

* * *

Filho legítimo dos morros, o samba, por mais que queiram – não morrerá, não perderá o seu ritmo. Os *sambestros*, que são os fazedores de músicas de samba, "rivais" dos maestros... procuram desviá-lo, mas ainda há gente nos morros que exige, que pugna, que vela, que mantém e fará respeitar a toada do samba tão nosso, tão brasileiro, porque o cateretê, o batuque e o jongo são africanos.

Onde nasce o samba?

Lá no alto do morro – no coração amoroso de um homem rude cuja musa embrutecida não encontra tropeços para cantar as suas alegrias e as suas mágoas em versos mal alinhavados, que traduzem o sentir de um poeta que não sabe o que é metrificação nem tem relações com o dicionário.

Ele é o poeta e o musicista.

Um dia, lá no seu casebre, reúne os mais íntimos e canta a sua produção.

Eles decoram rapidamente e divulgam-na.

No primeiro sábado, a nova composição corre veloz por todos os recantos e fica popularizada.

Passa então a VIVER de boca em boca.

Não é longa essa existência – dura no máximo um ano – e, note-se, que um samba para ser cantado um ano inteiro precisa ser muito bom.

Não quer isto dizer que o prazo limitado, o prazo máximo, seja de um ano.

Quando o samba é bom mesmo e merece a consagração popular, fica anos e anos na memória de toda a gente e é sempre lembrado, sempre cantado com alegria e entusiasmo.

Onde morre o samba?

No esquecimento, no abandono a que é condenado pelos sambistas que se prezam, quando ele passa da boca da gente da roda para o disco da vitrola. Quando ele passa a ser artigo industrial – para satisfazer a ganância dos editores e dos autores de produções dos outros...

O Chico Viola,[1] por exemplo, é autor de uma infinidade de sambas e outras produções que agradaram, saídas do bestunto alheio...

O que for bom e destinado a sucesso, não será gravado na Casa Edison² sem o consentimento do consagrado autor dos trabalhos de homens modestos, que acossados pela necessidade são obrigados a torrá-los a 20$000 e 30$000, para que o Chico apareça, fazendo crescer a sua fama e desfrutando fabulosos lucros!

Que o digam: o Prazeres, laureado autor da "Mulher de malandro",³ e o grande poeta e musicista Índio das Neves – o maior vulto da modinha atual!⁴ Eis por que o samba MORRE na roda quando passa para o disco da vitrola.

Morre, porque os seus divulgadores não fomentam as ambições incontidas e revoltantes dos industriais exploradores!

* * *

Quem foi o precursor da indústria do samba?

O DONGA com uma assimilação denominada "Pelo telefone".⁵

A letra é um arranjo de Mauro de Almeida (o *Peru dos Pés Frios*)⁶ e a música também, um arranjo do Donga, de acordo com a letra e o resto, foi pescado na casa da tia Ciata, na rua Visconde de Itaúna, nº 117.⁷

O estribilho é pernambucano, isto é, a música e a letra:

> *Olha a rolinha*
> *Sinhô! Sinhô!*
> *Que se embaraço*
> *Sinhô! Sinhô!*
> *Caio no laço*

Sinhô! Sinhô!
Do nosso amor
Sinhô! Sinhô!

Agora, entra o Mauro, com a sua verve, com a sua musa brejeira:

Porque este samba
Sinhô! Sinhô!
De arrepiar
Sinhô! Sinhô!
Põe a perna bamba
Sinhô! Sinhô!
Mas faz gozar
Sinhô! Sinhô!

Esse estribilho foi divulgado no Club dos Democráticos[8], na rua dos Andradas, pelo Mirandella.[9]

Depois do Donga, apareceu o Sinhô, pondo-o logo em *offside*...

Para vencer facilmente, usou um truque vantajoso: tinha uma amante pianista de uma casa de músicas da rua do Ouvidor, e, quem lá ia escolher músicas, ela, primeiramente, executava o que era do seu mulato...

Sinhô tinha, porém, um outro truque: era oferecer a produção a um clube carnavalesco e mandar fazer a instrumentação para as bandas de música que tocavam nos Fenianos, Tenentes e Democráticos,[10] além de executá-las diariamente ao piano nas pensões alegres.

Com produções de sua lavra e de autoria dos outros, que ele chamava a si (quem o diz é o Prazeres – o consagrado autor da "Mulher de malandro"), teve a maior das glorificações populares e eu mesmo, pelo *Jornal do Brasil*, aclamei-o – o *Rei do Samba*!

Quantos sambas do Sinhô *nasceram* no Morro do Salgueiro e *morreram* nos discos da vitrola?

Nem tem conta!

Ele tinha boa memória, bom ouvido e o recurso do piano, da flauta, do violão, do cavaquinho, do pandeiro e do chocalho, instrumentos que sabia executar a contento.

Foi ele quem levou o samba para o teatro e durante muito tempo as revistas teatrais tomaram o nome das suas produções, que eram facilmente lançadas na Penha no meio de um sucesso ruidoso.

Parecia que toda a gente já conhecia aquilo que ele acabava de lançar!

O *Caninha*[11] sempre procurou seguir as pegadas do Sinhô, não logrando, porém, o mesmo sucesso.

Por mais que se esforçasse, o *Caninha* jamais conseguiu sequer aproximar-se do *Rei do Samba*, ou ter um lugar de destaque na sua Corte...

É que as produções do conhecido musicista quase sempre pecavam pelo imprevisto... asnático, tão próprio do popularíssimo compositor que teve o topete de dizer que[12] o Maestro Francisco Braga,[13] ouvindo no Cinema Odeon este samba:

Esta nêga
Qué mi dá
Eu não fiz nada
Pra apanhá

E manteve com ele o seguinte diálogo:

MAESTRO F. BRAGA: – Seu Caninha, o senhor sabe música?
CANINHA: – (risonho e amável) Maestro, eu engulo um bocadinho de cabeça de nota!...
MAESTRO F. BRAGA: – (Entusiasmado) Pois olhe, seu Caninha, este seu samba, até parece música clássica!

Se isto é verdade, o maestro Francisco Braga está na obrigação de uma grande penitência perante Santa Cecília!
Já vai longo este capítulo e o assunto dá margem a outros. Prometo continuar, porque "piano, piano..."!

3

NA
BATUCADA

Não suponham que este capítulo seja reclame ao samba com que o Caninha obteve o maior triunfo na sua vida de musicista popular, como campeão de 1933.

Já que ferimos este assunto, deixemos aqui consignado o nosso prazer, por não ter o prêmio caído na mão de um profano e pelo acerto da comissão julgadora.[1]

O trabalho não é perfeito, não é impecável, mas em comparação com os outros sambas do concurso é magistral!

É de um mestre do samba e o maior cultivador e único defensor da escola do partido alto!

O CANINHA não é um *sambestro*. *Na roda do samba*, é um astro de primeira grandeza!

Fazemos votos para que obtenha sucessivas vitórias, porque tantos prêmios quantos ainda possa obter não compensarão os sacrifícios que o samba lhe tem custado, pois jamais dele se valeu para auferir lucros!

Basta dizer que é empregado público e consome os seus vencimentos na escola do samba, ativando a propaganda, incentivando, animando os catedráticos das Escolas do Estácio de Sá e do Catete e encorajando o povo dos morros de São Carlos, Querosene, Mangueira, Salgueiro e os remanescentes da Favela.

* * *

Na roda do samba, admite-se a batucada, onde o camarada mostra se é bom na banda e prova se é ágil nas pernas.

Tais demonstrações eram feitas em público, antigamente, nas festas da Penha. O que arriasse, não tinha o direito de ficar zangado e daí nasceu a gíria – *Malandro não estrila!*

Quem se metia na roda, sabia ao que estava sujeito.

O derrotado tratava de treinar para a revanche no primeiro encontro.

Tais revanches duravam às vezes de anos para anos, quando se encontravam turrões com as mesmas habilitações, porque, se como diz o ditado – *dois bicudos não se beijam*, também é certo que *duro com duro, não faz bom muro...*

Hoje talvez não fosse assim.

Apelariam logo – para a melhor das três...

Mas não era só na Penha que os encontros se davam. Era também onde houvesse um *Choro*, um *arrastado*, um *vira-vira-mexe-mexe*, uma festa qualquer e principalmente na velha Cidade Nova, onde quase sempre se realizava o baile na sala de visitas e um sambinha mole no quintal.

Aí encontravam-se as sumidades do samba e os ases da batucada.

Era um caso sério...

As pernas mais afamadas eram as de João Bemol e Terra Passos.

JOÃO BEMOL era um preto já idoso, alto, corpo regular. Ultimamente (1928) contava 82 anos.

Ainda nesta idade, era de uma agilidade espantosa! Bom e seguro nas pernas, pulava como um gato!

Foi sempre o homem de confiança do Comendador Casemiro (Casemiro-Mãosinhão) nas famosas questões do Sumaré e Companhia Ferro Carril Carioca.[2]

O João Bemol era lustrador e a sua arma predileta era um grande compasso que trazia sempre na mão direita, embrulhado num *Jornal do Brasil*.

Nunca experimentou uma derrota!

Joaquim Antônio Terra Passos[3] era alto, branco, corpulento. Quando moço, foi um figurão: bonito e elegante. Teve boa voz e tocou violão no meio dos grandes mestres do mavioso instrumento. Era funcionário de alta categoria na Diretoria Geral de Obras da Prefeitura, para onde foi transferido da Diretoria Geral de Rendas.

4

SAMBA, SAMBISTAS E "SAMBESTROS"

O samba, como já dissemos, é baiano de origem, isto é, o *raiado*, que é do sertão, e o *corrido*, que é o da cidade de São Salvador.

O samba *chulado* é carioca. É aquele em que o Sinhô diante dos caprichos e das explorações de uma mulher a quem já não queria tanto, mas não podia abandonar, escreveu o "Burro de carga":

> *Podes saltar*
> *Podes pular como quiser*
> *Pois muita força*
> *Tem o amor de uma mulher*

II
Deus fez o homem
E disse num sussurro
Tu serás o burro de carga
E a mulher a carga do burro.
III
Não adianta
O homem se esconder
Quando a hora é chegada
O burro camba sem querer.

Não se pode negar o sucesso desse samba no Brasil inteiro e principalmente no Rio. Foi, precisamente, quando Luiz Nunes Sampaio, o Careca, lançou o samba "Na favela tem valente":[1]

> *Na Favela tem valente*
> *Eu me dou com essa gente*
> *Tiros facadas eu dou*
> *Eu sozinho lá não vou.*
> *Mulher!... O homem é meu!*
> *Ele é o meu marido*
> *Se não me obedeceres*
> *Te dou um tiro no ouvido.*
> *Na Favela tem valente*
> *Etc.*
> *Você mora no São Carlos*
> *E eu moro na Favela*
> *Quando eu tenho qualquer questão*
> *Comigo é só na "Parabela!..."*

Sinhô, que era um extremado favelista, aproveitou a oportunidade, tangeu as cordas do pinho e atirou aos ventos da popularidade um grande samba, em que chorava aquele morro onde o chulado sempre encontrou guarida. E ele respondeu ao Careca com "A favela vai abaixo".[2] Vejam só como isto é choroso:

> I
> *Minha cabocla, a Favela vae abaixo!*
> *Quanta saudade tu terás deste torrão*
> *Da casinha pequenina de madeira*
> *Que nos enche de carinho o coração!*
> II
> *Que saudades ao nos lembrarmos das promessas*
> *Que fizemos constantemente na capela*
> *Para que Deus nunca deixe de olhar*
> *Para nós da malandragem, pelo morro da Favela!*

> *Minha cabocla a Favela vae abaixo!*
> *Ajunta os troço, vamo embora pra Bangu*
> *Buraco Quente, adeus pra sempre meu Buraco*
> *Eu só te esqueço no buraco do Caju!*
> II
> *Isso deve ser despeito dessa gente*
> *Porque o samba não se passa para ela*
> *Porque lá o luar é diferente*
> *Não é como o luar que se vê desta Favela!*
> *No Estácio, Querosene ou no Salgueiro*
> *Meu mulato, não te espero na janela*

Vou morar lá na Cidade Nova
Pra voltar meu coração para o Morro da Favela!

Esse samba é uma verdadeira canção à Favela. O pessoal do morro deu-lhe vida e levou-o por aí afora.

Muitos outros sambistas botaram a Favela na berlinda, mas o *Rei do Samba*, voltando ao assunto, desbancou-os numa revista de Marques Porto, representada no Teatro Recreio, com o "Não quero saber mais dela".[3]

1ª Parte
PORTUGUÊS:
Porque foi que deixastes
Nossa casa da Favela
MULATA:
Eu não quero saber mais dela
Eu não quero saber mais dela
PORTUGUÊS:
A casinha que eu te dei
Tinha uma porta e janela
MULATA:
Eu não quero saber mais dela
Eu não quero saber mais dela

2ª Parte
MULATA:
Português tu me respeita
Pois não vê que eu sou donzela
E não vou nas tuas potoca?

PORTUGUÊS:
Eu bem sei que és donzela
Mas isto é uma coisa atoa
Ó mulata lá na Favela
Mora muita gente boa.

Diante das duas produções de Sinhô, os cantadores da Favela tomaram nojo e desapareceram do cenário.

A "Favela vai abaixo" é considerada, como letra e como expressão de sentimento, uma das melhores produções do grande cultivador do samba.

Quando ele cantou pela primeira vez, dei-lhe parabéns e Sinhô disse: "Meu tio Guima, eu escrevi esse samba, em represália aos muitos que há por aí dizendo mal da Favela, que eu tanto adoro! Ela vai abaixo e eu lhe dou meu adeus, deixo gravada a minha saudade e a minha gratidão, àquela escola onde eu tirei o curso de malandragem..."

* * *

Em Curitiba, acaba de ser fundada uma sociedade que se destina à descoberta de plágios.

Que perigo para a maioria dos sambistas e dos sambestros!

Se a nova sociedade estender as suas investigações à roda do samba e puser mesmo o apito na boca, o Caninha será o primeiro a sair correndo.

Atrás dele, com o calcanhar batendo na aba do paletó a 220 quilômetros por hora, veremos o *João da Gente*![4]

É que o Rio está cheio, está transbordando de plagiários, de copistas, de imitadores e de autores de trabalhos dos outros...

O *Chico Viola*, por exemplo, não é um plagiário. Ele é apenas o padrasto, o pai adotivo de uma infinidade de sambas de gente dos morros da Mangueira, da Favela, São Carlos, Querosene, das zonas Norte, Sul, Nordeste, Oeste e até da zona Leste, onde operou o General Góes Monteiro[5]...

O *Chico* surgiu ultimamente com um samba, uma novidade de sua lavra – e que... há dois anos nasceu no Morro de São Carlos e recebeu o batismo num botequim do Estácio.

Mas isto acabará.

Acabará um dia, quando o Sr. Frederico Figner[6] fizer uma das suas costumeiras sessões espíritas e o Sinhô se manifestar, contando os segredos do estro do *Chico Viola*.

Nesse dia, até o maestro Eduardo Souto, laureado autor do "Tatu subiu no pau", entregará os pontos... Tudo acabará quando desaparecer o monopólio da gravação, constituído pelo beneplácito de uma dupla que adota a doutrina de São Matheus... Surgirá então uma nova geração de autores e o samba voltará ao seu lugar, com o expurgo dos profanos.

* * *

Recordar é viver, diz o eminente mestre Júlio Dantas, na "Ceia dos cardeais".

Não há quem não se recorde com saudade deste samba:

> ESTRIBILHO:
> *Sabiá cantou na mata*
> *E anunciou: schiu! schiu!*
> *No melhor da minha vida*
> *Meu amor fugiu.*

> 2ª Parte (solo)
> *Procurei me aproximar*
> *Do sabiá encantador*
> *Que sentindo o meu pisar*
> *Fez tal e qual o meu amor*
> *Quem roubou o meu sossego*
> *A Deus eu fiz entregar*
> *Pois eu hei-de ver no mundo*
> *Alguém por mim se vingar*
> *Papagaio, maitaca*
> *Periquito, sabiá*
> *Quando cantam fazem saudades*
> *Dos carinhos de Yáyá*

Catulo da Paixão Cearense[7], o grande cantor dos nossos sertões nordestinos, quando cantava a sua modinha – "Marta" – chorava sempre.

Assim era o *Sinhô* quando cantava este seu samba denominado – "Sabiá cantou".

Era a recordação de uma passagem da sua vida agitada de homem amoroso e sofredor.

A esse tempo, parecia que Sinhô ia sofrer um baque com a grande atividade desenvolvida pelo maestro Eduardo Souto, cujo sucesso, entretanto, não passou do "Tatu subiu no pau", cujo estribilho era:

> *Tatu subiu no pau*
> *É mentira de você*
> *Lagarto e lagartixa*
> *Isto sim é que pode sê.*

O maestro é positivamente uma negação para o samba, e tanto assim que, depois do verdadeiro milagre do tatu, nenhum outro samba do competente e talentoso musicista subiu... no agrado popular.

Assim também foi o *Caninha*. Marcou passo com "Esta nega qué mi dá".

Agora é que apareceu com o "Eu vou chorar", que ele considera uma das suas obras-primas, porque, segundo diz, *é um samba que tem enredo*.

Quem quiser que descubra o enredo deste samba:

> *Eu vou chorar (bis)*
> *Eu vou chorar*
> *Se você me abandonar (bis)*
> *Se você me abandonar*
> *Menina minha menina*
> *Zangou-se não sei por que*
> *Quero que você me diga*
> *Quem me intrigou com você*
> *Eu vou chorar etc.*
> *Filhinha não acredite*
> *No que vieram contar*
> *Que tudo isto é intriga*
> *Pra você me abandonar*
> *Eu vou chorar etc.*
> *Já sei que vae me deixar*
> *Pois esta vida é assim*
> *Você gostando de outro*
> *Que eu vou gostando de mim.*

Descobriram o enredo? Pouco adianta. O que não se pode negar é que o *Caninha* seja realmente popular, tenha uma roda grande de admiradores e seja um grande, um dedicado da escola do samba. Ontem tentava ser um rival, mas hoje é um dos que rendem as maiores e mais sinceras homenagens a *Sinhô*.

É um trabalhador, um incansável batalhador e defensor extremado e talvez o único, nos dias que correm, que cultive o samba do partido alto e conserve o seu ritmo.

Ainda agora ele acaba de produzir mais este samba, com o título de "Quando Deus me ajudar":

Coro
Vai, vai
Não precisa você chorar
Quando Deus me ajudar
Mando-te avisar
Pra você voltar.

I
Se tu comigo te casa
Eu te digo com franqueza
Pra uso da nossa casa
Não preciso comprar mesa.
A mesa pede comida
Comida gasta dinheiro
Vamos cuidar d'outra vida
Arranja a grana primeiro.

> Coro
> *Eu fera da escola antiga*
> *Que nunca erra no bote*
> *Eu quero uma rapariga*
> *Que traga um bonito dote*
> *Porque somente beleza*
> *Não nos traz lucro nenhum*
> *A beleza não põe mesa*
> *E eu sou contra o jejum.*

Realmente, o Caninha tem feito progresso, melhorando no estilo jocoso da letra e dando mais vivacidade às suas músicas, sem contudo lograr ser o substituto de *Sinhô*, porque na sua frente está o Prazeres, cheio de inspiração, verve e melodia, como se vê na "Mulher de malandro".

> *Mulher de malandro*
> *Sabe ser*
> *Carinhosa de verdade*
> *Quanto mais apanha*
> *Quanto mais tem amizade.*

Não sabemos como classificar "Mulher de malandro", que obteve o primeiro lugar no Concurso de Sambas em 1932. O trabalho do Prazeres é bom, não há dúvida, mas não se pode dizer que seja um samba.

Tudo menos isto. A comissão julgou, premiou-o, fazendo um ato de justiça, comprando-o aos outros trabalhos que foram apresentados, mas patenteou desconhecer por completo o ritmo, a toada do samba.

Em todo caso, consagrou, popularizou, arrancou da penumbra um homem modesto, até então desconhecido e verdadeiro autor de algumas produções de *Sinhô* e muitas do *Chico Viola*.

O Prazeres diz que a "Malandragem", de *Sinhô*, é de sua autoria, assim como aquele samba que diz:

> *Um sou eu*
> *E o outro eu não sei quem é*
> *Ele sofreu*
> *Para usar colarinho em pé*

O que todos afirmam é que *Prazeres*, perdendo o acanhamento, saindo do anonimato, está disposto agora a vir para a praça e entrar em luta, a fim de subir ao trono, em substituição a Sinhô, obedecendo ao que diz o velho adagio – *Rei morto, Rei posto*.

Por sua vez, o Caninha se julga com direito ao reinado, porque foi o único que guerreou o Rei, sem, todavia, lograr uma vitória!

Aguardemos as competições, que apareçam os competentes, que surjam as belas produções e sejam elas julgadas com acerto e justiça.

Oxalá que apareça hoje, amanhã ou depois, um outro Rei, mas que ele saiba honrar o trono como *Sinhô* soube honrá-lo.

Prazeres, *Caninha*, Eduardo Souto,[8] *Donga* ou mesmo um *Chico Viola* – mas que venha um novo Rei, que venha um novo soberano que saiba mostrar as suas qualidades, para honra e glória do samba.

* * *

Há por aí muita gente que conhece o samba porque foi criada dentro da roda.

Temos, entre outros, o Caninha, o Donga, o Juca da Kananga,[9] o Chico da Baiana,[10] o Aymoré, o Dudu, o Marinho que toca,[11] o Assumano, o Zuza, o Conceição, o Abut, o Dedé, o Fidelis Conceição,[12] o Oscar Maia,[13] o Galdino Cavaquinho,[14] o Napoleão de Oliveira,[15] o Prazeres, o Belém, o Amorzinho, o Dr. Enéas Brasil[16] e muitos outros.

Temos ainda o Carvalho Bulhões[17] – este sim é que, se se dedicasse ao gênero, levaria vantagem sobre os sambestros que por aí existem, ao menos pela facilidade da divulgação, como primoroso pianista que é, tocando nas principais sociedades recreativas e carnavalescas.

O Bulhões, porém, não quiz descer do seu trono de *Rei da Valsa lenta*, porque, em se dedicando ao samba, conhecendo-o profundamente como o conhece, talvez fosse o substituto de *Sinhô* pelo seu talento, pela sua fertilidade, pela sua inspiração e sobretudo pelo seu bom gosto.

O *Donga*, além do "Pelo telefone", conseguiu sucesso grande somente com este sambinha:

> *Nosso sambinha assim*
> *Tava bom*
> *Gente de fora intrô,*
> *Trapaiô...*

Assim como o Donga, que dorme sobre os louros colhidos da sua primeira produção, Salvador Corrêa[18] dorme também sobre os louros colhidos na sua estreia com o "Salve Jaú!", porque depois dessa marcha escreveu que fizesse grande sucesso e pegasse de galho um samba que tem este estribilho:

> *Estava na roda do samba*
> *Quando a polícia chegou*
> *Vamos acabar com este samba*
> *Que o seu delegado mandou.*

O Salvador fez também um samba que deu sorte na Embaixada do Amor. Foi o "De madrugada", cuja toada era daquelas que faziam o camarada ficar como a Inana – flutuando no espaço, sem um ponto de apoio... Esse samba foi dedicado a dois cronistas carnavalescos, sendo um deles o nosso bom e distinto amigo Augusto de Moraes,[19] o popularíssimo e cintilante Barulho, que tanto vale pela vibração da sua pena diamantina como pelo seu caráter impoluto; tanto vale pela sua independência como jornalista combatente como pelo seu coração bom e generoso. O estribilho do samba com que o autor glorioso do "Salve Jaú!" homenageou o não menos glorioso cronista Barulho e ao autor destas linhas, é este estribilho:

> *De madrugada, eh!*
> *De madrugada*
> *Do meu ranchinho*
> *Vejo Yáyá na batucada.*

Logo a seguir apareceu um outro samba de Sinhô: "Meu bem não chora", cujo estribilho era:

> *Meu bem não chora*
> *Prepara a trouxa*
> *Diz adeus*
> *E vai-te embora.*

Foi com esse samba que ele se despediu dos sentenciados da Casa de Correção, que trabalhavam na Covanca em Jacarepaguá,[20] numa domingueira musical que lhes ofereceu.

Ele, ao cair da noite, saiu do acampamento cantando isso e bem poucos foram os que resistiram à lágrima.

5

O REINADO
DE SINHÔ

A invasão dos poetas será a decadência do samba. Eles viram que o povo gosta mesmo do choro e mandaram às urtigas, sonetos, alexandrinos, poemas, odes e o diabo a quatro com que recheavam os seus livros, que entulham prateleiras das livrarias, e caíram no samba, com ambição no dinheiro...

Mas eles não conhecem o ritmo e muito menos o *mettier*, onde, talvez com alguma prática, conseguissem alguma coisa.

O samba não é o que os literatos pensam.

É uma coisa toda especial, com a sua toada própria, com o seu compasso natural (em geral é o binário) e umas tantas exigências que só os catedráticos conhecem.

O *Caninha*, por exemplo, conhece e muito o ritmo do samba.

Ele é criação do meio e pode falar com autoridade.

Bem poucos, nos dias que correm, são os que conhecem, como o autor de "Esta nega qué mi dá", os segredos de um samba do partido alto.

Algumas de suas produções são decalcadas em velhos trechos daquela escola e de autores desconhecidos.

O *Sinhô*, também profundo conhecedor e de muito mais inspiração e fertilidade, sobrepujou os seus rivais e fez-se REI.

E, de fato, era *Sua Majestade*!

Com rima ou sem ela, com português ou não, com ou sem nexo – tudo quanto era dele agradava, fazia sucesso e dava muito dinheiro!

Era uma coisa fantástica!

Nenhum autor proporcionou maior lucro aos editores que o *Sinhô*.

Muitas vezes, tive a honra de ser consultado sobre seus trabalhos, dando uma opinião desfavorável, e ele respondia, com sinceridade:

— Meu tio Guima, o senhor tem razão. Isto não rima nem forma sentido, mas o *Sinhô* não é poeta nem literato.

Eu pego no lápis e escrevo, pego no pinho e executo e aí está o samba feito! O senhor quer ouvir? Escute só "A Bahia é boa terra":

> *A Bahia é boa terra*
> *Ela lá e eu aqui*

> *Yáyá!...*
> *Ai, ai, ai...*
> *Não era assim*
> *Que meu bem chorava.*

— Mas, *Sinhô*, onde está a rima?
   — Está aí mesmo, meu tio...
   — Hein?!...
   — Depois o senhor vai ver. Escute só este estribilho:

> *Ai...*
> *Olhá a canga do boi*
> *Yáyá!...*
> *Que o luar já se foi*
> *Yôyô*

E então meu tio, tem ou não tem rima?
   Encarei o homem e concordei:
   — É... Você rimou...
   — Pois então! E tangendo as cordas do violão, cantou:

> *Ai...*
> *Olhá a canga do boi*
> *Yáyá!...*
> *Que o luar já se foi*
> *Yôyô*

* * *

Fervoroso adepto da religião africana, Sinhô jamais abandonou o seu *Pai Espiritual* – o *Príncipe dos Alufás*, o grande, o conceituado e respeitado Henrique Assumano Mina do Brasil, o seu protetor na vida e que era também de *José do Patrocínio Filho*[1] (por intermédio de *Sinhô*) e o é de muita gente boa, da alta sociedade e perfeitamente, otimamente, instalada na vida!

As primeiras audições das produções do grande e inolvidável musicista popular eram feitas na residência de *Assumano*, no sobrado nº 191 da rua Visconde Itaúna, onde *Sinhô* conheceu e fez amizade com o primoroso jornalista Raymundo Silva.[2]

Depois da bênção do *Alufá*, o samba corria mundo com uma procura assombrosa.

Sinhô foi o musicista popular mais festejado, mais querido e mais preferido do público.

Qual foi a sua produção de maior sucesso?

Talvez nem ele mesmo soubesse, porque todas elas – fosse por isso e por aquilo – agradaram sempre, constituindo a novidade de maior procura para piano ou vitrola.

Quase sempre os seus trabalhos envolviam uma sátira a A ou B.

Tivemos, por exemplo, o "Papagaio Louro", que era uma piada a Rui Barbosa, quando por algum tempo as injunções políticas fizeram com que o mestre dos mestres silenciasse no Senado.

Este samba andou de boca em boca:

> *A Bahia não dá mais coco*
> *Para misturar com a tapioca*
> *Para fazer o bom mingau*
> *E embrulhar o carioca.*
> *Papagaio louro*
> *Do bico dourado*
> *Tu falavas tanto*
> *Qual a razão que vives calado.*
> *Não tenhas medo*
> *Coco de respeito*
> *Quem quer se fazer não pode*
> *Quem é bom já nasce feito...*

Do Sul ao Norte, não se cantou outra coisa.

* * *

Logo depois desse real sucesso, *Sinhô* fez dois sambas que lhe fizeram passar por grandes sustos.

Um foi o "Segura o boi", em que ele criticava uma pessoa com quem tivera um atrito, que lhe pôs o lombo em perigo.

O estribilho, que pecava pelo português, era este:

> *Segura o boi*
> *Que o boi vadeia*
> *Ele ainda vae parar*
> *Nas grades d'uma cadeia.*

O criticado zangou-se e o *Sinhô* quase viu as costelas em salmoura...

O outro susto que ele raspou, foi quando, por ocasião de uma campanha eleitoral que agitou todo o Brasil, lançou este samba:

> *Quero te ouvir cantar*
> *Vem cá, rolinha vem cá*
> *Vem para nos salvar*
> *Vem cá, rolinha vem cá*
> *Não é assim*
> *Assim não é*
> *Não é assim*
> *Que se maltrata uma mulher!*

Dizia ele que o seu samba não tinha ligação com a política. Tivesse ou não, o caso é que ele teve que meter-se em lugar seguro, para não dar com os costados na cadeia, porque o sucesso foi tão grande que no Brasil não se cantava outra coisa.

Acredito que este foi o samba de maior divulgação.

Não se pode precisar onde *Sinhô* mais agradou.

Ele fez tantas coisas boas e que pegaram de galho, como se diz na gíria, que o cronista fica impossibilitado de dizer com precisão qual foi o seu melhor trabalho.

Tivemos ainda o "Pé de anjo", que diziam que era um plágio, mas que agradou em cheio com este estribilho:

Ó pé de anjo
Pé de anjo
És rezador
És rezador
Tens um pé tão grande
Pé tão grande
Que és capaz
De pisar
Nosso Senhor

Esse samba deu nome a uma revista de Carlos Bittencourt e Cardoso de Menezes, e que foi a de maior sucesso do Teatro São José.[3] Foi a primeira vez que Sinhô fez a partitura de uma peça teatral, merecendo elogios unânimes da imprensa.

A peça fez folgadamente o seu terceiro centenário!

O autor da música na primeira representação teve a sua glorificação – foi chamado à cena, muitas palmas e recebeu muitas flores.

Fez sempre companhia aos artistas e demais empregados do teatro – nunca perdeu uma representação e aguentava firme a primeira e segunda sessões.

Uma noite, improvisei uma festa na casa de um amigo e precisei de um pianista.

Eram 21 horas.

Lembrei-me do *Sinhô* no Teatro São José.

O automóvel chispou e, num abrir e fechar d'olhos, eis-me junto ao Rei do Samba:

— *Sinhô*, amigo! Preciso de você.

— Pois não. Meu tio, dê as suas ordens.

— Organizei uma festinha na casa do nosso amigo F., que completa as bodas de ouro e você tem que ir comigo para animar a brincadeira, pois temos lá um bom piano.

— Não há dúvida Guima do coração. Você manda neste mulato.

— Então, vamos. O automóvel está esperando.

— Ah! Querido, já é impossível. Só depois de acabar o espetáculo.

— Por quê?

— Porque sou o autor da música!

— E o que tem Frei Thomaz com Izabel de Godoy? O que tem uma coisa a ver com a outra?

— O que tem? E se de repente os espectadores me chamarem à cena?

— Mas, *Sinhô*, a peça já está com 174 representações.

— Mas o povo é exigente. De repente cismava e começa a chamar: *Sinhô à cena! Sinhô à cena!*... E se eu não estiver no teatro – olha o fuzuê formado!...

Ele falou com tanta convicção que eu me convenci mesmo de que podia ser...

* * *

Fomos para a festa logo depois que arriou o pano, no último ato, porque ninguém chamou à cena o autor da música...

Feitas as apresentações, ele entrou logo com o seu jogo:

> *Amor, amor*
> *Amor sem dinheiro*
> *Meu bem*
> *Não tem valor*
> *Amor sem dinheiro*
> *É fogo de palha*
> *É casa sem dono*
> *Onde mora canalha.*
> *Amor sem dinheiro*
> *É cana sem caldo*
> *É sapo no brejo*
> *Que canta cansado*
> *Amor, amor*
> *Etc., Etc.*

Depois enfiou um samba atrás do outro e nunca mais acabou de executar produções somente suas, atendendo aos pedidos que lhe faziam os convidados e os donos da casa.

E era de vê-lo ao piano:

> *Eu hei de acabar*
> *Com este costume que você tem*
> *Falar da gente dizer horrores*
> *E querer bem.*

Quando ele chegava nesse estribilho, piscava-me o olho, fazia umas fosquinhas, mas não me dava por achado, porque de vez em quando eu metia-lhe o malho, quando achava que o seu trabalho pecava pela falta de gramática ou de rima. Criticava-o, *metia-lhe o pau* nas minhas crônicas, quando ele pensava que era Rei mesmo de verdade e queria *se enfeitar com penas de pavão*, mas sempre lhe querendo bem.

São poucos os que sabem o enredo que envolve este samba:

> *É moda agora*
> *Quando pega o namoro*
> *Beberem água*
> *Na tal caneca de couro.*

Num dos seus costumeiros arrancos apaixonados, após sérios queixumes, o Sinhô pegou do violão e disse:

— Meu tio, aquela ingrata, escrevi um samba: "Ó minha branca". Escute só:

> *Ó minha branca*
> *Você pensa de me acabar*
> *Eu vou te deixar de tanga*
> *Não posso me amofinar.*
> *Minha bela formosinha*
> *Eu não vou neste arrastão*
> *Não sirvo para trepadeira*
> *Nem para caramanchão.*

Esse samba, ele fez logo que houve a separação da pianista de uma casa de músicas da rua do Ouvidor:

> *Ó Gê – Gê*
> *Meu encanto*
> *Eu só tinha medo*
> *Se não tivesse um bom Santo.*

João da Gente, mais tarde, plagiou este samba, apesar de conhecidíssimo e já cantado por toda a cidade.

* * *

O saudoso musicista tinha um samba que constituía as delícias da terra dos bandeirantes, onde agradou imenso e teve extraordinária procura.

Foi "A malandragem".

Na Pauliceia toda a gente cantava:

> *A malandragem*
> *Eu não posso mais deixar*
> *Juro por Deus e Nossa Senhora*
> *É mais fácil ela me abandonar*
> *Meu Deus do Céu*
> *Que maldita hora!*

Havia aqui no Rio um conjunto de música denominado Embaixada do Amor.[4]

Por ocasião da chegada do Jaú, a Embaixada foi a São Paulo, pois o seu diretor, Snr. Salvador Corrêa, é o glorioso autor da primorosa marcha "Salve Jaú!"

Pois lá na cidade dos arranha-céus o maior sucesso do conjunto foi "A malandragem".

Na última campanha presidencial, o ex-deputado Machado Coelho,[5] querendo ser agradável à Madame Júlio Prestes, na véspera do aniversário de S. Ex., levou aos Campos Elíseos a Embaixada do Amor e foi uma agradabilíssima surpresa!

Organizou-se então uma festa íntima, muito íntima e que terminou à meia-noite com o hino nacional!

A festa foi tão íntima que até o Sr. Dr. Júlio Prestes *gemeu no pinho* lembrando-se daqueles tempos... em que era boêmio. O *clou* da festa foi "A malandragem".

A todo momento o coronel Fernando Prestes[6] chegava aos músicos e dizia:

— Pedido de moça, não se nega. Outra vez "A malandragem!"

E todos cantavam e dançavam.

É o que se pode dizer – um sucesso real!

Num dos belos salões dos Campos Elíseos, toda a família Júlio Prestes, inclusive o presidente eleito e o velho Coronel Fernando Prestes, entrava no coro:

> *Ora vejam só*
> *A mulher que eu arranjei*
> *Ela me faz carinho*
> *Até demais*
> *Chorando ela me diz*
> *Ó meu benzinho*
> *Deixa a malandragem*
> *Si és capaz.*
> *A malandragem*
> *Eu não posso mais deixar Juro por Deus*

> E Nossa Senhora
> É mais fácil ela me abandonar
> Meu Deus do Céu
> Que maldita hora!

* * *

Uma vida acidentada teve o *Rei do Samba*.

As suas glórias não estavam em relação às suas alegrias.

Ele escreveu tanta coisa e de vez em quando deixava escapar um queixume, uma mágoa, mas nunca teve uma franca expansão como deveria ter tido! Que ao menos escrevesse um samba com este título: "Mulheres! Mulheres!" E teria margem para desafogar todos os seus sofrimentos.

Sinhô foi sempre um escravizado das suas paixões em excesso!

Quando um dia se viu traído por um jornalista seu amigo, quase morreu de paixão!

Assisti a um dos seus acessos de choro. Falou até em suicídio! Custei a convencê-lo de que o amor mal correspondido de uma mulher não vale a vida de um homem! Ele refletiu, ficou por algum tempo pensativo e depois pegando do violão improvisou um samba com este estribilho:

> Sabiá cantou na mata
> Anunciou – Sciu! Sciu!
> Por falta de carinho
> Meu amor fugiu!

Decorridos, porém, alguns dias, a esponja do perdão e do esquecimento era passada no sucedido e... ficou tudo como dantes...

Sinhô perdoou, dizendo aos seus mais íntimos:

— É da sagrada doutrina: Perdoar os que erram!

E, posso afirmar, foi o seu samba de menor divulgação. Ele nunca mais o cantou, nem queria que cantassem:

> *Sabiá cantou na mata*
> *Anunciou – Sciu! Sciu!*
> *Por falta de carinho*
> *Meu amor fugiu!*

* * *

Indubitavelmente o *Sinhô* fez jus à sua elevação a *Rei* e soube reinar.

Já quase dominado pela moléstia que o vitimou, foi à cidade de São Paulo e realizou um concerto no Teatro Municipal, com o comparecimento dos Srs. Drs. Júlio Prestes, presidente do estado, e Pires do Rio, prefeito da cidade de São Paulo.

Teve a honra de ser recebido no Palácio do Governo e nos Campos Elíseos.

O seu concerto deixou gratíssimas recordações. Tudo isso fazia crescer o número de invejosos!

Sinhô, ultimamente, era um *boicotado* na Casa Edison.

Foi ele mesmo, nos últimos arrancos da vida, que subiu a escadaria do *Diário Carioca* para fazer a mim a sua queixa e a fez citando, uma por uma, das suas produções presas há longo tempo, e eu publiquei o nome delas com o respectivo estribilho.[7] O *Sinhô* morreu quando devia morrer – no galarim da fama, sem deixar substituto legal, capaz e competente.

Morreu levando com ele para a sepultura o segredo de fazer sucesso e o dom de agradar.

Com gramática, com rima ou sem nada disso, as suas produções agradaram sempre, pegaram e enriqueceram editores.

Parece, ao encerrar esta crônica, que o estou vendo no arraial da Penha numa festa dos barraqueiros, à frente de um grupo de umas quinhentas pessoas, cantando o samba do ano, para disputar uma linda taça.

Era somente ele com o violão e aquela massa compacta cantando sem harmonia.

> *Quero te ouvir cantar*
> *Vem cá, rolinha vem cá*
> *Vem para nos salvar*
> *Vem cá, rolinha vem cá*
> *Não é assim*
> *Assim não é*
> *Não é assim*
> *Que se maltrata uma mulher!*

A comissão, por mim presidida e da qual fazia parte, dentre outras pessoas, o Dr. Eduardo França[8], conferiu a taça ao *Caninha*, que apresentou melhor conjunto.

Os coristas que acompanhavam o *Sinhô* quiseram tirar um desforço, desfeiteando a comissão julgadora, que a meu conselho debandou, após o julgamento...

* * *

O samba, depois da morte de J. B. *da Silva*, o saudoso *Sinhô-Rei*, sofreu, como indústria, uma queda medonha, uma sensível depressão.

Sinhô era fértil, tinha inspiração, tinha verve, enfim, produzia e muito.

Os outros não querem imitá-lo e, ao que parece, em vez de massa encefálica, têm no cérebro uma espécie de tutano rançoso...

Quando aparecerá um outro *Sinhô*?

Nunca mais!

6

O DIAMANTE
NEGRO

Desde tenra idade, desde os saudosos tempos de garoto, que fui habituado a respeitar os mortos, rendendo as justas homenagens que merecem aqueles que partem para a região do Além.

Eis porque dedico este capítulo a Eduardo Sebastião das Neves, aquele saudoso artista negro que tanto honrou a raça a que me orgulho de pertencer.

É uma homenagem póstuma, ditada pelos mais elevados sentimentos de uma amizade pura e sincera, que jamais sofreu o menor abalo.

Que saudade daquelas noites passadas ao relento, ouvindo o grande cancionista popular, o arrebatador e eletrizante Eduardo, empunhando o seu violão mágico, cujas cordas habilmente tangidas gemiam, sentiam, choravam com o inolvidável cantor!

Parece que o estou vendo no palco do teatro Maison Moderne,[1] entoando a maior das suas canções, ante a plateia em delírio:

> A Europa curvou-se ante o Brasil
> E clamou parabéns em meigo tom
> Surgiu lá no Céu mais uma estrela
> Apareceu – Santos Dumont
> Terra adorada
> É o meu Brasil
> Ó terra amada
> De encantos mil.
> Salve Estrela da América do sul
> Terra amada do índio audaz guerreiro
> A glória maior do século vinte
> Santos Dumont – um brasileiro.
> Terra adorada
> É o meu Brasil
> Ó terra amada
> De encantos mil.
> O Brasil, cada vez mais poderoso,
> Menos teme o rugir fero do bretão;
> É forte nos campos e nos mares,
> E hoje nos ares com o seu balão.
> Terra adorada
> Etc., etc.

A conquista que aspirava
A velha Europa, poderosa e viril
Rompendo o véu que a ocultava,
Quem ganhou foi o Brasil!
Terra adorada
Etc., etc.

Por isso o Brasil, tão majestoso,
Do século tem a Glória principal:
Gerou no seu seio o grande herói,
Que hoje tem um renome universal.
Terra adorada
Etc., etc.

Assinalou para sempre o século vinte
O herói que assombrou o mundo inteiro:
Mais alto do que as nuvens, quase Deus,
É Santos Dumont – um brasileiro.
Terra adorada
Etc., etc.

* * *

Quando Eduardo regressou do Norte com essa canção, após o Pai da Aviação haver contornado a Torre Eiffel na sua *Demoiselle*, o povo o fez repetir cinco vezes![2]

Foi um verdadeiro delírio!

O palco ficou juncado de chapéus e flores.

Invadiram a cena e carregaram-no entre ovações entusiásticas, como jamais tiveram Geraldo de Magalhães[3] e Mário Pinheiro![4]

Foi tão delirante a manifestação que quase arrancaram a manga do seu smoking. Ela ficou presa por um fiapo.

E as manifestações tornaram-se diárias, de modo que Eduardo das Neves, no meio de um elenco de que fazia parte a grande *chanteuse* Jenny Coock,[5] passou a ser o último número da segunda, encerrando ela a primeira parte do programa, que era variadíssimo no gênero Café-concerto.

Há quem diga por aí que Benjamin de Oliveira[6] foi o maior concorrente de Eduardo das Neves.

Não é verdade.

O saudoso artista negro nunca teve concorrente e Benjamim sempre o temeu e jamais permitiu que Eduardo, que poderia ser o seu mestre no violão, no canto e até mesmo na arte de representar, ingressasse na Companhia Affonso Spinelli.

Benjamim não poderia substituir Eduardo das Neves, ao passo que Eduardo o substituía com grande vantagem, como sucedeu na Bahia, numa peça da minha autoria: A *princesa enjeitada*, mais conhecida por A *filha do campo*.

Lili Cardona[7] que o diga.

Nem Francisco do Nascimento, o velho e aplaudido palhaço negro – o popularíssimo *Chico Francisco de São Francisco* –, rei do riso no picadeiro,[8] o artista das famosas *Conferências*, conseguiu, em qualquer época, empanar o brilho de Eduardo das Neves!

Aquele violão era um caso muito sério, aliado àquela voz partida de uma garganta de ouro, era um número, como hoje vulgarmente se diz.

* * *

Eduardo não desconhecia o seu grande valor como artista único no gênero, mas era de uma condenável modéstia e um descuidado de si próprio.

Nunca se impôs como, realmente, deveria ter feito.

Em compensação – aqui que ninguém nos ouça –, nunca se enfeitou com penas de pavão... nem nunca se locupletou com os resultados dos trabalhos dos outros...

Certa vez, escrevi, a seu pedido, uma cançoneta: "Pega da chaleira" – que ele musicou, enquanto o diabo esfregou um olho, para cantar duas horas depois, na noite do seu benefício, em Santa Cruz.

Pois bem, quando teve que gravar a chapa na Casa Edison, veio pedir autorização e eu não consenti em figurar o meu nome como autor da letra.

Revi, concertei, ajeitei uma infinidade de peças da autoria de Eduardo.

Ele era interessante escrevendo peças – não fazia a separação das cenas – era tudo corrido!

Quando anunciava uma peça como de sua autoria, é porque o era mesmo.

Nunca botou o seu nome nos trabalhos dos outros...

Há por aí quem não assine com correção o próprio nome, e se inculque autor de várias obras teatrais... e já houve mesmo tempo em que nada subia à cena em determinada casa de espetáculos sem o nome do *consagrado escritor!*...

Eduardo, porém, era vinho de outra pipa, como vulgarmente se diz, e submetia tudo quanto o seu bestunto gerava à apreciação de pessoas que lhe pudessem corrigir os erros. Jamais o grande artista fez cortesia com o chapéu alheio – porque o que apresentava como seu era seu de verdade.

* * *

Inspirado como bem poucos, de uma grande e admirável fertilidade, Eduardo das Neves produziu muito.

Nas épocas de gravação na Casa Edison, ele só à última hora pensava na organização do repertório e o fazia rapidamente, em dois ou três dias e muitas vezes na véspera ou à minuta – como se faz nos restaurantes e sempre deixou longe o Bahiano,[9] que tinha a presunção de rivalizar com o grande cantor, e não conseguindo, recorria à intriga, à picuinha, ao *disse-me-disse* que deveria ter deixado na Boa Terra, onde enterrou o umbigo...

Mas, quer na Casa Edison, quer no teatrinho do Passeio Público, onde o Arnaldo enriqueceu,[10] para depois ficar orgulhoso e receber o castigo, o Eduardo distanciou-o sempre – um era o diamante negro e o outro era uma pérola cuja falsidade se descobria rapidamente, logo à primeira vista...

Os discos gravados por Eduardo das Neves foram sempre os preferidos do público, como mais tarde sucedeu com os sambas do *Sinhô*.

Um grande sucesso foi esta modinha, que só mesmo cantada por ele:

> *Fiz um delírio lá no sertão*
> *Vou me esconder*

> *Lá com as feras que sabe ou não*
> *Irei viver!*
> *Ai... bem-te-vi*
> *Não cantes que eu tenho medo*
> *Que o teu canto mavioso*
> *Vai descobrir o meu segredo.*
> *(Assobiava imitando o bem-te-vi)*

Não houve um movimento, um acontecimento nacional, que passasse desapercebido ao estro do grande artista, com a colaboração do seu mavioso pinho.

Nem ele mesmo escapou.

Desde o

> *Nasci como nasce*
> *Qualquer vago-mestre*

até o

> *Piff! Paff! não é nada*
> *É o tiro do canhão*

na primeira, contando a história da sua vida atribulada, incluindo o tempo em que foi guarda-freio da Estrada de Ferro Central do Brasil; e na segunda criticando a revolta de 6 de setembro de 1893.

Depois, com o desenrolar dos acontecimentos, houve o atentado de 5 de novembro contra o presidente Prudente de Moraes, tendo sido assassinado o marechal Bittencourt, ministro da Guerra, e Eduardo das Neves apareceu em público cantando a canção patriótica:

> 5 de Novembro
> Data fatal
> Em que mataram
> O grande marechal
> Chora o Exército
> Chora o Brasil inteiro
> A morte de um herói
> De um grande brasileiro.

E o povo se habituou a ouvir Eduardo das Neves cantar ao violão os acontecimentos de maior divulgação ocorridos no cenário político da nossa pátria.

Quando a Marinha de Guerra foi aumentada com os poderosos couraçados São Paulo e Minas Gerais, o incomensurável artista obteve um grande sucesso cantando:

> Louros triunfais
> O século nos traz
> Vamos saudar
> O Gigante do mar
> O Minas Gerais.

* * *

O genial cantor foi sempre grandioso.

Não houve plateia, por mais exigente que fosse, que não o recebesse com delirantes ovações.

Havia antigamente um certo preconceito entre os artistas teatrais, que tinham pelos circenses uma espécie de menosprezo, e tanto assim que quando um ator cômico se excedia, chamavam-no palhaço.

Eduardo foi o primeiro que pisou no palco para cantar ao violão, no Teatro Apolo, num grande festival de um outro gênio que se chamou Xisto Bahia[11] – mulato de qualidade!

Foi o sucesso da noite! Nem o beneficiado, nem o saudoso ator França,[12] que eram exímios no violão, sobrepujaram-no.

Ele fez uma entrada cômica vestido de palhaço e dominou os espectadores. Todos os artistas se postaram nas coxias, à espera de uma estrondosa pateada, mas, quando o *diamante negro* entrou em cena, acompanhado de Xisto Bahia e este anunciou:

— Uma grande revelação nacional – Eduardo das Neves!

A plateia cobriu-o de palmas!

E, sem vacilações, sem dar tempo a que o velho Xisto saísse de cena, o então palhaço, ferindo as cordas do seu *piano*, que vulgo chamava o seu violão, cantou uma modinha da lavra do próprio Xisto e que sempre foi um dos grandes sucessos do querido ator:

> *A renda da tua saia*
> *Vale bem cinco mil réis*
> *Arrasta a saia mulata,*
> *Te dou mais cinco e são dez*
> *Isto é bom*

Isto é bom
Isto é bom
Que dói!...

Xisto Bahia ficou vivamente impressionado e cobriu de beijos e abraços o grande artista!

A plateia o fez repetir e Xisto Bahia correu ao seu camarim, apanhou o violão e ajudou o acompanhamento.

Estaria feita, com ruidoso sucesso, a – entrada cômica – se a plateia não pedisse, com insistência, o "Tiro de canhão".

Foi outro tiro...

Chamado à cena repetidas vezes, Eduardo cantou, para despedida:

— Pai João, able porta neglo
Por ordi di delegado
— Eu não able minha porta
Que Catilina tá detado...
— Pai João, able pórta neglo
Por orde de zimpetô
— Eu não able minha porta
Catilina já detô.

Quando ele entrou no estribilho...

Siricopaco
Mango-mango
Etc.

...ninguém resistiu – uma apoteose! Foi a recomendação do valoroso artista, que mais tarde os paulistas consagraram na *tournée* do Grande Circo François.

* * *

Como todo homem, Eduardo tinha as suas aspirações.

Uma, era ter um circo de sua propriedade, e a outra era ser oficial da Guarda Nacional.

Quando foi proposta a sua promoção de Brigada para Alferes, deixou esse mundo de ilusões.

Diretor-proprietário de um circo, conseguiu ser, para gaudio de um sócio espertalhão que esperava o momento em que Eduardo estava em cena para arrecadar todo o dinheiro entrado na bilheteria e deixar o sócio e os artistas sem um níquel para as suas necessidades mais urgentes.

Sempre patriota, Eduardo deu à sua casa de diversões, o nome da Pátria – Circo Brasil[13] –, que só lhe serviu para grandes aborrecimentos e enormes sacrifícios. Eu sou testemunha disso e o meu grande amigo Dr. Evaristo de Moraes[14] também.

* * *

A maior glória de Eduardo das Neves foi cantar e com uma grande vantagem – é que ele, sozinho, era a garantia de um programa e o sucesso de um espetáculo.

Houve aqui um empresário aventureiro – foi João Apóstolo –, o homem dos anéis elétricos e dono do leão Marrusco.[15]

Certa vez, estando o leão no Maison Moderne e como o pranteado empresário Paschoal Segreto[16] não lhe quisesse fazer entrega da fera, requereu busca e apreensão do animal.

O juiz concedeu e os oficiais de Justiça foram fazer a diligência.

Quando chegaram na Maison Moderne e leram o mandado de busca e apreensão, Paschoal Segreto chamou o gerente, o Domingos *Dedo de Cabeça de Cobra*, e ordenou:

— Seu Domingos, faça entrega só do leão – aos oficiais de Justiça.

— Como? – perguntou o Domingos.

— Faça a entrega – só do leão –, porque a jaula é minha.

E virando-se para os oficiais:

— Os senhores não trouxeram uma jaula?

— Não, senhor.

— Não faz mal, eu empresto uma corda...

Desnecessário é dizer que o leão ficou depositado na Maison Moderne todo o tempo necessário para João Apóstolo mandar fazer uma jaula, tendo ainda que pagar o depósito...

Era João Apóstolo quem no seu Circo, armado na antiga *Cabeça do Porco*, dizia:

— Não preciso de artistas: eu, com o leão, e Eduardo das Neves, com o violão, damos um espetáculo!

E davam mesmo.

* * *

Uma pergunta, certamente, fará o leitor:

Qual foi a atuação de Eduardo das Neves na roda do samba?

A resposta não se fará esperar:

Foi a maior possível. Ele foi sempre um catedrático, desde os tempos de guarda-freio e daqueles bambas, daqueles que se garantiam e cujas pernas eram respeitadas numa batucada.

Antes de se celebrizar como cantor, foi sambista.

Durante muito tempo, há uns quarenta anos passados, quando ele cantava aquela modinha com a música do "Guarany":

> *Uma tarde na janela*
> *Pensativa eu te vi*
> *Estavas tão sedutora*
> *Que fiquei louco por ti*
> *Vem cá minha morena*
> *Vem ser minha Cecy*
> *Vem ouvir a minha voz*
> *A voz do teu Pery*

Também era figura de destaque nos sambas da casa da Bambata e fazia parte como docente da Escola de Samba Estácio de Sá.

Respeitavam-no e temiam-no, quando dava para fazer samba de improviso.

Na roda do samba, Eduardo pertenceu sempre à Cidade Nova, porque se julgava *estrangeiro* lá para os lados de Botafogo...

O Eduardo foi contemporâneo de Hilário Ferreira, Dudu, *Marinho Que Toca*, João da Harmonia,[17] *Cleto, o Clemente*, hoje contínuo do Gabinete do Diretor da Imprensa Nacional, Aimoré e muitos outros que eram considerados majestades.

Com o seu grande talento, com a sua imaginação e fertilidade, Eduardo das Neves vivo, *Sinhô* não teria a sagração de *Rei do Samba*.

Não teria, porque o grande artista era mais popular, tocava também piano (muito pouco, mas tocava), tocava pandeiro, chocalho, cuíca, cavaquinho e violão com maestria.

Sendo ele um catedrático em qualquer destes instrumentos, *Sinhô* não podia competir com o velho mestre.

Dada a sua grande prática e o seu contrato para gravações com a Casa Edison, Eduardo subiria ao trono! Sinhô seria apenas um duque, e Caninha, o Prazeres e outros seriam príncipes, caso o Chico Viola não o engarrafasse, como engarrafou outros vultos, como boicotou Sinhô e como tentou comprar Índio das Neves!

* * *

É voz geral que os gênios, os grandes talentos, os artistas notáveis, dentro da própria família, não deixam substituto.

Eduardo das Neves, porém, deixou um substituto; deixou um filho que tem sabido honrar o seu nome, muito embora não seguindo a mesma carreira do seu progenitor.

Se não há regra sem excepção, Índio das Neves é uma excepção da regra.

Escolheu para início da sua carreira no funcionalismo a mesma repartição em que seu saudoso pai deu os primeiros passos na vida pública – a Estrada de Ferro Central do Brasil, onde já é conferente de 2ª classe.

Índio das Neves é hoje o maior poeta no gênero de modinhas de alto estilo.

Na atualidade, ele é o *primus interpares*, é o maior vulto da modinha brasileira, porque Catulo da Paixão Cearense, depois que aderiu a outra roda e passou a viver dos concertos para gente rica, abandonou a modinha.

Com Catulo agora é só poema de légua e meia, porque com eles talvez ingresse no Petit Trianon, pelos fundos...

Mas ninguém reclama ou lamenta sequer a retirada de Catulo – o jocoso poeta sertanejo.

O Índio, honrando o nome do inolvidável Eduardo das Neves, não deixou que a modinha caísse e morresse. Amparou-a, deu-lhe maior vulto e beleza e lá do Reino da Glória recebe as bênçãos e as inspirações de seu pai, porque dizem os positivistas que – os vivos serão sempre e cada vez mais governados pelos mortos.

7

GENTE DO
OUTRO TEMPO

O samba, depois que o industrializaram, está perdendo a sua verdadeira cadência e vai assim, aos poucos, caminhando para a decadência...

Antigamente, quando numa festa de samba aparecia uma flauta, era uma novidade, e se o flautista era, por exemplo, o *Jangada*, a semana inteira o comentário era este:

— Ah! Mano véio, Bambala, deu um samba na hora!... Teve até flauta!

— O que está dizendo?!

— Juro por essa luz que está me alumiando.

— Quem *assoprô* o instrumento?

— Foi o Jangada.

— Ó!... O que eu perdi!

— Onde você se meteu? Todo o cordão encordoou.

— Fui a um baile de aniversário.

— Tá bom... E qui tal? Muito gravanço? Muito bebestive, hein?!...

— Que esperança! De comedoria e bebedoria, nem o cheiro! Baile relé, de tabuleta virada... Que pena!...

— O Jangada *tava* bom como quê!...

— E quem mais tocou?

— Nem queiras saber. Foi mesmo a flô! Escuta só: *Marinho Que Toca* (Antônio Marinho da Silva) no cavaco; Galdino no cavaco; Dudu no violão; Hilário no violão; *Luiz da Flauzina* no violão; João Caparica no pandeiro fritrolado; Luiz *Cabeça Grande* no pandeiro e *Manuel Bahiano* no Camisão.

Camisão! Bem poucos são os que hoje sabem o que seja *camisão*. É um pandeiro tocado à moda do Norte, para acompanhar chula.

Quando essa gente que constituía o Estado Maior se reunia numa brincadeira, parecia que o mundo vinha abaixo!

E se na roda aparecia o Cleto com a sua gente? Era um *pau pra virar*...

O homem não dava uma folga e, de vez em quando, lá vinha tirar um samba e embrulhava meio mundo, porque tinha muita verve e improvisava com facilidade.

A coisa rendia, quando ele se defrontava com o Hilário e o Dudu.

Ia até o dia seguinte.

* * *

Bons tempos aqueles!

Quando se formava a roda, os seus componentes eram as sumidades e os convidados, gente escolhida, que merecia o tratamento de *Iaiá* e *Ioiô*.

E as baianas? Mas que baianas tentadoras, com suas alvas e lindas camisas de cretone bordadas com renda de linho; belas anáguas de grande roda com babados e sandália na ponta do pé!

E tão sedutoras se tornavam, envoltas no pano da Costa perfumado, ostentando custosas joias e lindos balangandãs, que contavam na roda inúmeros admiradores, gente graúda: seu barão, seu comendador e o português da venda ou do açougue.

O samba daquele tempo, em que tomava parte a elite, a alta roda, era o que se podia dizer uma coisa do outro mundo!

Muita gente ia às nuvens quando ouvia:

Ai, ai, ai.
Eu aí
Deixa as cadeiras da nega
Buli.

Quando ela botava as mãos nas cadeiras, ou na cabeça vinha embaixo, vinha em cima, em parafuso, muita gente ficava doente...

De vez em quando, aparecia um gaiato, e gritava:

— Morre meu anjo e leva p'ro Céu com você...
E ela respondia:
— Yôyô, no Céu não entra pecadô...
Tivemos sambas memoráveis na casa da *Bambala*, a quem fizeram um sambinha cujo estribilho era este:

> Eu vi Bambala
> Na Ponta da Areia.

* * *

Antigamente, o samba era quase sempre o estribilho, constituído de uma quadra ou dois versos apenas e o resto era feito *a la minuta*...

Era ali no momento e, quando não entrava o improviso ou o desafio, batiam uma quadra conhecida. Muitas vezes, o samba (música e letra) era feito no calor da festa, no meio do entusiasmo.

O Hilário e o Cleto eram para isso de uma fertilidade assombrosa!

O Aimoré, que anda hoje fazendo a *obrigação* lá para os lados da estação de Mesquita, numa festa de São Cosme e São Damião, na casa da tia Tereza, na rua Luiz de Camões, festa que tinha como Rainha a Gracinda, que foi no tempo da sua mocidade uma das mais lindas e sedutoras filhas da Boa Terra, lá pela madrugada, depois de roer muita *coirana*, improvisou este samba:

> Ai baiana
> O samba do Rio é bom

> *Tem flauta tem cavaquinho*
> *Tem pandeiro e violão.*

Ou pela popularidade do Aimoré, ou porque o samba fosse mesmo o suco, durante muito tempo ficou no terreiro.

Ainda hoje faz sucesso, quando alguém se lembra e diz:

— O samba do Aimoré!

Aí o pessoal abre o bico e aquelas negas cheirosas se desengonçam todas na pontinha da sandália, fazendo o coro:

> *Ai baiana*
> *O samba do Rio é bom*
> *Tem flauta tem cavaquinho*
> *Tem pandeiro e violão.*

* * *

As festas na casa da tia Tereza sempre tiveram nome na história.

Os boêmios chamavam-na tia Tereza, mas as baianas, suas conterrâneas, tratavam-na de *Tetéa*. Foi o apelido que recebeu em Maragogipe aos primeiros dias de nascida, porque, segundo dizem, era muito bonitinha e depois de moça foi o tipo de beleza na terra onde se fabricam os melhores charutos do mundo, na opinião do Rei Alberto.

Durante muito tempo, tia Tereza vendeu na rua, à noite.

O seu grande tabuleiro era um verdadeiro restaurante. *Prat du jour*: angu à baiana. Nas sextas-feiras e na quinta-feira santa, o angu era substituído pelo vatapá ou caruru de peixe.

Durante muito tempo vendeu no largo de São Francisco, junto à Escola Politécnica. Depois o delegado de polícia Dr. Vicente Reis, do 3º distrito,[1] para mostrar serviço e dar provas de energia, transferiu-a para a rua Uruguaiana, no portão do gradil da Igreja do Rosário, mas constantemente implicava com a baiana, sujeitando a sua freguesia a vexames.

Numa madrugada de 15 de novembro, ele se estrepou todinho. E senão, vejamos:

No meio da festa de aniversário do *Jornal do Brasil*, fizemos um apelo em verso (de autoria de Múcio Teixeira)[2] pedindo ao Dr. Fernando Mendes de Almeida – então Diretor-Redator-Chefe – o arame para a ceia. O Dr. Fernando, também em verso, fez como Pôncio, mandando que nos dirigíssemos a Herodes, que no caso era o Dr. Cândido Mendes de Almeida, Diretor-Gerente, ou melhor, o ministro da Fazenda da casa e homem sempre abonado.[3]

O Dr. Fernando, à vista dele, era um pronto e, não raro, entrava também com o seu vale-róseo, porque o talão de vales do Dr. Candido era verde e o da arraia-miúda, que éramos nós, era branco, e assim mesmo, por intermédio do Grande Secretário, que foi o velho Arthur Costa.[4]

Recebendo a petição, o Dr. Cândido, meticuloso, contou o número de signatários e fez um cálculo: (Cinco mil réis por cabeça)... eles são 26. 130$000; mais uns quatro que apareçam... 150$000 – que naquele tempo era dinheiro à beça!

O tesoureiro aclamado foi o finado Mário Cardoso.

Eu fui o encarregado do menu e como tal, àquela hora – três da madrugada –, propus o restaurante ao ar livre da tia Tereza,[5] em frente à Igreja do Rosário, o que foi unanimemente aprovado.

Seguimos. Na frente iam: o Dr. Carlos de Laet[6] em animada palestra com o Coronel Gaspar de Souza,[7] diretor técnico do *Jornal do Brasil*, e Múcio Teixeira; a seguir: Mário Cardoso, Campos Melo e Camargo, que discutiam as probabilidades de um saldozinho... O Eugênio Pereira e o Amadeu Rohán[8] discutiam coisas da Santa Sé e da seção religiosa, que na edição especial comemorativa do aniversário traria um belo artigo do Dr. Felício dos Santos;[9] o Francisco Calmon e o Valle Junior[10] conversavam sobre cavalos de corridas, jockeys e proprietários e das possíveis barbadas, que Lourencinho sabia arrumar; o Caldeira só pensava em assuntos comerciais; o Dr. Dunsche de Abranches[11] deu o fora, para não desmoralizar a sua inseparável cartola de abas redondas. Francisco Valente[12] nem sonhava morrer na catástrofe do Aquidabã e via o Tamandaré navegar em mar de rosas; Otto Prazeres vinha respeitoso ao lado do seu velho pai, o estimadíssimo Dr. Feliciano Prazeres,[13] redator teatral, que fez da Pepa Rüiz[14] a *arquigraciosa* do ator Brandão[15] o popularíssimo.

Plácido Isasi, Bambino, Julião Machado conversavam sobre as ilustrações da edição especial e sobre os trabalhos que Celso Herminio mandara de Portugal[16].

O Dr. Eduardo Machado[17] pensava na restauração da monarquia...

E eu... só pensava no menu.

Chegamos ao tabuleiro.

A tia Tereza, quando viu toda aquela gente, ficou assustada, porque para ela eram caras estranhas. Cheguei e a tranquilizei.

Toda a boia estava por nossa conta!

E ela, sempre com aquele sorriso cheio de bondade e de candura, disse logo:

— Eh! Eh!... Onde o sinhô foi arranjar tanta gente graúda? Porque não avisou, que eu esperava lá em casa e servia mió, preparava umas coisas especiais!

— A boia chega, tia Tereza?

— O chega, chega, Ioiô. Temos angu, picadinho com batata, arroz, carne assada, fígado de cebolada, linguiça frita, peixe frito, farofa de ovo e mingau.

Consultei o Dr. Laet, que respondeu alegre:

— Ah! Que bela recordação d'outros tempos!

— Dos tempos da mocidade, hein, mestre. Retorqui.

— Menino, você precisa aprender a ser diplomata. Perto de homens como eu, o Coronel Gaspar e o Múcio nunca se fala em mocidade...

— Porque serão capazes de pensar que somos velhos, não é verdade Dr. Laet? Ponderou o Coronel Gaspar.

— Não é precisamente isso. Serão capazes de pensar que nos falta aquilo, que aliás nos sobra...

O Calmon atalhou:

— Que é justamente o talento.

E o Dr. Laet retrucou:

— Está você enganado – é energia... Eu vou ao grato dia!

— Ao angu, doutor? – Indaguei.

— Oh! Há muito que não como um angu de quitandeira e tenho ouvido falar no angu desta baiana.

— Dr. Laet, angu a esta hora?

— Ora Coronel Gaspar, você tem cada uma! O estômago não tem relógio para saber quantas horas são para receber um angu!

Quase todos foram ao angu, que passou ao rol do *não tem mais*!

Aquele pessoal todo reunido, falando alto, gargalhando, chamou a atenção da patrulha, que comunicou o caso ao delegado, que não se fez esperar: partiu da delegacia disposto a virar o restaurante da tia Tereza em *frege*!

Quando lá chegou, como verdadeiro espanta patrulha, o pessoal recebeu-o com uma salva de palmas.

Quando ele viu o *Jornal do Brasil* em peso, com Carlos de Laet, Múcio Teixeira, Gaspar de Souza e *et cetera*, virou sorvete – aderiu!

Pouco depois chegava o carro com o Dr. Fernando Mendes, que aderiu também, confessando:

— Eu estava doido que o mano (Dr. Cândido) descesse para as máquinas, para vir fazer companhia a vocês! E entrou num pão com carne assada.

Múcio começou a dizer poesias, Laet a contar anedotas, eu a fazer contas com a tia Tereza, que de vez em quando tinha que atender a voz do comando do Capitão Campos Mello:

— Mais um *café bem quente*.

Café bem quente, para a gente, era aguardente...

Depois, os Drs. Laet, Fernando Mendes, Múcio Teixeira e Coronel Gaspar seguiram no carro para a redação, em companhia do Dr. Vicente Reis, a fim de assistirem a máquina rodar.

Nós outros formamos um grupo e cantamos um samba, que era sempre cantado no sábado de carnaval, quando um cordão dos subúrbios ia buscar o estandarte exposto no *Jornal do Brasil*:

> *Viva Iaiá*
> *Viva Cecy*
> *Viva a redação*
> *Do Jorná do Brasí.*

O Dr. Vicente Reis, dias depois, voltou a implicar com a tia Tereza, e para evitar qualquer violência, no que ele era useiro e vezeiro, consegui que o Coronel Meira Lima, então delegado do 1º distrito, permitisse que a pobre velha em cuja casa abrigava órfãos para educar, viúvas sem lar, crianças abandonadas e servia também de depositária de menores sem que a polícia lhe indenizasse as despesas de estadia de dias, semanas e, às vezes, meses, colocasse o seu tabuleiro na rua do Rosário, esquina de Gonçalves Dias – ali na fronteira com o 3º distrito!

Depois tia Tereza, não podendo mais ficar exposta ao sereno, devido ao seu estado de saúde, passou a servir a sua freguesia na própria residência.

Mas, quer no tabuleiro, quer na residência da tia Tereza, é que os sambistas sabiam das novidades. Qualquer brincadeira que houvesse, tinha que ir ali – ao *bureau* de informações.

A tia Tereza foi para a Bahia viver entre os seus parentes, deixando-nos uma grande saudade e eterna recordação dos seus sambas, dos seus petiscos saborosos, do seu marido, que era o Chaves – guarda noturno –, e daquele busto de D. Pedro I, que havia na sala de visitas.

O Didi foi talvez quem deu mais sorte nos sambas da tia Tereza, a quem ofereceu este:

> *Esta gente enfezada*
> *Que nas pernas tem destreza*
> *Vem cair na batucada*
> *Na casa da tia Teresa.*
>
> *Baiana do outro mundo*
> *Eu sinto a perna bamba*
> *O meu prazer é profundo*
> *Aqui na roda do samba.*

O Didi levou depois esse samba para o rancho carnavalesco Macaco é outro..., onde o Germano, o Dedé, o Abut e outros eram as principais pessoas da diretoria, tendo como figuras de destaque entre as pastoras a Ziza, a Catita, a Pequena e outras da casa da tia Ciata à rua Visconde de Itaúna n° 117.[18] Este samba do Didi logrou grande sucesso.

* * *

A gente do outro tempo, quando ia para a roda do samba, só tinha um objetivo – brincar, mas brincar na regra, como então se dizia, respeitando uns aos outros e principalmente tendo em mira o nono mandamento...

Os sambas de João Alabá[19] também tiveram fama e deixaram nome na história.

Em geral, a eles compareciam os seus filhos de santo, os *habitués* do seu terreiro.

Às vezes enfiava a semana inteira; era, para bem dizer, o oitavário de um grande candomblé de iniciação de um filho, de uma obrigação de alguém que tinha que dar comida à cabeça ou oferecer um *amalá* a seu santo ou mesmo o pagamento de uma multa. Vinha gente de longe, dos subúrbios, dos arrabaldes, de Niterói, São Domingos, de Maxambomba, Macacos, Belém e até da Barra do Piraí!

Assim eram também as festas preliminares na casa de Cypriano Abedé,[20] que até bem pouco tempo foi o maior Babalaô do Brasil e o mais entendido em negócios da religião africana, apesar dos seus 100 anos de idade!

Sendo Cypriano Abedé o único pai de santo que possuía diploma de doutor em ciências ocultas, de uma academia norte-americana, era também o único que possuía a *Ossain* que tanto surpreendeu e abismou o ex-senador Irineu Machado,[21] quando o encarregou de fazer por 20:000$000 os trabalhos para a sua eleição. No dia em que viu e ouviu a *Ossain*, ficou tão emocionado que depositou aos seus pés a quantia de 1:100$000!

Os grandes candomblés na casa de Sua Majestade Abedé eram precedidos de festas, dança e cânticos, em que o samba tinha preferência.

Os sambas e os candomblés de Abedé, na rua João Caetano, 69, se recomendavam pela gente escolhida que os frequentava, e nos dias de tais funções era de ver a grande fileira de automóveis naquela rua, sendo alguns de luxo e particulares na sua maioria.

Era gente de Copacabana, Botafogo, Laranjeiras, Catete, Tijuca, São Cristóvão, enfim, gente da alta roda que ali ia render homenagens a seu pai espiritual.

As funções na casa de Sua Majestade Abedé eram permitidas pela polícia, em vista de ser ali uma sociedade de ciências ocultas, com organização de sociedade civil, sendo que os seus estatutos aprovados pela polícia cogitavam da religião e danças africanas.

Em setembro de 1930, iam em meio da maior animação um candomblé, quando parou à porta um automóvel e dele saltou um deputado, acompanhado de um amigo.

O deputado era o filho do Sr. Dr. Washington Luís, então presidente da República.

E o chamado príncipe da República Velha gostou tanto, achou tudo tão bem, tão em ordem, que comeu, bebeu e ficou na festa até as três horas da madrugada!

* * *

Outro samba afamado era na casa da tia Ciata, que nestes últimos tempos foi, sem dúvida, a baiana de maior nome aqui na Baía... de Guanabara.

No seu tempo de moça, deu dor de cabeça a muita gente... Era da classe das *negas cheirosas* e que serviam de figurino às demais baianas.

Uma saia bordada à ouro ou seda, uma sandália acompanhando o bordado da saia, quem quisesse ver do que havia de mais rico, apreciasse em cima de Ciata!

Vendeu doces toda a sua vida de moça e durante a sua velhice. Trabalhou, trabalhou muito, para ajudar seu marido, o popularíssimo João Baptista, da Imprensa Nacional, que, nos dias de samba, candomblé ou carnaval, ficava doido e não contava com a esposa, porque, se se tratava de candomblé, ela como mãe de santo que era, e das boas, ia ver arriar os orixás e então levava em sua companhia as filhas: Isabel, Pequena e Mariquita; se se tratava apenas de samba, ela estava dentro da roda, e quando era pelo carnaval esquecia tudo, porque, como foliona de primeiríssima, transformava a sua casa, quer na rua da Alfândega, quer ultimamente na rua Visconde de Itaúna (onde faleceu), em verdadeira Lapinha. Rancho que saísse e não fosse à casa da Ciata – não era tomado em consideração, era o mesmo que não ter saído.

Os sambas na casa de Ciata eram importantíssimos, porque, em geral, quando eles nasciam no alto do morro, na casa dela é que se tornavam conhecidos da roda. Lá é que eles se popularizavam, lá é que eles sofriam a crítica dos catedráticos, com a presença das sumidades do violão, do cavaquinho, do pandeiro, do reco-reco e do atabaque.

Foi na casa da tia Ciata, num dos seus famosos sambas, que o Donga apanhou o "Pelo telefone" e fez aquele arranjo musical que o celebrizou como o precursor da indústria que hoje é o regalo do Chico Viola...

Tem aparecido aí muita coisa como novidade musical e que naquele tempo caiu em desuso.

Quando não quiséssemos apelar para os marmanjos, teríamos o testemunho dessa baiana que tem o segredo da juventude e da beleza – essa Maria Adamastor –,[22] que ainda é a mesma carinha sedutora, que ainda é a mesma baiana cheia de dengues e que sambando se desmancha todinha em verdadeiros exercícios de contorcionismo, e que, à frente de um rancho carnavalesco, como mestre-sala só respeitava o Hilário Ferreira e o Germano Lopes da Silva, que atacado de pertinaz enfermidade faleceu em 2 de maio de 1933, sendo sepultado na cova rasa nº 18.544, do Cemitério de Maruí, em Niterói.

A gente do outro tempo!

Que diferença da gente de hoje!

8
GENTE
DE HOJE

Havemos de convir que há muita diferença da gente do outro tempo para a de hoje.

Há no meio dos de hoje quem possa testemunhar que a distância é muito grande.

Que o diga: o Dudu, o Caninha, o *Cuba da Flor do Abacate*; o Bonfim, o Donga, o João da Baiana, o Juca da Cananga, o Dr. Enéas Brasil, o Coronel Arthur José da Silva, o Aimoré, o Theodoro (Massada), o guarda civil aposentado Conceição, o Galdino Cavaquinho, o Valentim Franco, o Didi, o Oscar Maia, o Dedé, o Paiva mestre-sala; o Eloy e o Juventino (a *trinca* Abacate), o Major Verissimo José Nogueira, Gentil o *titio*, o Carvalho Bulhões, Manoel

Ignacio de Araújo, Cleto de Oliveira, Marinho que toca, Benzinho, Napoleão de Oliveira, Cap. Arthur Albuquerque, Maximiano Martins, José Rabello, Ten. Camargo, o Ernani (Sabiá), o outro João da Baiana (que hoje é capitalista), o Eloy (que deu para inventar samba e gravar como ponto de candomblé),[1] José Cupertino Corrêa de Pinho (que comprou em leilão o balão de José do Patrocínio), Manoel Leoncio Bahia, (que hoje se diz pai de santo e fez o *ebó* para o Djalma de Jesus não sair da Associação Beneficente dos Empregados Municipais), o Amorzinho (irmão do Oscar Maia), o Mauro de Almeida, o *Morcego* (hoje aposentado nas rodas carnavalescas), Heitor dos Prazeres, Maria Adamastor, o Zuza e a Ziza, Henriqueta (do angu do Mercado), as irmãs Laura e Etelvina, o Arlindo Apóstolo, o Valentim (da Mulher Vermelha, hoje mestre no Arsenal de Marinha), o Capitão Gregório Amorim, o Dr. Jupiaçara Xavier, o Biju (do Recreio das Flores) e muitos outros que poderão contar que a gente do tempo antigo, os que cultivavam o samba, eram em tudo e por tudo incomparáveis com os sambistas e sambestros de hoje.

Antigamente, o samba primava pela originalidade da letra e música, que jamais se afastavam do ritmo, ao passo que, hoje, o que mais se observa é o plágio com o maior descaramento.

Na relação acima, há nomes que figuram no meio da gente de hoje, mas que foram criados na roda da gente de ontem, e que, embora fossem muito crianças naquele tempo, ainda guardam recordações do que faziam os seus maiores.

Lançado um samba, passado nas Escolas do Estácio e do Catete, ele era cantado por toda a parte, sem que o seu autor tivesse a menor pretensão nem pensasse em lucros.

Hoje, o que inspira os sambistas e sambestros é a ambição do ouro...

Eles não têm mãos a medir e há mesmo quem viva única e exclusivamente do samba, apresentando coisas antigas como de sua lavra, não respeitando a memória dos seus antepassados.

O que foi cantado há uns 60 anos, sem se saber quem era o autor, aparece hoje gravado nos discos das vitrolas, como originalidade de A ou B.

As músicas de hoje são muito semelhantes umas com as outras, diferindo apenas no andamento, na mudança de compasso.

Estamos no Império do Plágio.

O samba industrializado despertou a cobiça e fez surgir uma nova geração de autores... de produções dos outros.

Há quem faça como Fonseca Moreira – que compra a resto de barato, aos *enforcados*, uma letra e música e tenha o desplante de apresentar como de sua autoria, como há também quem compre, apenas, os direitos autorais.

Estes são mais corretos ou mesmo mais honestos, porque, afinal, não se enfeitam com penas de pavão.

Tivemos em 1932 a encrenca de um samba pernambucano lançado aqui no nosso mercado com o nome de um conhecido sambista – Lamartine.[2] O protesto não se fez esperar.

Tiveram, então, que entabular um acordo. É inegável que toda a cidade cantou:

> O teu cabelo não nega
> Mulata
> Porque tu és mulata na cor
> Mas como a cor não pega
> Mulata
> Mulata és o meu amor

Esse samba (se é que samba possa ser denominado) foi o que mais lucros deu, mas tiveram que ser divididos entre os verdadeiros autores (os irmãos pernambucanos) e o *autor de emergência* aqui no Rio, a fim de que não houvesse a intervenção da justiça, dando o seu a seu dono.

* * *

Antigamente, lançado o samba, a roda se incumbia da sua propagação.

Hoje mandam fazer folhetos, se empenham com os cronistas de publicá-lo, organizam choros e percorrem as batalhas, como fez o Eduardo Souto com o "Tatu subiu no pau" e como fazem o José Francisco de Freitas[3] e o *Caninha*.

O *João da Gente* quase estende a mão à caridade pública, pedindo a esmola... de cantar os seus sambas, que nem assim logram divulgação!

O *Chico Viola*, que compra o que é dos outros e grava na Casa Edison, é uma mina! Tendo, porém, o cuidado de boicotar ou prender o que não consegue negociar...

É por isso que muita gente se admira da sua *fertilidade* e do seu *grande talento*!

Temos, na geração moderna, nomes de valor como:

ALFREDO VIANNA (*Pixinguinha*) – É o homem da flauta mágica. É realmente um grande músico e musicista – o discípulo do inolvidável Irineu de Almeida.[4] Quisesse ele trabalhar e, com a inspiração que tem, seria o substituto de Paulino do Sacramento,[5] que foi quem mais produziu nestes últimos 20 anos.

Mas se Pixinguinha é um bom flautista, é melhor flauteador...

Quisesse ele, seria *Sua Majestade Rei do Samba*.

ERNESTO DOS SANTOS (*Donga*) – Este é filho de peixe... Nasceu na roda do samba. Bem poucos como ele sabem os segredos de um samba do partido alto. Filho de Amélia do Aragão, de saudosa memória, a quem a gente do outro tempo idolatrava, não só porque, na roda, era *Sua Excelência*, como pelos raros dotes do seu bondoso coração. Desde pequenino, Donga foi vendo, ouvindo e aprendendo. É um esforçado e um resultado de si próprio. O Donga é o precursor da indústria do samba. Foi quem abriu caminho a toda esta gente que hoje forma um exército de Sambestros... Trocou o violão pelo banjo, já foi à Argentina, já se exibiu em Paris, mas, ao que parece, resolveu dormir sobre os louros, depois que esticou o cabelo...

FREIRE JÚNIOR[6] – Figura de destaque, de grande destaque.

É modesto. No meio dos autores de samba, é o mais competente quer como musicista, quer como autor das letras. Uma e outra coisa, para ele, não tem segredos, casando bem a música chorosa com a letra chistosa.

Coisas interessantes: Eduardo Souto também é musicista, também é sambista, escreve por ano um grande volume em brochura, de produções suas que são condenadas ao esquecimento. Freire Júnior qualquer coisa que faça *pega de galho*, como se costuma dizer, quando um trabalho agrada logo de primeira vista.

O autor da marcha João Pessoa (o samba "Toca para o pau" do pianista alemão) não gosta que se diga essas coisas, mas o que é verdade deve ser dito.

Freire Júnior continua a ser o *primus interpares*.

O mulato é bom mesmo...

JOSÉ LUIZ DE MORAES (*Caninha*) – É filho do Samba com a Malandragem. Não nega que foi nascido e crescido na roda e, por isso mesmo, é talvez o único que não foge, que não abandona e segue religiosamente a escola do partido alto. Funcionário público, é dos poucos que não vivem do samba e está nele como que por obrigação, por devoção, cumprindo uma promessa...

Foi o único competidor sério que Sinhô encontrou e que por várias vezes temeu, porque o Caninha é de uma tenacidade e persistência pouco vulgares. Não desanima nunca e cada vez entra com mais fé na luta. Caninha hoje é um vitorioso. É o campeão de 1933.

Precisa, porém, completar a sua vitória e encerrar então a sua longa carreira, precisa vencer com letra e música da sua lavra. Lutando sempre só, também só é que deve vencer – e vencerá.

LAMARTINE BABO – É incontestavelmente um moço de valor e um bom elemento que ingressou no meio dos sambistas, sem que, entretanto, pertença à roda do samba. Tem produzido muito e a sorte o tem bafejado, em se tratando da parte comercial do samba. Ficaria bem colocado entre Freire Júnior (muito abaixo) e Caninha muito pouco acima, porque o coautor da "Batucada" tem progredido e agora é que está tomando gosto... Em se tratando de samba mesmo de verdade, dentro da escala, observando o ritmo, e então se for do partido alto, o campeão de 1933, pode dar *handicap*, porque ainda vence e muito longe. Se, porém, o samba for no gênero *almofadinha*, Lamartine nem dará confiança ao Caninha.

Mas, se tiver o arrojo de competir com Freire Júnior, prepare o costado que a lambada é certa...

No estilo do partido alto, nem mesmo o Freire Júnior vencerá o *Caninha*.

ARY BARROSO[7] – Não se pode contestar que seja um grande musicista e principalmente para o nosso teatro de hoje. Mas não é um sambista na expressão da palavra. Não será capaz de fazer a partitura de um samba, com a mesma facilidade e precisão de um Pixinguinha, que conhece, que é do *mettier*. É um às nestes sambas gelatinosos que agora aparecem e que antigamente tinham o nome de lundu, tango ou coisa que o valha.

Ary Barroso hoje é um nome de cartaz, mas na roda do samba é um profano.

Que o diga o J. Thomaz, que no meio do samba é um mestre.

JOÃO DA BAIANA – Este pode formar ao lado do Donga e do Caninha, porque foi criado na mesma roda e conhece, como eles, todos os segredos do Samba e do ritmo do partido alto. E porque conheça muito, confunde quase sempre aquilo que ouviu e aprendeu no tempo de garoto com as originalidades que pretende lançar nos discos de vitrola. É possível que a imaginação, que o bestunto do João da Baiana, nos dê ainda um trabalho apreciável, mas nunca como aquele:

Querê, quê pê
Que tê ó ganga!
Chora na macumba
Ó ganga!

Isto é uma chula de palhaço cantada no carnaval de 1882, e que o jovem sambista, educado na escola antiga, veio gravar como sendo seu, em 1933, isto é, 51 anos passados!

Esta novidade é do mesmo tempo desta outra chula de velho:

Ó raio, ó sol
Suspende a lua

Bravos do velho
Que está na rua!

Ainda também desta época é esta chula:

Eu quero ver
Ózan! zan!
O Chininhá bater
Ózan! zan!

No começo deste capítulo, citei 56 nomes de pessoas que conhecem perfeitamente a história do Querê, quê pê/Que tê ó ganga! O João da Baiana está na obrigação de apresentar um trabalho bom e original.

Alie ao seu talento e à sua competência uma boa dose de força de vontade que certamente botará muita gente tonta...

Por que essa gente moça não procura ao menos seguir o exemplo dos velhos?

João da Baiana tem gosto e ainda vai dar provas do seu valor.

JOSÉ FRANCISCO DE FREITAS – Dos sambistas de gravação, este é o único que em número de discos pode competir com o Chico Viola.

Há apenas uma diferença: o Freitas escreve a letra e faz a música, e Chico (adeus, viola!...) não faz nem uma coisa nem outra...

O Freitas organiza choros e sai com eles por aí a cantar o que é seu... Promete taças a quem melhor executar o seu samba (promete e não dá, como sucedeu com o Turunas de Botafogo, numa festa organizada pelo *Diário Carioca*).

E assim o homem vai vivendo feliz, abiscoitando reclames à beça e aplicando o *bluff*...

HEITOR DOS PRAZERES – Conhece o samba e é da roda. Muito jovem ainda, é bem possível que reapareça no cartaz como em 1932, que teve as honras de campeão. Mas, em 1933, pouco se falou no seu nome. Sabe-se de duas produções suas e de pouco valor: "Olha a rola" e "Fon-Fon", que não são absolutamente trabalhos com que se apresente quem se diz autor da maioria dos sambas do Chico Viola e dos de maior sucesso do pranteado Sinhô. O Prazeres precisa se reabilitar, porque foi formidável o tombo que lhe deu o Caninha em 1933!

Off-side como ficou, precisa bater o pênalti e fazer gol para não ser eliminado do *team*...

FRANCISCO ALVES – Não é da roda, nem conhece o ritmo do samba. Conhece, entretanto, os fazedores de samba, os musicistas, enfim, "os *enforcados*", com os quais negocia, comprando-lhes os trabalhos e ocultando-lhes os nomes.

E quem tiver um trabalho bom, seja de que gênero for, e quiser gravar na Casa Edison, tem que vendê-lo ao Chico Viola, porque do contrário nada conseguirá!

Dizem, quase todos, que o Chico é um magnífico intérprete e mais nada. Afirmam que é incapaz de produzir qualquer coisa, pois que o que é bom não é seu e o que é seu não presta.

O João da Baiana nos impingiu o "Querê quê pê/Que tê", mas aos íntimos, aqueles da Velha Guarda, que entendem do riscado, ele confessa o seu pecado e promete apagar o erro com uma produção de grande sucesso. Pode fazê-lo porque tem elementos para isso.

E o Chico? O melhor é comprar, mas respeitando o nome do autor.

Mesmo como intérprete há quem não aceite o Chico como primeiro e aponte o Carlos Vasques[8] – o *Nôzinho* –, oficial de justiça de uma vara federal, que estreou auspiciosamente cantando no rádio. Com mais um bocadinho de treino, com a prática que forçosamente adquirirá, porque tem muito talento, será o *primus interpares*.

Não resta a menor dúvida que *Nôzinho* é único, é incomparável como intérprete, como cantor, quer da modinha sentimental, quer do poema ou do samba chulado.

O *Nôzinho* seria um dos artistas mais completos se se dedicasse à arte de representar.

Mas agora não há mais quem desbanque o Chico, formando uma dupla com o Souto, uma vez que os dois se fizeram espíritas para gozarem das boas graças do Sr. Frederico Figner...

MIRANDELA – Dentre os maiores vultos do samba, há um nome que devemos citar com respeito e tratar com carinho. É o do Mirandela.

É um cultor do samba e um respeitador sincero da sua toada. Foi ele quem primeiro nos deliciou com as emboladas do Norte.

Quem não se recorda do Mirandela no velho Club dos Democráticos, à frente de um grupo, cantando os seus sambas e as suas emboladas?

Foi ele quem introduziu no grande clube o grupo do samba, e desde logo os outros procuraram imitá-lo.

Era de vê-lo cantando:

> Mirandela
> *Eu quisera ser a rola*
> Coro
> *Pois é.*
> Mirandela
> *A rolinha do sertão.*
> Coro
> *Pois é.*
> Mirandela
> *Só pra ver aquela ingrata*
> Coro
> *Pois é.*
> Mirandela
> *Dona do meu coração*
> Coro
> *Assim é que é.*

Foi ainda o Mirandela quem nos ensinou a "Rolinha", que o Donga nos impingiu no "Telefone".

Ei-lo fazendo meia-lua no grande salão dos Democráticos, na rua dos Andradas, em frente ao largo da Sé:

MIRANDELA
Olha a rolinha
CORO
Sinhô! Sinhô!
MIRANDELA
Que se embaraçô
CORO
Sinhô! Sinhô!
MIRANDELA
Caio no laço
CORO
Sinhô! Sinhô!
MIRANDELA
Do nosso amô
CORO
Sinhô! Sinhô!

Não é de hoje que o Mirandela pertence à roda do samba. Ele é da Velha Guarda, nos saudosos tempos da Guarda Velha! Sempre foi *persona-grata*, quer na Escola do Estácio de Sá, quer na do Catete.

Amável, maneiroso, diplomata, sempre soube se impor ao respeito, à estima e consideração, quer no meio dos sambistas, quer no meio dos carnavalescos, quer entre os *sportmen*, porque também pratica o esporte náutico. Como se vê, trata-se de um enciclopédico...

Não devemos esquecer que o Mirandela é o *vaselina*, é o introdutor diplomático de tudo quanto é embaixada nortista que vem ao Rio.

Uma especialidade sua: tem um ouvido e uma memória como deveriam ter os grandes maestros.

Quem quiser saber de um plágio, como foi feito e quem foi que o fez, consulte o Mirandela.

JOÃO DA GENTE – Este moço é uma negação! Ele começa traindo a si próprio – De Wilton Morgado! O nome dele, de verdade, é João da Silva Morgado. É filho de um português construtor, Eduardo da Silva Morgado, e de Emília Morgado, ambos falecidos.

Como sambestro é plagiário marca... *Picolé!*

SALVADOR CORRÊA – Não se pode dizer que o Sr. Corrêa seja realmente da roda do samba ou mesmo um sambista.

Em todo o caso, escreveu "De madrugada", que é mais uma batucada que um samba e deu o seu cartão de visita na roda do samba quando nos deliciou com este:

> *Estava na roda do samba*
> *Quando a polícia chegou*
> *— Vamos acabá com este samba*
> *Que seu delegado mandou!*

Até certo tempo, o Sr. Corrêa foi o Salvador da Embaixada do Amorzinho. Depois escreveu a marcha "Jaú" e veio o bafejo da celebridade e a Embaixada penetrou nos cassinos, nos palácios, nos teatros, recebeu uma tremenda pateada no Teatro Santanna, em São Paulo, na estreia da *troupe* Josephine Baker,[9] e morreu! O Sr. Corrêa transformou o seu pandeiro em ferro velho e a deusa da Fortuna abriu-lhe a porta e... chuá!... chuá!... Só lhe despeja sobre a cabeça cornucópias de ouro...

* * *

DIARIAMENTE vão surgindo novos elementos.
Os sambistas e sambestros surgem como cogumelos...
Todos eles correm para a Victor, onde realmente há gente que merece os mais francos elogios, dando alma, dando vida muitas vezes a verdadeiros *calhaus* que nasceram e deveriam morrer no nascedouro...
É um dever citar em primeiro lugar Carmem Miranda, menina de ouro, que vale um tesouro, cantando, chorando ou rindo.

PATRÍCIO TEIXEIRA[10] – É grande cantor, uma verdadeira alma de artista e é a graça personificada.

ELISA COELHO[11] – Pela sua comicidade irresistível.

ALMIRANTE[12] – O homem das batucadas.

MÁRIO REIS[13] – O Frederico Fróes do Samba, com uma bela voz privilegiada.

Tem surgido também elementos valorosos como:

ASSIS VALENTE[14], que entrou no Samba com o pé direito e promete muito, porque tem talento e é capaz de fazer muita coisa boa, procurando se enfronhar no ritmo do samba.

ANDRÉ FILHO[15] é também um elemento novo e de grande valor. Para o carnaval de 1933, produziu três trabalhos que muito o recomendam.

Segundo o boletim da Victor, as produções para o Carnaval de 1933 foram as seguintes:

Sambas:
"A tua vida é um segredo" – "Beijo de moça" – "Cartão de visitas" – "Eu vou pro Maranhão" – "Fiz um samba" – "Empurra" – "E ela não jurou" – "Fui louco" – "Implorei sua amizade" – "Maria" – "Mulato de qualidade" – "Nosso amor vai morrendo" – "Olha a rola" – "Oi Maria" – "Piaçaba pra vassoura" – "Por favor, vai embora" – "Samba de fato" – "Tarde na serra" – "Tenho uma nega".

Como autores de sambas e marchas, figuram os seguintes nomes:

Autores	Produções
Lamartine Babo	7
Assis Valente	4
André Filho	4
Ary Barroso	3

Autores	Produções
Heitor dos Prazeres	2
Paulo Valença	2
Nelson Ferreira	2
B. Lacerda	2
João da Baiana	1
F. Alves	1
N. Rosa	1
I. Silva	1
Ary Pavão	1
Luiz Peixoto	1
Gilberto Martins	1
Alcebíades Barcellos	1
P. Netto Freitas	1
J. Tolomei	1
F. Ribeiro de Pinho	1
Paulinho	1
Jurandir Santos	1
J. B. de Carvalho	1
José Luiz da Costa	1

Autores	Produções
F. R. Pinho	1
Cicero de Almeida	1
O. Silva	1
W. Baptista	1
Alfredo Vianna	1
Oswaldo Vaz	1
João de Barros	1
I. Kolman	1

De toda essa lista, só dois nomes pertencem à roda do samba: Heitor dos Prazeres e Alfredo Vianna.

Os outros são os sambistas industriais dos discos da Victor, porque na Casa Edison – só o Chico Viola!...

9

DO SAMBA
AO CARNAVAL

Há analogia entre o Carnaval e o Samba? Há e muito grande.

O maior sucesso do Samba é no Carnaval, e o maior sucesso do Carnaval é o Samba!

O Samba é imortal e o Carnaval é apenas o tríduo de Momo.

Enquanto o Carnaval cai na letargia, o Samba caminha triunfante o resto do ano, para aumentar de vulto na Penha e reforçar os dias de loucura.

O Samba não precisa do Carnaval, mesmo porque o Carnaval está morrendo, precisando da esmola do governo para viver, ao passo que o Samba viverá sempre e resistirá ao golpe dos poetas, que na ambição do dinheiro tentam contra a sua integridade e a sua tradição.

Não saiu ainda ninguém do Carnaval para salvar o Samba.

Do Samba é que tem saído os grandes enfermeiros do Carnaval, aplicando no moribundo umas injeções de óleo canforado...

Enquanto o Carnaval esteve com o Sr. Adolpho Bergamini[1] na cabeceira, os foliões, os adoradores de Momo chegaram até a subir o Morro de Santo Antônio... para implorar um milagre do céu.

De nada valeram as preces – porque o Sr. Bergamini é dos tais que só se lembra de Santa Bárbara quando ronca trovoada...

Simples escrivão de polícia, meteu a cara na política, teve à sua disposição a bolsa amiga do Sr. João Pallut[2], foi intendente, foi eleito e reeleito deputado, rastejando, curvando-se diante do eleitorado carioca e guindando-se ao cargo de prefeito ou interventor, tirou dos cariocas a sua maior alegria, tentou matar a sua única festa – o Carnaval.

Em 1931 é que o Samba foi em seu auxílio, animando-o, dando-lhe uma injeção de coragem.

Em boa hora, para salvação de Momo e para uma satisfação aos cariocas, colocaram na governança da cidade um brasileiro!

E o grande cirurgião, o grande mestre da cirurgia no continente Sul-Americano, esse luzeiro da ciência médica para honra e glória do Brasil, deu vida ao Carnaval oficializando-o e restituindo à cidade a sua maior e mais tradicional festa, agindo de modo a que não perdêssemos o título de Campeão Mundial!

Dando vida ao Carnaval, o Dr. Pedro Ernesto fez-se o único Santo que figura no altar do coração carioca!

Nunca tendo sido político, nunca tendo cortejado o eleitorado, sempre indiferente aos pleitos, sendo perfeitamente a antítese do seu antecessor, o Dr. Pedro Ernesto oficializando o Carnaval veio ao encontro do maior desejo do povo desta terra, que hoje é perfeitamente solidário com S. Ex. em qualquer terreno e irá com S. Ex. até onde os caprichos da sorte o arrastarem!

Oficializando o Carnaval, *ipso-facto*, oficializou o Samba.

O julgamento, porém, é que precisa ser feito não somente por medalhões, por leigos, mas também por gente que entenda, que seja do *mettier*.

* * *

O CARNAVAL, principalmente o regional, esse chamado pequeno carnaval de ranchos e blocos, deve tudo à gente do Samba.

Não há uma só organização que não tenha no seu seio um catedrático da Escola de Samba do Estácio de Sá ou do Catete; gente dos morros do Querosene, de São Carlos, do Salgueiro, da Favela e da Mangueira.

É porque são eles que constituem a válvula de segurança, o pulmão, o aparelho respiratório do pequeno carnaval; esses foliões sem jaça, que cogitam primeiro de dar o grito de carnaval na rua, para depois indagar das possibilidades de fazer um carnaval externo!

Desde os saudosos tempos do Dois de Ouro e da Rosa Branca,[3] que a linha de frente foi sempre constituída de gente da *roda do samba*.

Quais foram os fundadores da Flor do Abacate?[4] De onde vieram os iniciadores do Ameno Resedá,[5] na Ilha de Paquetá, naquele famoso *picnic*? Quem era a gente das *Filhas da Jardineira*,[6] no morro de São Carlos? Quem organizou o Quem Fala de Nós tem Paixão?[7] – A gente do Samba.

* * *

Já está perfeitamente provada a analogia existente entre o Carnaval e o Samba.

Pelo exposto, vê-se que o Carnaval deve muito ao Samba, e, embora seja hoje oficial, o seu soldo não chegará jamais para saldar a dívida...

Ninguém duvidará que durante o colapso o Samba foi o único arrimo do Carnaval.

Foi a gente do Samba, que jamais fez o Carnaval com o dinheiro do governo, o que equivale a fazer cortesia com o chapéu alheio, foi essa gente paupérrima e sem "fumaça" de "grande" nem farofa de rico, que animou, que deu vida ao Carnaval.

É realmente um crime que meia dúzia de moços, que exprimidos, reduzidos a bagaço, não dão nada, tenham o topete de ameaçar o governo dizendo que, se não lhes for dada uma certa importância, *não farão carnaval*.

10

O SAMBA E A GRAMÁTICA

O Samba é como o pau que nasce torto – tarde ou nunca se endireita.

Assim, as suas relações com a gramática.

Sendo ele de origem um tanto africana e tendo ensaiado os seus primeiros passos com a gente do sertão, não é possível confundir o samba com as modinhas de Catulo, Hermes Fontes,[1] Índio das Neves e Oscar Almeida.[2]

O Samba pode não ter gramática, mas não deve ter asneira, nem bobagens, como há muitos por aí, em que os seus autores tiveram apenas a preocupação de fazer uma obra, esquecendo de fazer um samba...

É sem gramática que nós o queremos, é sem concordância, é não ligando a colocação dos pronomes, porém, nos tocando a alma, nos falando ao coração, dizendo qualquer coisa, de carinho e amor ou glosando um fato, criticando A o B, como fazia o inolvidável Sinhô!

Queremos o samba sem gramática, mas bulindo com a gente, atraindo a crioula, a cabrocha, a mulata e até mesmo a branca, aos requebros dos quadris, ao roncar da cuíca no estilo do *partido alto*!

Queremos o samba sem gramática, sim, mas nunca fugindo ao seu ritmo, nunca traindo a sua escola e nunca desmentindo o seu passado!

Queremos o samba sem gramática, mas exprimindo o sentir de um homem rude que ao som do pinho-gemedor e do pandeiro barulhento abre o peito e dá expansão à dor que oprime, que caustica o coração de um homem que ama sem saber definir o que é o amor.

Queremos o samba sem gramática, daquele que diz o que sente e que nós sentimos que ele diz.

* * *

No dia em que o samba se relacionar com a gramática, perderá toda a sua beleza, todo o seu encanto, porque passará a ser monopólio dos poetas e será até apresentado na fonética como prova de habilitação para a Academia de Letras...

Oh! senhores letrados, deixem o samba divorciado da gramática; deixem o samba na boca da gente do morro, não mudem o samba do Estácio e do Catete para o Petit Trianon;[3] deixem-no em paz – sem gramática, mas com graça, com sentimento, com amor, com alegria e com sinceridade; deixem o samba sem gramática, mas dentro da sua escola, dentro do seu ritmo, com a sua expressão de ternura, com a sua dose de malícia e o seu frasquinho de veneno...

Quando a gramática penetrar no samba, surgirão literatos com ganância no ouro, depondo e escorraçando a gente do Morro, para tornar o samba de assalto e, então, só nos restará o recurso de fazendo uma genuflexão ante o seu túmulo, exclamar: *Requiescat in pace...*

* * *

QUANDO o samba tiver gramática, quando ele passar da roda em que foi gerado para a dos gramáticos e dos maestros, quando ele sair do seu próprio meio e for para o seio dos poetas, deixará de ser samba e tomará um outro nome qualquer que eles inventem, porque por muito que se esforcem, com toda a sua concordância, jamais farão coisa que, pelo menos, observe a tradição do *corrido* ou *chulado* e serão mesmo incapazes de fazer uma aproximação do *Partido Alto*.

A transformação se fará, mas durará muito pouco, porque será tão grande a repulsa, que o protesto partirá dos editores, que notarão a queda da indústria, com a diminuição assombrosa da renda.

* * *

Este capítulo foi inspirado na crítica feita por Freire Júnior, numa das suas últimas revistas, onde havia um número com a denominação de *O Samba e a Gramática*.[4]

Anda hoje em voga um samba que diz:

Macaco, olha o teu rabo...

11

O SAMBA E O "RANCHO"

O Rancho carnavalesco é oriundo do samba.

Aqueles que no outro tempo eram julgados os *ases* do Chulado, foram os iniciadores do rancho no Rio de Janeiro.

É que o pessoal do samba é pau para toda obra!

Age na roda e fora dela, anima o carnaval e se desenvolve num terreiro, na hora de arriar os orixás!

O pessoal do samba não rejeita parada e diz com muita propriedade:

— Quando a farinha é pouca, o primeiro pirão é nosso...

E o outro diz logo:

— Na casa de caboclo velho, *quem não come surucucu não almoça...*

Ou então:

— Quem tem o seu vintém bebe logo...

De qualquer modo, a gente da roda do samba se garante, porque tudo passa e o samba fica!

Ele conheceu D. Pedro como Príncipe Regente.

Ele conheceu D. Pedro I Imperador e Defensor Perpétuo do Brasil; conheceu-o depois de abdicar como D. Pedro II de Portugal, e conhece o segundo Imperador do Brasil, também D. Pedro II.

Depois de 15 de novembro de 1889, o samba aderiu à República e esteve sempre em boa harmonia com os marechais Deodoro da Fonseca, Floriano Peixoto (o imortal Marechal de Ferro), Dr. Prudente José de Moraes e Barros, Dr. Manoel Ferraz de Campos Salles, Dr. Affonso Moreira da Penna, Dr. Nilo Peçanha, Marechal Hermes Rodrigues da Fonseca, Dr. Wenceslau Braz Pereira Gomes, Dr. Epitácio da Silva Pessoa, Dr. Arthur da Silva Bernardes e Dr. Washington Luís Pereira de Souza.

Aí o samba gozou um pouco, porque o Dr. Washington Luís era e é um apreciador extremado – do que é nosso – e gostava mesmo a valer de ouvir cantar um samba *chulado no ritmo do partido alto.*

O samba estaria bem mesmo se o Dr. Júlio Prestes chegasse a assumir a presidência da República.[1]

Aí sim, ele seria introduzido no Palácio Guanabara, com todas as honras.

Com o Dr. Júlio Prestes, o samba gozaria de todas as distinções, porque o homem o apreciava muito e muito e também gostava de fazer a sua pestana no braço do violão...

Mas 21 dias antes do Samba passar a ser palaciano, fizeram a República Nova e ele não chegou à Rua Guanabara – ficou mesmo pelo Catete...

Também com o Dr. Júlio Prestes não seria a primeira vez que o Samba galgasse as escadas de mármore do palácio presidencial.

No governo do Dr. Nilo Peçanha, quantas vezes foram tangidas as cordas da lira, para S. Ex. ouvir a *música nacional*, tão emotiva, tão harmoniosa e até mesmo arrebatadora!

O samba não tem sorte.

Quando consegue uma *aragenzinha* e a gente pensa que ele vai subir, fica marcando passo...

* * *

Na República Nova tudo é oficial...

O Carnaval, o Samba, o Choro, o Rancho e o Bloco.

Está tudo oficializado, havendo até uma Federação – carnavalesca – na expressão da palavra...[2]

O Chefe do Governo Provisório, sendo gaúcho, aprecia mais um churrasco ou chimarrão que um samba choroso batido no terreiro, no meio da batucada!

S. Ex. não gosta do Samba!

E a gente do Samba gosta tanto de S. Ex...

* * *

Mas voltemos ao samba, nas suas relações íntimas com o rancho carnavalesco.

Os homens dos morros e das escolas do Estácio de Sá e do Catete foram sempre elementos de grande valor dentro do carnaval, dando-lhe animação e fazendo o chamado carnaval regional.

No tempo dos cordões, os sambistas entravam com o seu fortíssimo contingente e eram eles os velhos, os palhaços, os *Pai João*, *Rei de Diabo* etc., que constituíam aqueles belíssimos grupos, que eram a sua alma e a vida do carnaval.

Eram ainda eles que formavam os sujos, para dar trotes, para fazer críticas, para animar o carnaval das 8 horas até meio-dia.

Os sujos foram despertando um certo entusiasmo e então os *ases* do Samba fundaram um rancho à moda da Bahia – o 2 de Ouro – e logo a seguir fundaram o Rei de Ouro, vindo depois a Rosa Branca.

Qual era o pessoal que constituía esses ranchos?

A gente do Samba.

Lá estavam Hilário, Cleto, Germano Theodoro (Massada), Assumano, falecido em 22 de julho de 1933, Galdino, Oscar Maia, *João da Harmônica*, *Marinho Que Toca*, *Bambala*, Maria Adamastor, Maria de Santo Amaro, Ciata, João Alabá, Zuza, a gente toda do terreiro de Sua Majestade Cipriano Abedé, Gracinda, uma das mais lindas baianas e falecida no mês de janeiro de 1933.

Depois João Alabá formou um rancho em estilo africano, que saiu apenas um ano, em 1906.[3]

* * *

Data daí o desenvolvimento dos ranchos.

O povo do Catete, pela sua Escola de Samba, fundou então a *Flor do Abacate*, que entrou com o pé direito, alcançando ruidoso sucesso.

Há um velho adagio que diz: *comer e coçar, a questão é começar.*

No próprio bairro do Catete, houve quem não visse com bons olhos a Flor do Abacate e daí num piquenique de gente do Catete, na Ilha de Paquetá, foi fundado o Ameno Resedá, que se constituiu o maior competidor do Abacate, infligindo-lhe várias e esmagadoras derrotas.

Hoje o Ameno Resedá vive tão somente da sua fama, dos seus louros obtidos quando tinha como seu presidente o grande, o incomensurável, o incomparável Maximiano Martins – Sinhô Velho[4] –, que deixando a direção reduziu o Ameno Resedá de Rancho-Escola a Mafuá de segunda ordem, cobrando entrada na porta, o que sempre condenou nos outros clubes...

É assim mesmo – o peixe morre pela boca...

Daí em diante, os ranchos foram aparecendo e desaparecendo, sempre num grande sucesso, sendo de justiça salientar a *Flor do Abacate*, que tem sido o mais resistente.

Com a fundação da Federação, os ranchos foram miseravelmente sacrificados!

Deveria ser fundada a Congregação das Pequenas Sociedades, sem a menor ligação ou entendimento com as grandes.

Por outro lado, foi muito bom o *bluff* em 1933, porque o Resedá, ouvindo falar em auxílio monetário, resolveu fazer o favor de sair e para isso queria apenas – 25:000$000![5]

Não sendo atendido, não fez o favor...

Na gíria, os malandros, neste caso, dizem:

— É na batata! Elas por elas, não doem...

* * *

Como ficou perfeitamente demonstrado, também os ranchos tiveram a sua origem no Samba, que até hoje é um dos seus maiores fatores.

Olhemos para os principais elementos dos tricampeões: Recreio das Flores[6] e Flor do Abacate; do Quem Fala de Nós Tem Paixão, Moreninhas de Bangu, Flor da Lira de Bangu, Caprichosos da Estopa,[7] e vamos encontrar justamente a gente da roda do samba servindo de alicerce ou servindo de esteio a estas pequenas sociedades que fazem o carnaval das famílias, que é o carnaval do futuro, como não cansarei de repetir.

12
A DECADÊNCIA
DA VITROLA

A vitrola, a condenável vitrola, que condenou os músicos à fome, essa terrível injeção que levamos em todos os recantos desta Sebastianópolis, vai pouco a pouco sendo atirada para o canto e caindo no esquecimento.

Tudo é assim no mundo. Enquanto é novidade, é um sucesso, mas, quando se abusa do uso, passa a ser paulificante e entra no rol das injeções...

É perfeitamente como a mulher – enquanto jovem e formosa – é uma belezinha, todos cortejam-na. Vem o tempo e ela passa por uma metamorfose, fica velha e feia – todos evitam-na e a belezinha de ontem é o canhão de hoje...

Cinira Polônio,[1] a atriz que esteve no apogeu, cheia de adoradores, enfeitada de joias caríssimas, tendo sempre a sua bolsa superlotada e a caderneta do banco acusando fabulosos aumentos de dia para dia, como se vem arrastando no último quartel da vida?

O que foi preciso fazer para que ela regressasse de Paris, onde passou o melhor da sua mocidade e desfrutou o fulgor da sua beleza?

Aurélia Delorme,[2] uma das mais festejadas atrizes do nosso teatro! Pois bem, acabou como cozinheira no Méier, numa casa à rua Getúlio!

Todos desprezaram-na, como desprezaram Cinira Polônio!

O mesmo sucederá à vitrola.

Cinira e Delorme deixaram muita gente de tanga e a vitrola vem arrancando o pão da boca de centenas e centenas de artistas!

E dizem todos que a vitrola é muito mais econômica para um baile, embora seja a ortofônica acionada à eletricidade.

O meu grande amigo Corinto de Andrade, convidado para uma festa de aniversário, gentil como sabe ser, ofereceu um grupo musical para abrilhantar e animar as danças.

O dono da casa respondeu logo:

— Seu Corinto eu lhe agradeço muito, mas dispenso os músicos.

— Quer isso dizer que não há baile.

— Quem foi que disse que não há baile? Há e daqui... da pontinha.

— Então já arranjou os músicos, não é verdade?

— Não, senhor, não arranjei músicos.

O Corinto ficou um tanto intrigado, deixou escapar aquele seu sorriso seco e objetou:

— Ah!... Compreendo, já te ofereceram os músicos, não é?

— Támbem não.

— ?

— Eu tenho uma vitrola e o meu vizinho, o seu Cazuza, que o senhor conhece, emprestou uma porção de discos, de modo que vamos dar um bailão! Como sabe, meu sogro já está velho e não dança mais. Fica então no instrumento mudando as chapas e as agulhas. Já comprei três caixas de agulhas. O senhor acha que chega?

— Deve chegar. Mas, agora escuta, ó Fausto, um baile com músicos é do outro mundo!... Eu ofereço os músicos.

— Seu Corinto, muito obrigado... Mas músico come e bebe muito e de vez em quando nos deixa na mão... Com a vitrola, não há disso... É ali na batata!...

* * *

É possível que o amigo do meu amigo Corinto tivesse motivos para assim proceder, mas, positivamente, não tinha razão.

Não se diga que o músico come e bebe muito. Ele não é um ser privilegiado que tenha um estômago diferente do dos seus semelhantes; ele é um homem educado e que sabe se conduzir em qualquer meio; ele sabe que quando vai a um baile, a uma função qualquer, é um artista contratado e pago para exercer a sua função – tocar –, haja ou não *comestíveis* e *bebestíveis*...

Em geral, quando os músicos são chamados à mesa, é alta madrugada e já tocaram muito e qualquer que seja o instrumento, pelo exercício forçado, provoca a fome, ou melhor, desperta o apetite.

O músico vai à mesa uma vez e, já sabendo disso, *come de uma vez*... por todas que os convidados entendam petiscar...

Baile de vitrola é uma espécie de festa de indigente...

O que o Centro Musical[3] deve fazer é regulamentar as gravações e arranjar uma lei taxando pesadissimamente todos os discos estrangeiros.

A gravação deveria ser regulamentada, de modo que as nossas músicas não ficassem à disposição e ao beneplácito de qualquer alemão ou norte-americano que passou na alfandega como contrabando, mesmo porque a Polícia Marítima que conhece os indesejáveis e talvez não lhes deixasse desembarcar, embora exibindo os passaportes...

* * *

Com os seus dias contados, a vitrola caminha em passos acelerados para a decadência.

Para matar a vitrola surgiu o rádio... a prestações, e estas, quanto menores forem sendo, mais depressa fará chegar o dia do *de profundis* do instrumento predileto do Chico Viola...

Não pensem que haja nestas crônicas *parti pris* com o aplaudido cantor, tão endeusado pela crítica.

É a tal coisa...

O elogio demasiado, imerecido, engrossativo ou remunerado é prejudicialíssimo.

É que a vítima pensa que tudo aquilo é verdade e passa a acreditar cegamente na mentira, sem nunca lhe passar pela sua mente que está sendo ridicularizado.

Concordemos que o Chico seja um bom cantor, um excelente intérprete.

Tem boa voz, bela dicção, diz às vezes com sentimentalismo cantando pelo coração, e, aliado a tudo isto, uma boa indumentária, boas joias, tem como se diz nas rodas turfistas *performance*, sempre alinhado, mostrando uma bela dentadura que o Caninha diz que custou os tubos!

O aplaudido cantor é um artista, porque, de vez em quando, vai daqui para ali e acolá e bate justamente um repertório escolhido de tudo quanto ESCREVEU (letra e música?!...), e depois da gravação manda espalhar os discos pelos lugares onde semeou... popularidade e mesmo amizades que ele as sabe conquistar e cultivar, porque sabe ser um cavalheiro, enfim, um homem de sociedade.

Quem diz bem é o Heitor dos Prazeres, que não deixa repetir:

— O *Chico Viola* é de circo...

Há, porém, quem goste muito mais do Patrício Teixeira.

Ainda há pouco, discutia-se numa roda, na casa do Dr. Ramos Porto:

— Eu sou um apreciador do Francisco Alves.

Muito naturalmente alguém interpelou:

— É ou foi?

— Sou.

— Foi.

— Sou.

— Foi. Porque o Francisco Alves já morreu e até deixou a sua fortuna, inclusive, a grande livraria, para a Academia de Letras.

O mocinho sorriu e disse:

— O Francisco Alves que eu falo é outro. É o sambista.

O velhote ficou desconcertado e objetou com certa ironia:

— Ora, eu pensava que o senhor vinha falar de coisas sérias.

E retirou-se da roda.

Todos acharam graça e o mocinho continuou:

— Ele canta, que encanta!

Um bacharel em direito ponderou:

— Pois olhe, em canto, acho mais encanto no Patrício Teixeira.

— Gostei do trocadilho.

— Como deve gostar da verdade, que ele encerra.

— Sim, mas o Patrício não tem aquela apresentação, aquela *mise-en-scène* do Francisco Alves.

— Mas meu caro, no rádio ou na vitrola, não há *mise-en-scène*; a gente não vê – ouve – o artista. Eu, se fosse empresário teatral, pegava do Patrício e do Alves e fazia um contrato para uma *tournée*, mas sem um saber que o outro ia. A indumentária do Patrício ficaria por minha conta. Quando nos teatros de Portugal, Espanha e Paris aparecesse o grande cantor negro metido na sua casaca, perfeitamente alinhado, Francisco Alves teria que cavar muito para fazer um bocadinho de figura, ante o ruidoso sucesso de Patrício Teixeira.

— Aí, não digo nada.

— Então o senhor não aprecia o cantor, aplaude os belos termos do *Chico*. Disse muito acertadamente o Sr. Angelino Cardoso, que neste momento regressava do *buffet*, em companhia dos amigos Meireles e tenente Euclides Pereira,[4] muito conhecido nas rodas boêmias por *Barrigudinho*, e que já fez tremer um famoso delegado de polícia que confundia a sua função com a do esbirro e bancava no 14° Distrito o *Vidigal famoso*...

Deixemos, porém, entregue ao remorso das violências que praticou, o Dr. Dario de Almeida Rego.

Toca o bonde.

Quando o Angelino Cardoso deu aquele aparte, o bacharel sorriu e o partidário do *Chico* tonteou.

O *Barrigudinho* tomou a palavra:

— Olhe, mocinho, diga ao *Chico Viola* que quando ele quiser aprender a cantar com alma, com sentimento, com expressão – que o *Nôzinho* ensina! Dá *handicap* a eles todos e depois, sabe cantar, sabe dizer, sabe sentir o que está escrito, sabe ler e compreender...

O mocinho atalhou:

— É o que nem todos sabem – é ler e compreender.

O Barrigudinho perfilou-se todo, ficou assim numa atitude de *Tenente Interventor* e, fazendo um gesto de quem ia desembainhar a espada, disse:

— Meu amigo, parodiando o provérbio latino eu digo – *ligere e non intelligere é de burrigere*... Mas vamos ao que serve: o senhor é partidário do *Chico Viola*, por causa das roupas; aqui o doutor é partidário do Patrício Teixeira e eu do *Nôzinho*, que, como o Patrício, é também nosso patrício e de pouca roupa... O *Chic*, entrará em cena todo *chic, smart, up to date*, cheio de joias e dentes de ouro; o Patrício pode entrar mesmo com a sua roupinha modesta e o *Nôzinho*, para não entrar nu, entrará de cuecas, e vamos a ver quem canta – da modinha sentimental ao samba do *partido alto*, samba *chulado, raiado* e quem vai do fado à embolada! Eu acho que no fim, quem sai vestido é Nôzinho.

— E o Patrício? – perguntou o Angelino.

— O Patrício deverá sair com a sua roupinha direita.

— E o *Chico*? – indagou o Meirelles.

— O *Chico* ficará atrapalhado para sair do teatro em cuecas...

Foi gargalhada geral.

O Sr. Francisco Alves que se prepare. Não tardará a queda da vitrola e a sua queda também...

* * *

Por que a vitrola atravessa o período agudo da sua decadência?

Porque profanou o samba. Como se explica a profanação?

Pela falta de escrúpulo dos editores, pela ganância de alguns autores e principalmente pelo monopólio exercido por certo grupinho que constitui a *comissão julgadora* daquilo que deve ser gravado ou que entre em concurso. A seleção das 50 músicas do último concurso d'*A Noite*[5] causará um profundo desgosto aos diretores do brilhante vespertino, caso seja aberta uma sindicância a tal respeito.

Sem o consentimento dos negocistas, nada se fará.

Daí resulta um certo retraimento daqueles que poderiam apresentar trabalhos apreciáveis, com originalidade e arte.

Hoje, o que está dando dinheiro é o samba. E os editores querem sambas em quantidade, sem olhar a qualidade!

Há muita produção boa enforcada, boicotada, atirada no fundo das gavetas, para daqui a um certo tempo surgirem nos discos... com uma pequena modificação no compasso, como sucedeu com o "Toca pro pau", que, sendo samba, apareceu gravado, cantado com ruidoso sucesso, como marcha "João Pessoa"!

Com o retraimento, vem a escassez de novidades e então fazem a exumação de coisas velhas, do tempo da coroa, como sucedeu com o

> *Querê, quê pê*
> *Quê tê, ó ganga!*
> *Chora na macumba*
> *Ó ganga!*

Embora o Pixinguinha tivesse, muito habilmente, vestido a partitura de belíssima harmonia, contudo apenas enfeitou uma produção que pelo tempo caiu no domínio público e que não deixa de ser velharia.

São essas coisas que vão matar a vitrola.

A terra lhe seja leve...

13

"OMELÊ" OU "BATÁ"

Bem razão teve o Sinhô, quando disse que – "a Bahia é boa terra".

Eu, se não fosse brasileiro, quisera ser japonês, e se não fosse carioca, quisera ser baiano.

Em todo caso, sou da Baía... de Guanabara.

A Bahia nos deu o samba e seus ases; nos deu o Visconde do Rio Branco, Barão de Cotegipe, Rui Barbosa, Zama, Mangabeira, Seabra, e agora acaba de nos presentear com o *tio Faustino* – Faustino Pedro da Conceição![1]

* * *

É um dos maiores vultos da religião africana aqui no Rio – que o diga o maestro J. Thomaz e também o *Pixinguinha* poderá testemunhar, reforçado pelo Donga.

Tio Faustino tem proporcionado milhares de benefícios àqueles que recorrem à sua caridade, promovendo o sossego de espírito e do lar.

Ele é também dos que pugnam pela tradição e pelo progresso do samba.

Tem várias produções, que, graças à colaboração musical de Pixinguinha, alcançaram ruidoso sucesso.

* * *

Ultimamente, *Tio Faustino* ficou em evidência na roda do samba com o seu *Omelê*, que vem a ser *Batá* africano, ou melhor, uma assimilação desse instrumento, com várias modificações e melhoramentos, de modo a substituir no samba a cuíca.

O *batá* africano é um instrumento feio para ser apresentado em público num conjunto de salão e tem um grande inconveniente: não afina nos dias chuvosos ou lugares úmidos (como a cuíca), por muito que procurem esquentar a pele, porque a corda cede facilmente, havendo o retraimento do couro.

O *Omelê brasileiro* substitui perfeitamente o tambor, a caixa-surda, o bombo, o tamborim, a cuíca e o tabaque.

É bonito e vistoso, pois é todo niquelado, sendo a sua afinação feita por meio de chaves, como a caixa moderna.

Tio Faustino já tirou privilégio do seu invento (dois modelos), para que se possa garantir e defender contra os *oficiais de obras feitas*.

Oficialmente, ele inaugurou o seu *Omelê* num clube de danças da rua Frederico Fróes, na noite em que o *João da Baiana* apresentou como novidade o "Querê, quê pê/Quê tê, Ó ganga", irmão gêmeo do *Ó raio, ó Sol, suspende a lua!*

* * *

Não resta a menor dúvida de que o *Omelê* será em breve o instrumento obrigatório de todos os centros onde se cultive o samba. Ele é a condenação da cuíca, que já não satisfaz nem condiz com a harmonia do samba *chulado*.

Temos, porém, um pressentimento: muito em breve os *autores de produções alheias* surgirão por aí com o *Omelê* do Tio Faustino, ganhando rios de ouro, sujeitando-o aos mesmos dissabores de Heitor dos Prazeres com o seu *Método de Cavaquinho*.

É que o Rio de Janeiro é o *paraíso das águias*, e em cada esquina há dez sabidos à espera de um "tolo"...

"Sabidos" há muitos e tolos, também. O que não há é polícia.

14

VERITAS
SUPER OMNIA

Há na roda do samba grandes valores, talentos brilhantes, mas sem cultura ou lapidação e respeitáveis sumidades debaixo da concha da modéstia, amargurando o anonimato.

Estes é que são os verdadeiros autores de produções de *consagrados ases* do samba...

O leitor dirá:

— Adeus, viola (sem alusão ao Chico), lá vem você, seu *Vagalume*, batendo na mesma tecla.

E eu responderei:

— Não tenho dito tudo.

* * *

No dia 3 de maio de 1933, pelas 11 horas, quando eu abordava os amigos (e os irmãos da Irmandade do Rosário) pedindo votos para Sampaio Corrêa, Jones Rocha, Pereira Carneiro, Amaral Peixoto e o Henriquinho,[1] no Café dos Embaixadores, ouvi o seguinte diálogo:

— Você tem alguma coisa para dizer?
— Se tenho...
— Então diga.
— Homem, eu não sou baú de ninguém, nem caixa de segredo. Quer saber de uma coisa? O "Salve Jaú!" é do Amorim e do Átila Godinho.[2]
— Que Amorim?!
— O *Morceguinho*. Aquele boêmio cheio de talento e graça, que canta, toca e recita com expressão e sentimento. Aquele boêmio cheio de verve, que Deus privilegiou com a arte de declamar. O *Morceguinho* é um dos que debaixo da concha da modéstia amarguram o anonimato. Ele, sem favor nenhum, sem lisonja, é um cultor da modinha, da canção, do samba, e tendo um talento privilegiado, tudo quanto é dele, se não é bom, é ótimo!
— Mas a marcha "Salve Jaú!"...
— Segundo estou informado, a letra é do Amorim e a música é do Átila, antes de ir veranear lá... (Quem tiver muito interesse de saber onde, que vá indagar).
— Mas não pode ser – é do Salvador.
— A letra é do *Morceguinho* e a música é do Atila, e então, para a *composição não ficar perdida*, o Salvador tratou de salvá-la...

— Chi!...
— Ora, isto não é nada. Procure o Mirandela e ele, que é um verdadeiro arquivo falado, abrirá o registro de casos idênticos a este e de plágios vergonhosíssimos de autores consagrados!

Em compensação temos homens da nova geração que vivem por aí ignorados, produzindo muito, mas nunca aparecendo.

* * *

Por um desses acasos felizes, encontramo-nos na *Casa de Caboclo*, com *"De Chocolat"* e o Duque.[3]

Dois baianos distintos, talentosos, que têm honrado o nome do Brasil na Europa e duas palestras agradabilíssimas. Como não podia deixar de ser, a certa altura eu toquei na tecla:

— *Na roda do samba* vai desmascarar muita gente e, principalmente, os *consagrados autores de produções dos outros*.

— Faz muito bem, Vagalume — retorquiu De Chocolat. Quer saber de uma coisa? Aquele sambinha do *Donga*:

> *Nosso sambinhá assim*
> *Tava bão*
> *Gente de fora entrô*
> *Trapaiô.*

"É meu! Ele se apossou da autoria, do meu trabalho, com a maior desfaçatez! Com o Donga, todo o mundo come mosca!...

Eis como se escreve a história.

* * *

Não se pode negar que o *Cartola*,[4] do Morro da Mangueira, seja uma verdadeira revelação na roda do samba.

Como atestado irrecusável, aí estão os seus últimos trabalhos, que lograram sucesso.

Não resta a menor dúvida que, se o jovem sambista estudar e melhorar, estará dentro em breve no apogeu.

* * *

Há sambistas desconhecidos na própria roda do samba, mas que prometem, porque as suas produções (letra e música) nada ficam a dever ao que de melhor por aí existe.

Apenas escrevem e executam para os amigos ouvirem, quando poderiam aparecer brilhantemente, publicando os seus trabalhos, mesmo por intermédio das casas editoriais, se houvesse uma lei que estabelecesse uma tabela de preços entre autores e editores.

Essa iniciativa bem poderia ser tomada pela Sociedade de Autores Teatrais, que é a única instituição existente no Brasil com autoridade bastante para cuidar do assunto, defendendo mesmo interesses de muitos dos seus sócios que não são estranhos à indústria do samba.

São esses novos e ignorados autores que seguem o caminho do apogeu da glória na roda do samba.

Para eles, volve-se toda a esperança de novas produções que honrem o samba *chulado*, principalmente do *partido alto*, que não devemos abandonar ou esquecer, porque representa um passado, uma tradição que será um crime renegar.

Que outros o façam, mas nunca aqueles que se presam de ser da roda do samba, aqueles que o defenderam com ardor e pugnaram pela sua tradição; aqueles que formam ao lado de *Caninha*, vivendo para o samba, sem fazer dele um comércio, sem auferir dele o menor provento; aqueles que professam o samba como se fora uma religião, defendendo o seu ritmo, mantendo a sua toada e auxiliando o *Caninha* na manutenção do partido alto.

São estes heróis, como J. Thomaz, *Pixinguinha*, *De Chocolat"*, *Dong"*, João da Baiana, Patrício, Heitor dos Prazeres, "Nôzinho", Morceguinho, C. Bulhões, Tio Faustino e outros, que como ases do samba deverão cerrar fileiras e defendê-lo com ardor e entusiasmo.

Todos merecem a nossa admiração e a veneração de toda a gente, pelo muito que fazem e pelo muito que valem.

15

A QUEM COUBER
A CARAPUÇA

O samba tem evoluído nesses últimos vinte anos.

Do mesmo modo que Catulo da Paixão Cearense levou a modinha e o violão para os grandes salões, *Sinhô* – o pranteado Rei –, de saudosíssima memória, ingressou o samba nos teatros, nos clubes e nos palácios!

Sinhô despertou a cobiça dos exploradores desta bela e rendosa indústria, para gaudio dos editores inconscienciosos, que vivem de dia para dia, vendo o transbordamento dos seus cofres, porque, para dentro deles, o samba despeja cornucópias de ouro; para o gaudio de moços elegantes, que, se não fora o samba, estariam no olvido, pobres como Job, amargurando os horrores da *falange dos sem trabalho*.

Ao contrário, porém, vem sucedendo, porque estes estão otimamente instalados na vida, explorando a inexperiência, a necessidade, as privações de homens modestos e desconhecidos, comprando por uma bagatela os seus trabalhos, sonegando-lhes o nome, chamando a si a autoria de produções preciosas, porque tiveram o cuidado de preparar o monopólio da gravação!

A estes podemos chamar os coveiros do Samba!

São as aves de rapina e agoureiras também, que alceiam o voo até o alto dos morros e de lá trazem o samba, como presa das suas garras aduncas!

* * *

Foi tão somente para isso que eles ingressaram no meio dos sambistas, roubando-lhes o nome, sugando-lhes o suor, explorando-lhes as produções, sonegando-lhes os lucros e deixando-os sempre no último degrau do esquecimento!

E, enquanto isso, eles aumentam a sua fama, a sua popularidade, a sua *bagagem literária*, e desfrutam nababescamente de uma vida regalada, em belas vivendas, lindos bangalôs, revestindo as suas carcaças de indumentárias caríssimas, em cômodos automóveis que *fonfonam* audaciosamente pelas ruas da metrópole, zombando da miséria dos seus explorados!

* * *

Ó Senhor Deus de infinita bondade!

Tende compaixão dos explorados, descortinando-lhes novos horizontes, livrando-os da tentação das garras dos exploradores, e castigai aqueles que tiram o pão da boca de quem tem fome, para exemplo das gerações vindouras!

Ó Santa Cecília!

Ó milagrosa padroeira dos músicos – protegei vossos filhos e fiéis devotos, livrando-os desse bando de Lampiões, que, em vez do bacamarte e da chave denominada gazua, usam o monopólio do disco da vitrola com as três armas musicais chamadas claves de Sol, Fá e Dó.

Promovei, ó Santa Cecília, ó Santa milagrosa, um grandioso final, com grande pancadaria, mas sem bumbo, nem caixa, nem pratos, nada de bateria... Pancadaria mesmo de verdade, em que entre em cena o cacete, para dispersar o bando e impedir que os músicos – vossos filhos e fiéis devotos – venham para a rua bater de porta em porta, implorando a caridade pública!

Ó Senhor Deus, todo misericordioso!

Mandai um castigo para os exploradores de produções alheias!

Ó Santa Cecília!

Fulminai, com um só raio do vosso olhar, aqueles que querem condenar os músicos, vossos filhos, ao suplício da fome!

16
ÚNICO APELO

Ao terminar as minhas investigações sobre o samba, agradeço a todos os que as acompanharam, da primeira à última linha, e peço desculpa da massada que lhes dei.

Creio, porém, que prestei um serviço – pelo menos ao samba, declarando a sua origem e pugnando pela sua manutenção, pela sua escola e pela conservação do seu ritmo.

Não se diga que nós, os que pugnamos pelo samba, desejamos ou nos batemos pela exclusão dos poetas.

Não. O samba não tem dono, é nosso.

Queremos é a conservação do seu ritmo, porque é tradicional, e, no dia em que desaparecer a cadência e a toada somente sua, o samba também desaparecerá.

Que venham os poetas, mas que respeitem a tradição.

Não façamos com o samba o que fizeram com a mazurca, que o *fox-trot* depôs, e a quadrilha, que os dançarinos abandonaram, condenando-a ao mais atroz esquecimento!

Havemos de pugnar e sempre pelo samba *chulado* dos cariocas ou pelo samba *corrido* dos baianos, que a gente dos morros, as escolas do Estácio de Sá e do Catete, não deixarão que os profanos trucidem – a pretexto de melhorá-lo!

Não queremos esse samba dos concursos oficiais, com orquestra de companhia lírica...

O samba, o tradicional samba, deverá ser executado com todos os seus instrumentos próprios: a flauta, o violão, o reco-reco, o cavaquinho, o ganzá, o pandeiro, a cuíca, ou melhor, o *omelê* e o chocalho.

Neste andar exigirão amanhã uma prima-dona, uma soprano-ligeiro, um tenor, um barítono e um baixo, com o respectivo corpo de coros para cantarem, e umas bailarinas russas para dançarem o samba.

Não sejamos inimigos do progresso, mas também não permitamos que desapareça tudo quanto é tradicional.

O samba é uma tradição da nossa roça. Conservemo-lo.

* * *

Quando um dia pensaram na demolição da Igreja de São Domingos, o Cônego Dr. Olímpio Alves de Castro, à frente de alguns católicos, teve um entendimento com o Prefeito Comendador Antônio Prado Junior[1] e S. Ex. disse que permitiria a reconstrução daquele templo histórico, com uma única condição: de ser conservado o estilo colonial.

E assim se fez.

A Igreja do Rosário, a mais histórica do Brasil, em cujo consistório por muitos anos funcionou o Senado da Câmara, onde se fizeram ouvir os próceres da Independência, onde se preparou a apoteose de 7 de setembro de 1822, onde José Bonifácio, Gonçalves Ledo, José Clemente Pereira e outros se bateram pela nossa emancipação política, tem passado por inúmeras reformas de melhoramentos, mas sem que modifiquem seu estilo colonial, que o mestre Valentim lhe deu.

E por quê?

Para tão somente respeitar a tradição de um povo.

Logo, tudo aconselha que respeitemos o samba como uma das tradições brasileiras.

Melhoremos o samba – mas sem tirar-lhe o seu característico, que é o seu ritmo, que é a sua escola. Respeitemos o chamado *partido alto*.

Não seja o samba transformado em modinha, em lundu ou tango.

Que formem na vanguarda dos seus defensores *Caninha, Pixinguinha, Donga, João da Baiana, Dudu*, Aimoré, Didi, Zuza, Galdino e Prazeres, que são os únicos que hoje podem defendê-lo com ardor.

Que o Prazeres se atire ao samba, mas escrevendo sambas de verdade, porque "Mulher de malandro", com que venceu em 1932, é o que se pode chamar uma boa modinha, com as suas várias passagens.

Respeitemos o samba e executemo-lo como ele deve ser executado.

* * *

Encerrando esta série de crônicas, fazemos um único apelo – não deixemos morrer o samba.

Cuidemos dele com o mesmo desvelo, com o mesmo carinho, com a mesma dedicação que se dispensa a um moribundo!

Cerremos fileira, a fim de impedir o avanço da horda invasora – ó gente do Estácio e do Catete, ó povo dos morros!

Continuemos a alimentar o samba, com os instrumentos próprios do samba.

Continuemos a produzi-lo e a entoá-lo com o mesmo ritmo, sem desprezar nunca a grande escola do *partido alto*.

Não deixemos que o samba morra nas mãos dos aventureiros.

Salvemos o samba!

Henrique Assumano Mina do Brasil.
A Noite, 22 de maio de 1931 (Divisão de Periódicos, Fundação Biblioteca Nacional).

Brandão.
Almanaque do Teatro, 1907 (Divisão de Periódicos, Fundação Biblioteca Nacional).

Benjamim de Oliveira.
Revista da Semana, 5 de julho de 1908 (Divisão de Periódicos, Fundação Biblioteca Nacional).

Aurelia Delorme.
Correio da Manhã, 3 de julho de 1927 (Divisão de Periódicos, Fundação Biblioteca Nacional).

Luiz José de Moraes, conhecido como Caninha – campeão do samba no concurso oficial de 1933 e o maior defensor do partido-alto.

O Imparcial: diário ilustrado do Rio de Janeiro, 26 de janeiro de 1923 (Divisão de Periódicos, Fundação Biblioteca Nacional).

Angenor de Oliveira, Cartola, um dos "ases" do samba no morro da Mangueira.

Diário Carioca, 2 de março de 1933 (Divisão de Periódicos, Fundação Biblioteca Nacional).

Embaixada do Amorzinho na inauguração do novo pavilhão do jornal *Crítica*. Vagalume está de pé, no centro da foto.

Crítica, 1º de fevereiro de 1929 (Divisão de Periódicos, Fundação Biblioteca Nacional).

Chico da Baiana.
Jornal das Moças, 30 de julho de 1931 (Divisão de Periódicos, Fundação Biblioteca Nacional).

Gaspar de Souza.
Jornal do Brasil, 21 de dezembro de 1920 (Divisão de Periódicos, Fundação Biblioteca Nacional).

Sentados, da esquerda para a direita: Vagalume e Mario Rodrigues.
Crítica, 1º de fevereiro de 1929 (Divisão de Periódicos, Fundação Biblioteca Nacional).

Vagalume.
Diário da Noite, 31 de janeiro de 1931 (DA Press).

Ernesto dos Santos, o Donga,
precursor da "indústria do samba".
1954, fotógrafo não identificado (Coleção
Almirante, Museu da Imagem e do Som, RJ).

Faustino Pinheiro da Conceição, o tio
Faustino. Inventor de um novo modelo de
cuíca e autor de vários sambas africanos.
1935c., fotógrafo não identificado (Coleção
Almirante, Museu da Imagem e do Som, RJ).

Francisco Valente.
Revista da Semana, 28 de janeiro de 1906 (Divisão
de Periódicos, Fundação Biblioteca Nacional).

Freire Junior.

O Malho, janeiro de 1945 (Divisão de Periódicos, Fundação Biblioteca Nacional).

Gregório Amorim, de pé.

Diário Carioca, 28 de janeiro de 1930 (Divisão de Periódicos, Fundação Biblioteca Nacional).

Heitor dos Prazeres.

S/d, fotógrafo não identificado (Coleção Sergio Cabral/Museu da Imagem e do Som, RJ).

Hermes Fontes.
Gazeta de Notícias, 1º de janeiro de 1930 (Divisão de Periódicos, Fundação Biblioteca Nacional).

Hilário Jovino Ferreira, autor de vários sambas e defensor extremado da escola do partido alto.
Diário Carioca, 28 de janeiro de 1933 (Divisão de Periódicos, Fundação Biblioteca Nacional).

João da Gente, sambista impopular.
Fon Fon, 4 de março de 1916 (Divisão de Periódicos, Fundação Biblioteca Nacional).

João da Baiana.
Diário Carioca, 7 de janeiro de 1933 (Divisão de Periódicos, Fundação Biblioteca Nacional).

José da Barra.
A Notícia, 14 e 15 de dezembro de 1914 (Divisão de Periódicos, Fundação Biblioteca Nacional).

Lili Cardona.

Fon Fon, 8 de junho de 1912 (Divisão de Periódicos, Fundação Biblioteca Nacional).

José Francisco de Freitas.

Fon Fon, edição de Natal, de 1923 (Divisão de Periódicos, Fundação Biblioteca Nacional).

Mario Pinheiro.

Revista de Teatro e Sport, 13 de janeiro de 1917 (Divisão de Periódicos, Fundação Biblioteca Nacional).

Oscar Maia, o n. 1 do Ameno
Resedá. Um dos mais reputados
pandeiristas nas escolas de samba.
Beira-Mar, 2 de março de 1924 (Divisão de
Periódicos, Fundação Biblioteca Nacional).

Paulino Sacramento.
O Malho, 22 de abril de 1922 (Divisão de
Periódicos, Fundação Biblioteca Nacional).

Pepa Ruiz.
Almanaque dos Teatros para 1896, 1909 (Divisão de
Periódicos, Fundação Biblioteca Nacional).

Compositores e violonistas: João Pernambuco, Agustín Barrios e Quincas Laranjeiras (de pé, à direita).

S/d, fotógrafo não identificado (Coleção Sergio Cabral/Museu da Imagem e do Som, RJ).

Salvador Correa.

A Noite, 9 de janeiro de 1929 (Divisão de Periódicos, Fundação Biblioteca Nacional).

Xisto Bahia.

S/d, fotógrafo não identificado (Fundo Correio da Manhã/ Arquivo Nacional).

Noel Rosa, um dos "ases" do samba chulado.

dec. 1930, fotógrafo não identificado (Coleção José Ramos Tinhorão/ Instituto Moreira Salles).

Eduardo das Neves, o Diamante Negro.

O Malho, 6 de janeiro de 1917 (Divisão de Periódicos, Fundação Biblioteca Nacional).

Índio das Neves, consagrado poeta e musicista, que é "hoje" o maior vulto da modinha brasileira.

Fotógrafo não identificado.

Patricio Teixeira.
Fon Fon, 15 de março de 1930 (Divisão de Periódicos, Fundação Biblioteca Nacional).

Bicohyba, extremado defensor do samba.
S/d, fotógrafo não identificado.

J. B da Silva, o Sinhô.
S/d (Coleção José Ramos Tinhorão/Instituto Moreira Salles).

Paulo da Portela.
S/d (Coleção José Ramos Tinhorão/Instituto Moreira Salles).

Francisco Guimarães Vagalume.
S/d, fotógrafo não identificado. Esta foto abria a primeira edição de *Na roda do samba*, publicado em 1933 pela Tipografia São Benedicto.

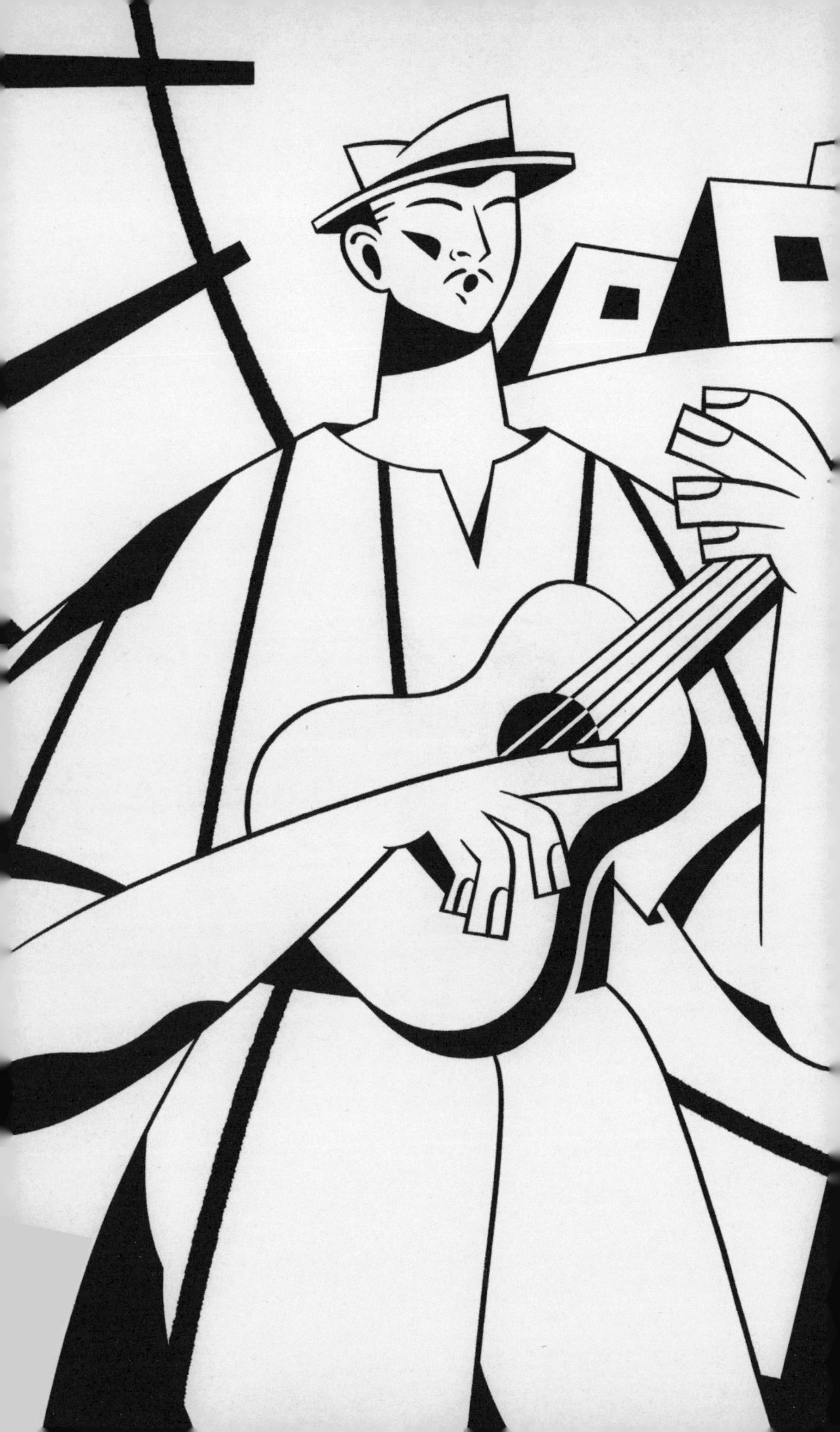

Parte 2

A VIDA DOS MORROS

1
OS MORROS

Não há cidade no Brasil que tenha mais morros que a nossa.

Existem cento e tantos na terra carioca!

Os morros do Distrito Federal são cheios de poesia e beleza e cada um tem a sua história, mais ou menos empolgante, a sua lenda ou a sua fama.

Logo à entrada da barra, dominando a cidade, vemos o monumento do Soberano dos Homens, com os braços abertos em cruz, dominando a cidade e protegendo os seus habitantes.

É o Corcovado outrora gigantesco, hoje sagrado, por sustentar no cume o monumento do Salvador da Humanidade, do Grande e Divino Mestre – o Cristo Redentor!

É para ele que nos momentos aflitivos levantamos o nosso olhar súplice, rogando a Misericórdia do Céu.

Quem no mundo possui um morro assim?

A fazer *pendant*, temos o Pão de Açúcar, com os seus 395 metros sobre o nível do mar, ligado ao da Urca por condução aérea. A Urca conta com 224 metros, ou seja, 171 metros menos que o seu aliado.

Temos depois os seguintes:

BABILÔNIA, com 238 metros de altitude, com algumas casas, estação de telégrafo ótico e posto radiográfico.

SÃO JOÃO, com 241 metros de altitude e em cuja fralda fica o Cemitério de São João Baptista.

MATHIAS, com 63 metros.

VIÚVA, com 79 metros. Tem um reservatório de água. O seu nome provém de haver pertencido à viúva de Joaquim de Figueiredo Pessoa de Barros. Também foi propriedade da Marquesa do Paraná.

GLÓRIA, com 61 metros de altitude. Este morro tem nome na história do samba. Nunca foi academia, nem escola, mas até 1888 constituiu sérios cuidados de muito boa gente, num dia só – era em 15 de agosto, dia de Nossa Senhora da Glória!

(*Era uma segunda festa da Penha, naqueles tempos que os quatro domingos de outubro empolgavam a população carioca. Hoje, já não é tão grande a animação, porque, com a perseguição aos talassas, veio de Portugal um padre português que, uma vez investido das funções de Capelão, instituiu a taxa mínima obrigatória de 10$000 por cabeça nos batizados de cambulhada. Não satisfeito com o comércio de fazer cristãos, transferiu* *a beleza da festa campestre que se realizava no arraial para a Chácara do Capitão, o que resulta uma renda fabulosa! É tão grande o negócio de batizados por atacado que foi preciso mandar buscar em Portugal um outro Capelão, também talassa, para ajudante do que substituíra o Padre Ricardo Silva. Hoje, os dois capelães portugueses ostentam luxuosas batinas de alpaca seda e sapatos com fivelas de platina!...)*

Continuemos, porém, com a festa da Glória. Naquele tempo, o chique era botar uma *vianna* nova, no dia da Milagrosa Santa. Mas não era só o terno – era tudo: dos pés à cabeça! Às 10 horas, Sua Majestade D. Pedro II subia ao Outeiro e ia assistir à missa. O povo acompanhava-o em delírio! Depois da missa das 10, era a grande romaria!

Todas as *academias* e *escolas* do samba lá iam render as suas homenagens! Cada uma levava uma novidade – um samba novo. Ainda hoje, Nossa Senhora da Glória é padroeira de vários ranchos carnavalescos (nascidos da escola do samba), como: Ameno Resedá, Flor do Abacate, Aliança Clube, Arrepiados, etc.

MARTHA, 100 metros;
MUNDO NOVO, 120 metros;
CANDELÁRIA, 90 metros;
QUILOMBO, INGLEZ, CINTRA, 250 metros;
GRAÇA, NEVES, 70 metros;
ORIENTE, 90 metros;
PAULA MATTOS, 95 metros;
PEDRA RASA, BANDEIRA, PRAZERES, TÚNEL DO RIO COMPRIDO, PEDRA GRANDE, FORMIGA, 117 metros;

SÃO BENTO, 32 metros;
CONCEIÇÃO, 50 metros;
SAÚDE, GAMBOA, PROVIDÊNCIA, 117 metros;
PINTO, SÃO DIOGO, 57 metros;
SANTO ANTÔNIO, 63 metros;
SANTA TERESA, SANTOS RODRIGUES, MIRANTE, PEDRA DA BABILÔNIA, 102 metros;
SÃO JOÃO, BARONESA DE LAGES, BARRO VERMELHO, LÁZAROS, RETIRO DA GRATIDÃO, 110 metros;
RETIRO DA AMÉRICA, 90 metros;
TELÉGRAFO, 184 metros;
S. JOÃO, PAIM, 30 metros;
GONGÁ, JACARÉ, VINTÉM, 46 metros;
URUBUS, MARIANA, DENDÉ, BONSUCESSO, CERRO, CARICÓ, RAMOS, PENHA, 69 metros;
OLARIA, PENHA, 160 metros;
CARAMBADA, SALVADOR, QUINCAS, BOA VISTA, COQUEIRO, POSSE, CABOCLO, BARATA, MANOEL DE SÁ, LUIZ BOM, PALMARES, PEDREGOSO, CAPITÃO INÁCIO, RIO DA PRATA, VIÉGAS, SANTÍSSIMO, PACIÊNCIA, CATIMBÓ, PONTAL, GIGOMBO, CAVADO, MAGARÇA, CABUNGUI, TRIUMFO, VENDA GRANDE, ENGENHO DE FORA, SANTO ANTÔNIO DA BICA, CABEÇA DO BOI, CONCEIÇÃO, SANTA CRUZ, CHÁ, PETRÓPOLIS, FREGUESIA, MINEIROS, SEPETIBA, AR, BOA VISTA (2º), PEDRA DA TIJUCA, RANGEL, CAIETÉ, PEDRA DA PANELA, PEDRA DE GUARATIBA, CABRITOS, com 382 metros;
SAUDADE, com 243 metros;
LEME, com 130 metros.

* * *

Os morros onde nascem as chamadas academias de samba ou que constituem redutos de *bambas* são capítulos especiais que vamos agora apresentar aos leitores.

Não houve preocupação de uma descrição minuciosa sobre o histórico de cada um, como faria Rocha Pombo[1] de saudosíssima memória.

Damos apenas ligeiras impressões, ligando as suas relações com os bambas e os sambas.

Em cada um morro, escolhemos um cicerone.

Se o leitor quiser acreditar nele, fará muito bem, e se não quiser acreditar, fará melhor ainda.

Em todo o caso, sempre é bom acreditar um bocadinho, porque o bamba mente só quando conta as suas proezas de valentia.

É como o caçador relatando as suas aventuras com os leões e os tigres que conhecem, mas... através do jogo do bicho...

Nos caçadores a gente deve acreditar, mas não é muito... muito!...

Eles começam a contar um caso e nunca mais acabam.

É precisamente como faz o Sr. Raul Cardoso, Diretor do Patrimônio Municipal, quando entende de contar a história da sua árvore genealógica...

2

O MORRO
DO QUEROSENE

É interessante e curiosa a vida dos morros. Cada um deles tem a sua história e abriga a sua gente, especializada neste ou naquele mister, na roda dos que trabalham, dos que trabalham muito, afrontando as intempéries, sem que tenham um dia a compensação dos seus esforços, ao menos com um simples sorriso da felicidade ou um ligeiro aceno da deusa da Fortuna.

Há os que procedem de modo justamente contrário: adeptos da *lei do menor esforço*, não fazem força... não trabalham e levam a vida folgadamente, confiados na autoridade que a valentia lhes impõe ou nas suas habilitações – *na roda do samba...*

Os primeiros se dedicam somente ao trabalho que nobilita o homem, e os outros matam o tempo, tentando a sorte na *orelha da sota*, como exímios que são no preparo de um *kagado* ou arranjo de um *macete*.

Um baralho e um violão ou um cavaquinho, uma harmônica, um pandeiro, um reco-reco, um chocalho, uma cuíca, chegam para garantir a zona...

Os "catedráticos" dos morros são respeitados e se fazem respeitar.

São ágeis nas pernas e por isso heróis na batucada. Não fazem cerimônia de apertar o dedo no gatilho da F. N...

Para ser "catedrático" e chegar a empunhar o "bastão de *líder*", é preciso ser *bamba* mesmo de verdade, porque no dia em que entregar os pontos e lhe rasgarem a carta de valente, ficará reduzido a subnitrato de coisa nenhuma...

* * *

VIVER NOS MORROS

Há quem diga que viver nos morros é morar perto do Céu e ser vizinho de Deus, Nosso Senhor...

Deve ser assim mesmo...

Mas havemos de convir que nem sempre os vizinhos nos agradam: uns são bons e se fazem excelentes amigos e outros são, como dizem os sertanejos – *cabras safados da peste...*

Eis a razão por que Deus, às vezes, se aborrece com alguns dos seus vizinhos e *cabufa bom...*

Há os que vivem nos morros, arrastados pela necessidade, e há outros que, fora deles, a vida lhes seria tormentosa com todo o seu cortejo de misérias.

Para estes o morro é um Paraíso; e para aqueles, um Inferno.

Todos, porém, se confundem – *na roda do samba* –, principalmente aos sábados à noite, entrando a batucada pelo domingo.

As noites de segunda e sextas-feiras são geralmente destinadas aos segredos do fetichismo ou magia negra, na solenidade do candomblé...

Os morros sempre tiveram fama e os seus habitantes são orgulhosos de si mesmos e cada um preconiza o morro em que nasceu ou viveu ou reside.

Lá está o do...

QUEROSENE

É, de todos eles, o mais imundo e infecto.

Três ou quatro indivíduos de nacionalidade portuguesa tomaram-no de assalto, como se aquilo fosse "gado sem dono"...

Construíram uns cochicholos, verdadeiras arapucas armadas a sopapo, com tábuas de caixões e cobertas de folhas aproveitadas das latas de banha e querosene.

Tais pardieiros que são alugados de 30$000 a 60$000 mensais[1] constituem verdadeiros atentados aos foros de uma cidade limpa, habitada por um povo civilizado.

Lá em cima não há ruas.

São picadas perigosíssimas, à noite principalmente, pela falta de iluminação.

Nos dias chuvosos, é uma temeridade chegar ao alto do morro.

Há subidas íngremes, dando passagem apenas a uma pessoa e deixando ver o medonho despenhadeiro!

Pelas picadas, à guisa de ruas, existem valas abertas, que servem de escoadouro dos pardieiros.

Quando o sol a pino, é insuportável o fétido desprendido de tais valas.

Há quem ache tudo isso um verdadeiro Éden, e nos seus sambas chorosos conte o Morro do Querosene desta forma:

> *Deixa eu viver somente aqui*
> *A minha vida não envenene*
> *Quero morrer onde nasci*
> *No meu Morro do Querosene.*
> *Minha vida desta maneira*
> *É de encantos, é tão bela!*
> *Não me passo pra Mangueira*
> *Nem para o Morro da Favela...*
> *O Salgueiro não vale nada*
> *Nem a copa do meu chapéu*
> *O Querosene na batucada*
> *Só respeita a Chácara do Céu*

* * *

INIMIGOS DO PROGRESSO

Como dissemos, o Morro do Querosene foi tomado de assalto, e, quando o legítimo dono daquelas terras quis entrar realmente na posse do que lhe pertencia, eis que surgiram os grileiros, reclamando um suposto direito que absolutamente não se enquadra na lei e que, portanto, não pode ter a almejada guarida na Justiça.

O que eles pretendem – tão somente – é continuar na posse de terras que exploram gananciosamente, zombando da miséria alheia!

É irrisório! Alegam benfeitorias!

Pode, acaso, considerar-se benfeitorias – arapucas, sem luz, sem ar, sem água, sem esgoto?

Como considerar benfeitorias – um atentado contra a higiene, um foco epidêmico?

Ainda há juízes no Brasil para repelir os botes audaciosos de indivíduos exploradores, que numa cidade onde há leis e polícia julgam-se com o direito de avançar na propriedade alheia, provocando a cólera dos seus inquilinos, contra os legítimos donos do Morro do Querosene.

Comparecendo em juízo, os assaltantes alegaram em sua defesa serem terceiros prejudicados, julgando um direito avançar na propriedade alheia. Ao que ouvimos, a Corte de Apelação não lhes reconheceu direito algum sobre aquelas terras, estando já publicado o acórdão.

Agora, os exploradores indignados, percebendo que vão perder aquela mina, se dizem donos do morro e aconselham até que joguem morro abaixo quem lá aparecer como tal!

Como se vê, eles abusam da inexperiência daquela gente e aconselham como recurso covarde a violência, o espancamento e quem sabe mesmo se o assassinato?

* * *

O PLANO DE EMBELEZAMENTO

O Morro do Querosene vai ter a mesma sorte do morro da Favela.

Não é possível continuar aquele foco epidêmico a espalhar cá para baixo todas as suas impurezas, infeccionando todo o ambiente. O que os legítimos donos pretendem fazer é melhorar, embelezar o morro.

O plano é o seguinte: feita a devastação do mato, serão abertas ruas amplas e bem calçadas.

O morro será então dividido em lotes, que poderão ser adquiridos por preços ao alcance de todas as bolsas.

Os pardieiros atuais serão substituídos por pequenos grupos de casas, tendo cada uma o seu terreno, a sua fossa etc.

Todo o morro será abastecido de água e iluminado à luz elétrica.

* * *

O DESTINO DOS HABITANTES DO QUEROSENE

Uma coisa nos pôs muito intrigados: o destino dos atuais habitantes do Morro do Querosene. Procuramos, então, pessoa conhecedora dos planos de melhoramentos e indagamos:

— Qual será a sorte daquela pobre gente que habita o Morro do Querosene?

A resposta foi decisiva:

— A melhor possível – a melhor que se pode imaginar. Não suponha que aquela gente vá ficar ao relento, ao desabrigo. Não, senhor. Não somos desumanos. O plano de profilaxia e embelezamento do Morro do Querosene não traz no seu bojo a maldade ou a vingança. Maldade por que e contra quem? Vingança? Não há razão para isso contra uma gente que até hoje só tem sido explorada! A questão em juízo visa um fim único – garantir uma propriedade invadida por intrujões.

— E qual será o destino daqueles que habitam o Morro do Querosene?

— Qual será o destino? O Morro do Querosene.

— Como assim?

— Até hoje, os que lá residem vivem naqueles pardieiros infectos, pagando aluguéis e não tendo o menor conforto nem a menor garantia.

— E com o embelezamento?

— O plano traçado é o seguinte: quem lá está continuará, se quiser.

— Se quiser?

— Eu explico: aqueles que entrarem em entendimento conosco, pagando os terrenos que ocupam, certamente serão os preferidos nas casas que forem sendo construídas.

— E os que não quiserem pagar?

— Terão que deixar o morro. Os que lá ficarem serão instalados com o necessário conforto, a que o pobre também tem direito e com muito maior garantia que atualmente.

— Qual é a garantia?

— De serem amanhã os donos da casa em que residem, podendo para isso obtê-las pagando prestações que forem combinadas.

— Sendo assim, outros poderão tirar o direito dos atuais moradores?

— Nunca. Sem que todos os atuais moradores que estejam em entendimento conosco fiquem instalados, não serão localizados outros de fora. Já está organizada uma relação dos moradores atuais, a fim de que se possa dar preferência por ordem de antiguidade e até podendo algumas casas serem construídas de acordo com as necessidades dos que tenham de habitá-las. Eis o plano em linhas gerais.

— Como serão construídas as casas?

— O primeiro grupo será de duzentas, de pedra e tijolo, não sendo para admirar que mais tarde apareçam algumas de cimento armado.

O QUE NOS DISSE UM HABITANTE DO MORRO

Meio-dia.

Sol a pino.

Calor de rachar.

Um inferno! Um suplício! Um horror! Um verdadeiro castigo galgar o Morro do Querosene pela rua do Itapiru!

Não sabemos em quantas etapas, fizemos o arrojado "raid".

Mas foram muitas e com descanso demorado, como fez o *Jaú*, seguindo o exemplo de Sacadura Cabral e Gago Coutinho[2]...

Em meio do caminho, encontramo-nos com um velho morador do morro, que, pelo nosso cansaço, pela afobação que demonstrávamos, percebeu logo que se tratava de *estrangeiro*... e nos disse:

— Está estranhando, hein, patrão?!...
— Que horror! Uff!... Nunca mais voltarei aqui.
— Ainda, que mal lhe pergunte – o senhor é da polícia?
— Não.
— Prestação não é, que eu conheço... Então é Oficial de Justiça. É só estas três castas de gente de fora, que se *atreve* a subir o morro a esta hora.
— Eu sou da imprensa.
— Olá... lá!... Ainda melhor! Veio fazer alguma reportagem?
— Vim ver isso...
— O Morro do Querosene, meu chefe, é uma cuíca para conferir... Aí está uma coisa que eu aprovo e sou capaz de lhe auxiliar.
— Terei nisso muito prazer.
— Olhe, só lhe peço um favor: quando o pau comer não bote o meu nome na folha, porque senão sou um homem *intralhado na vida*.
— Como assim?
— Porque o senhor, por força, vai *meter o malho* e eles não vão gostar. Mas comigo quem acha *ruim faz meio-dia*...
— Eles quem?
— Estes piratas e exploradores do nosso suor.
— Os donos destes "barracos": o Lindolfo Magalhães, o José Reis[3] e o outro lá do alto, dono da falada "Venda do Galo".
Estávamos no meio do morro. O nosso cicerone nos disse:
— Repare só: aqui é a tendinha do José Reis. Lá está ele.
— É brasileiro?
— É português-africano. Aquilo que está vendo ali, é de má raça, de má casta, de má pelo e má cabelo! O que

tem de pequenino e socado, tem de sabido! Como ele, só o Manoel Martins, que figura em tudo quanto é testamento encrencado...

E fomos passando. O homem português-africano, pequenino, socado e sabido veio até a porta nos espiar, assim como quem diz:

— Cara estranha na zona!... Temos mouro na costa...

Em palestra, parece que a subida do morro se torna mais suave.

Chegamos, afinal, ao cimo.

Lá se destaca a Venda do Galo. É um armazém de secos e molhados, com respeitável sortimento.

À entrada do estabelecimento, há um alpendre, à guisa de marquise, sustentado por duas colunas de madeira.

O armazém não tem tabela, funciona aos domingos e feriados e abre a qualquer hora da noite, como as farmácias...

O alpendre toma a única passagem que há, obrigando assim toda a gente a passar pela Venda do Galo.

O nosso cicerone nos segredou:

— Lá está o homem que tem ganho mais dinheiro neste morro! Isto para ele é um chuá!... chuá!... Não paga impostos e não dá satisfação a higiene. É o maior proprietário de "barracos".

Encaramos o gajo. É um português forte, robusto, gorducho, barrigudo, ostentando uma grande medalha redonda, cravejada de brilhantes.

O cicerone continuou:

— Está riquíssimo a nossa custa! Ele já fez quatro viagens à Europa! É proprietário de vários prédios em Santa Teresa e em Irajá.

— Então, ele está bem...

— Aquele homem, que ganha dinheiro aqui, explorando a gente com esses barracos imundos, é incapaz de fazer o menor benefício a esta zona.

Depois de pequena pausa, continuou:

— Para o seu *reporte* fazer uma pequena ideia, vou lhe mostrar um barraco por dentro.

Entramos, então, num cortiço!

As famílias vivem numa verdadeira promiscuidade, pois, de um para outro chamado barraco, há apenas uma parede divisória de latas de querosene enferrujadas e esburacadas, divulgando-se o que se passa do outro lado!

É um horror!

O visitante sente logo um mal-estar, chega mesmo a ter náuseas.

Como pode aquela gente viver assim?

Deus que se apiede dos moradores do Morro do Querosene.

* * *

O PRECIOSO LÍQUIDO

Água no Morro do Querosene vale ouro!

O H_2O, o precioso líquido, não se dá a ninguém!

Lá no alto do Morro, quem quiser beber um pouco d'água numa caneca pagará 200 réis, e se pedir *mais um bocadinho*, a pessoa que fez o negócio *acha ruim* por não gostar de dar *quebra*...

Durante o dia, vê-se aquelas pobres mulheres galgarem o morro curvadas ao peso de uma lata cheia d'agua!

Para obterem-na, descem às ruas Itapiru e Azevedo Lima pedindo, como esmola, um pouco do precioso líquido para os misteres mais urgentes.

Nem isso os exploradores daquela gente lhes proporcionam – a canalização da água, o que poderiam fazer mesmo entrando num acordo entre aqueles que, não pagando impostos, auferem lucros fabulosos, sugando, gota a gota, o sangue daquela pobre gente, arrojada àquele verdadeiro inferno, pelos azares da sorte.

O dono do morro projetou canalizar água e inaugurar no dia de Natal, comprando todo o material necessário.

Não o fez, pela ameaça que recebeu de serem os encanamentos arrancados e inutilizados!

Por quê?

É o resultado da campanha dos assaltantes do Morro do Querosene e inimigos do progresso.

* * *

A VISITA DO DR. PEDRO ERNESTO

O senhor Dr. Pedro Ernesto, digno e honrado Interventor no Distrito Federal, não tem se descuidado dos mais legítimos interesses da cidade, em boa hora confiada à sua governança.

Não lhe preocupa somente a chamada zona chique ou a central.

S. Ex. vai também aos subúrbios, à zona rural e sobe aos morros, como já subiu ao de São Carlos e ao do Querosene.

Em São Carlos, que é uma verdadeira cidade alta, como Santa Teresa, o grande Interventor notou que muito há que fazer para torná-lo digno dos seus honrados habitantes.

Tudo quanto há ali é devido unicamente à iniciativa particular.

No Morro do Querosene, porém, a impressão do Governador da cidade foi muito outra.

É uma vergonha!

O Dr. Pedro Ernesto, quer como Interventor, quer como médico, condenou-o. A impressão foi a pior possível.

Ali, só há uma coisa a fazer, a bem da higiene – é por abaixo tudo aquilo, mesmo como medida preventiva, acauteladora da saúde, não só dos moradores do Morro do Querosene, como de todo o bairro onde ele se levanta ameaçadoramente como um foco epidêmico.

Ou o Morro do Querosene será saneado e embelezado ou terá destino muito pior que o da favela.

É este o modo de pensar do super-homem, a quem, para felicidade dos cariocas, o Chefe do Governo Provisório confiou os destinos da nossa terra.

3

O MORRO
DA MANGUEIRA

Já dissemos, minuciosamente, pondo os pontos nos *is*, o que é o Morro do Querosene – é o mais imundo, o mais infecto, o mais perigoso e o mais explorado!

A gente, porém, que o habita, não é má, como em geral a que reside nos morros, porque, os ruins que aparecem, ou se regeneram ou *caem no mangue*... É raro encontrar-se um ladrão-valente, na extensão da palavra, razão por que o bamba sempre lhe infunde respeito.

O valente de verdade não é o pirata vulgar.

Quando os bambas descobrem no morro um ladrão pirado na sua zona, é *canja*... Fazem, como faziam os tiras antigamente – exigem logo o *toco*, sob pena de dar a *cana*...

O *toco* não impede o ultimato: o ladrão pirado tem o prazo muito limitado para desinfectar o reduto, e se não o fizer, ou vai conversar com o *majorengo* para receber o bilhete para a justa ou, na melhor das hipóteses, o pau come gente e o *lunfa entra nas comidas*...[1]

* * *

Não se diga que um buliçoso não possa ir a um morro.

O morro não é privativo dos seus habitantes e eles até gostam quando veem a zona floreada com caras estranhas...

Quantos e quantos *lunfas*, acossados pela polícia cá por baixo, sobem ao morro e lá ficam *arribados*, num daqueles casebres de um amigo, em segredo de justiça, sem dar a cara na rua, até que o caso policial caia em *exercícios findos*?

Quando não se trata de cara conhecida, o dono da casa que serve de refúgio diz logo que se trata de um parente que veio de Minas, de São Paulo, da Bahia etc., para se tratar ou cuidar dos negócios aqui no Rio.

Mas qual o ladrão que depressa não se refugia nos morros. Eles têm cá por baixo os seus redutos bem seguros e garantidos, onde facilmente se comunicam com os seus sócios e advogados.

Quando um *lunfa* está *veraneando* num morro, não opera e faz tudo para não ser visto, principalmente por um colega, porque, se tal suceder, é obrigado a mudar de *galho*, visto que a *sujeira* será certa.

A classe é muito desunida...

* * *

NOITES DE SERENATA

Viver nos morros é também gozar um pouco da vida boêmia, que vai morrendo cá embaixo...

É uma boemia diferente, mas é às vezes mais sincera.

No meio desta gente simples é que se encontram os amigos leais, incapazes de uma falseta, como hoje se diz na gíria.

O malandro seresteiro do morro é muito diferente do malandro alinhado dos cafés e dos bares, que frequentam a zona tórrida, que aguardam nos botequins que as amantes os venham buscar para almoçar, jantar, ceiar e dormir.

Não confundamos uns com os outros.

O malandro do morro explora um baralho de cartas, fazendo o *macete* e preparando um *kagado*.

Mas pode muito bem virar o feitiço contra o feiticeiro e ser descoberto o truque por um sabido e o otário ir nas águas deste.

Uma serenata no morro tem ainda os seus encantos. Há por lá quem, numa flauta improvisada de bambu, faça os mesmos gorjeios do Pixinguinha na sua mágica flauta de prata, cheia de chaves e complicações.

É o músico anônimo, que toca de ouvido e é o musicista desconhecido que compõe de *orelhada*...

Não confundamos as noites de serenata lá em cima, no alto do morro, onde se aprecia um saudoso samba *corrido*, um belo samba *chulado* no estilo do *partido alto*; onde de vez em quando se molha a garganta com um pouco de *marafo* ou uma *barrigudinha preta*, com os seresteiros de chopes e Whysky...

Volvamos agora nossa atenção para o grande e célebre...

MORRO DA MANGUEIRA

Não se pode negar a sua fama, a sua tradição.

Quando a Favela estava no apogeu, Mangueira olhava-o com indiferença! Era a certeza da sua importância, do seu grande valor no futuro.

De vez em quando anunciavam que uma caravana faveliana, salgueirense, querozenense, ia fazer um *raid* à Mangueira e então o pessoal se preparava para receber os visitantes como *personas-gratas* ou como *personas-ingratas*, conforme o modo de proceder dentro da zona e principalmente com referência ao Nono Mandamento da Lei de Deus – porque o pessoal do Morro da Mangueira, por ser muito católico, respeita a mulher do próximo e é sujo com este negócio de *divórcio* apressado...

Eis a razão por que algumas caravanas *acharam* ruim e passaram maus quartos de hora na Mangueira...

É a gente melhor que há no mundo para se viver com ela, sabendo corresponder a lealdade e sinceridade que lhes é peculiar.

Quem nos sabe levar, arranca-lhes a última camisa.

No Morro da Mangueira, é como em Minas – é considerado covarde, tipo nojento e asqueroso, o que agride ou mata o outro pelas costas!

Viram-lhe o quadro e na primeira oportunidade o camaradinha paga com juros, mas apanhando os *tapas* pela frente, que é para aprender a dar, *nos domínios dos homens que vestem calças*.

Na Mangueira não é valente quem quer – é quem pode.

Lá ninguém passa a si mesmo *carta de valente*, sob pena de rasgarem-na logo no primeiro *sururu de coroa* em que o gajo der a cara e tentar bancar o *bamba*.

Neste dia, vira a pele de "adufo"...

Todo o mundo bate nele!...

Conhecemos um bacharel em direito que não terá coragem, pelo menos nestes 10 anos, de subir ao Morro da Mangueira!

É que o seu nome ficou gravado lá em cima, entre o estandarte e a lança de um bloco, e enquanto a mágoa não desaparecer, o que custará, o ódio, a prevenção, o desejo de vingança dentro da zona, para exemplo aos sedutores, aos que embrulham no seu pergaminho, o que de mais precioso uma família pobre possui, aqueles que fazem do pergaminho a gazua que arromba as portas dos lares habitados por gente pobre e honrada – esses sedutores não têm guarida no Morro da Mangueira e pagam com a própria vida, na primeira oportunidade que se ofereça e que o gavião vá em procura de nova vítima!

Eu quisera viver no Morro da Mangueira – pela lealdade e sinceridade daquela gente boa e generosa, porque em toda a sua pobreza, nos tempos que correm, eles praticam a verdadeira caridade, socorrendo os que têm fome, dividindo o seu pão dormido com aqueles que estendem a mão à caridade pública.

Não há, no meio deles, a menor hipocrisia, como também não admitem que se use para com eles de falsidade – é cartas na mesa e jogo franco.

No Morro da Mangueira vai quem quer.

Para aquela gente, não há caras estranhas.

Todos são amigos, desde que andem muito direitinho.

A Mangueira diverge em tudo e por tudo do Querosene.

Há ruas abertas e mesmo alinhadas; há casinhas bem construídas e há, até logo na subida, um palacete mandado construir por um bicheiro.

Temos por lá os casebres, os cochicholos, mas, que à vista dos do Querosene, são verdadeiros *bangalôs*...

Nem a Favela nos seus tempos saudosos poderia ser comparada ao Morro da Mangueira de hoje.

* * *

A MAJESTADE NO MORRO DA MANGUEIRA

Antigamente, o Morro da Mangueira era uma espécie de reduto militar.

Ali só moravam soldados do Exército: do 22° de Infantaria e dos Regimentos de Cavalaria e Artilharia.

Eram em geral nortistas, que, aqui chegando com família, construíam as suas barracas próximo ao Quartel e se alojavam no Morro.

Em 1887, construíram a estação de Mangueira logo depois que acabaram com o Prado da Vila Isabel e o Hipódromo Nacional, que ficava entre as ruas Mariz e Barros e Haddock Lobo.

Havia antes o chamado maxixe, que era o Prado da Villa Guarany, e em frente à Mangueira construíram o Turfe Clube.

Alguns habitantes da Favela, do Salgueiro e do Querosene, em número muito reduzido, foram se passando para a Mangueira.

Veio então a revolta da esquadra em 6 de setembro de 1893 e que terminou em 13 de março de 1894, com a vitória do governo.

Com os bombardeios diários, o Marechal Floriano Peixoto, de saudosíssima memória, mandou construir uns galpões para abrigo das famílias que fugiam do centro da cidade.

De setembro de 1893 a janeiro de 1894, os ladrões, aproveitando as casas abandonadas, praticavam diariamente audaciosos assaltos.

O Marechal de Ferro baixou um decreto, cujo teor fez afixar em todas as ruas da cidade: *Todo ladrão preso em flagrante será sumariamente fuzilado.*

Os ladrões tornaram-se homens honestos e os melhores vigilantes da propriedade alheia!

O Morro da Mangueira, finda a revolta da esquadra, ficou habitado por civis também, porque muitos dos que construíram barracas provisórias lá se deixaram ficar até hoje.

Mas a Mangueira sempre se orgulhou de ter melhor gente que a Favela em tudo e por tudo: mais ordeira, mais caprichosa, mais valente e menos sanguinária.

As construções, as ruas, o comércio da Mangueira sempre foram superiores ao Querosene, Favela e Salgueiro.

O Morro da Mangueira sempre teve Majestade!

* * *

A INVASÃO DOS BÁRBAROS

O Distrito Federal, até o início do governo do saudoso Conselheiro Francisco de Paula Rodrigues Alves,[2] era uma cidade que observava o seu estilo dos tempos coloniais.

Operou-se então uma grande metamorfose.

Lauro Müller no Ministério da Viação, tendo a seu lado o imortal Paulo de Frontin; na prefeitura, o inolvidável Pereira Passos, e, na Saúde Pública, o grande sábio Oswaldo Cruz.

Tudo isso junto constituiu a força dinâmica da espantosa evolução por que passou a cidade, num movimento simultâneo.

Em todos os recantos, operava a alavanca do progresso!

As derrubadas eram gerais, e até se previa que fôssemos ficar, por muitos anos, com uma cidade em ruínas.

Foi então quando um delegado de higiene teve a ideia de fazer demolir, em curto prazo, os morros da Favela e da Mangueira.

As estalagens começaram a ser condenadas e as casas de habitações coletivas também tiveram a mesma sorte.

Só os grandes *pistolões* faziam recuar as exigências...

A gente das estalagens e das casas de cômodos corria para os morros e aí encontrava a mesma barreira!

Findo o prazo, eis que surgiu no Morro da Mangueira uma grande turma da Saúde Pública e deu início à demolição dos casebres, tentando até levar tudo de vencido pelo fogo!

Era, para bem dizer, a invasão dos bárbaros, pondo ao relento homens, mulheres e crianças!

Houve, como era natural, uma séria resistência e o governo teve de intervir em favor dos pobres, para acalmar os ânimos.

* * *

COMO FEZ O CLAUDIONOR...

Este foi o maior golpe que sofreu o Morro da Mangueira e do qual se defendeu com heroísmo, fazendo recuar a horda invasora, que operava em nome do progresso...

Agora, se a sua gente não vive no fausto, pelo menos não tem grandes preocupações nem sustos de uma nova invasão.

A Saúde Pública vai por lá, mas para o mesmo serviço que faz na zona chique – *visita sanitária* –, para inglês ver, porque assim nos disse o Waldemar, que daqui a pouco o leitor vai conhecer:

— Os mata-mosquitos, quando eram do governo, andavam lá em cima muito direitinho.

— E agora?

— Agora eles têm que andar muito mansinho.

— Por quê?

— Porque aquilo é de estrangeiro...

— E se não andarem mansinho?

— Entram nas "comida" e...

— E o quê?

— Descem o morro à nove pontos e têm mesmo que fazer como fez o Claudionor.

— Que Claudionor?

— Pois não se alembra do tal samba:

Eu fui a um samba
Lá no Morro da Mangueira

Uma cabrocha
Me falou desta maneira
Não vá fazer
Como fez o Claudionor
Que pra sustentar família
Foi bancar o estivador.

Se o mata-mosquito não andar direitinho, terá mesmo que bancar o estivador. Toma nojo do Morro.

* * *

Em vésperas dos folguedos de Momo, o povo da Mangueira também cai na folia e faz a obrigação...

Ele se organiza num grupo numeroso, chique, harmonioso com umas mulatinhas dengosas e perfumadas. Quem sabe tocar violão, flauta, cavaquinho, pandeiro, reco-reco, chocalho, ganzá, cuíca, tamborim, foram constituindo a orquestra, onde se encontram músicos de real valor, mas completamente ignorados cá por baixo.

Há na Mangueira uns cinco tocadores de violão, que poriam o Donga tonto e não fariam feio ao lado de Quincas Laranjeira,[3] apesar de não conhecerem patavina de teoria musical.

São dos tais que tocam de ouvido, mas que não devem ser chamados músicos de orelhada...

Como os sertanejos, que nascem poetas, eles nascem músicos.

São eles que constituem também a Academia de Samba do Morro da Mangueira.

Quanta coisa boa tem descido da Mangueira e corrido mundo com o nome de consagrados autores, quando, em verdade, saiu da cachola de um anônimo da Academia da Mangueira, que não sonha com a imortalidade...

Mas, no carnaval, a gente da Mangueira *dá panca*!

Aparecem umas baianinhas do *outro mundo*, a botar todo o mundo tonto.

E aquele bando chique, garrulo, perfumado e harmonioso desce o morro e vem recrutando gente. Quando chega cá embaixo, os gabirus ficam tontos, porque parece que aquilo tem visgo de jaca...

É gente assim... peruando as morenas!

Muitos se contentam em acompanhar, segurando na corda, mas com um olho na mulata ou na crioula e outro nos cérberos que vigiam o grupo, que só vai à Praça Onze para cumprir a obrigação, ou melhor, assinar o ponto.

* * *

A PALAVRA DE UM PAREDRO

Uma coisa notável no Morro da Mangueira: não há tempo para se prestar atenção às pessoas estranhas que sobem e descem aquele pedaço de respeito do 18° Distrito Policial.

Dentro da Mangueira, há outros morros...

Aproveitamos a tardinha de um sábado, quando o sol cambava no ocaso, e subimos pela rua Visconde de Niterói.

Íamos perfeitamente à vontade: calça de brim caqui, camiseta de chita, *palitot* de pijama e chapéu de palha.

No início da subida fomos descobertos.

Quem nos havia de surgir pela frente?
O Waldemar.

Waldemar Luiz, ex-contínuo d'*A Rua*, atualmente empregado na Light, e que o Pimenta, do *Bar Mundial*, numa *excessiva curvatura* aos fregueses em quem *enterra o dente*, dizia: *Quaim butou o Baldimaire na Laite, foi o seu dutor Curintas...*

Era visagem do Pimenta, para ser agradável ao ex-Ditador do *Cordão do Sossego*, que por mais que dissesse:

— Pimenta, quem empregou o Waldemar na Light foi o *Vagalume*, não fui eu.

Ele retrucava logo:

— Qual nada! *Pensa que eu não sei?!...*

Daí saiu o tal samba "Pensas que eu não sei?"

Mas o Waldemar não faz segredos e desmente sempre o Pimenta.

* * *

Indubitavelmente, o Waldemar é uma figura de cartaz no Morro da Mangueira.

Antes de ingressar na imprensa – na redação... como contínuo –, vivia do seu choroso violão – instrumento que tem o justo orgulho de saber tocar bem, tendo ainda a habilidade de meter umas *dificuldades...*

Assim é que no meio de um acompanhamento o *crioulo frajola*, joga o *pinho* para o ar, aparou-o, sem perder o compasso!

Também ou o Waldemar tocando violão ou o Dr. Enéas Brasil surrando aquele clarinete amarelo, que o Corinto diz que pertenceu ao inventor do realejo...

Cada vez que praticava ou pratica a façanha, o beiço do Waldemar cresce mais duas polegadas e um bocadinho...

Como o cantor, julga-se o rouxinol da Mangueira...

Mas, como dizíamos, antes do ingressar na imprensa, ele fazia parte de um pequeno grupo musical que tocava nos cafés da zona tórrida e era duplamente respeitado: como turuna no violão e bamba na valentia.

Logo que nos viu, Waldemar exclamou com espanto:

— Ué!... Será possível?! Estarei sonhando?!

— Vamos deixar de visagem...

— Mas o senhor nestes trajes? Isto é alguma novidade!

— Vim à tua procura, e para encontrar com o Diabo não é preciso fazer força. Onde vais?

— Eu ia até a esquina da rua São Francisco Xavier dar uma prosa para saber das novidades, mas já que o senhor chegou, vamos até lá em casa. Enquanto descansa, a patroa vai preparando uma boia para o amiguinho.

— Dispenso a boia e prefiro dar uma voltinha contigo aí pelo morro.

— Já sei... Resultado do carnaval... Veio ver alguma morena, não é verdade?

— Nem morena, nem branca e nem preta.

— Então é reportagem.

— Justamente.

— O que quer saber?

— Quero ter uma impressão do Morro da Mangueira.

— Vamos então passar lá em casa primeiro.
— Vai buscar alguma arma?
— Arma? Para que arma aqui no Morro? Então eles não respeitam as caras? Se qualquer moleque tiver o desaforo de lhe dizer uma liberdade, ele vai achar ruim, porque o tapa canta. Tem que comer ruim e achar bom.
— E se ele não comer?
— Vou muito por mim. *Quando a farinha é pouca, o primeiro pirão é meu.* Meu chefe, na hora da moleza, *quem tem o seu vintém bebe logo, porque feijão na pedra não dá...*
— Bravos!... Estão gostando do teu fraseado, *cheio de sustenidos...*
— Perdão, não me chame assim burro! Isto não é sustenido porque não é música, quando muito são flores de retórica, ou pernosticidade da minha parte.
— Bravos! Você agora acertou. Pernosticidade. Ganhou 5 X o!!
Ele deu uma bruta gargalhada e perguntou:
— Gostou?
— Se gostei!...
— Mas com sinceridade, aqui ninguém lhe fará mal. Quem é que não conhece o Vagalume? Assim no primeiro momento eles podem estranhar pelo vestuário, mas depois...
Descia um mata-mosquito e cumprimentou:
— Waldemar, nêgo velho!... Está contando potoca?
Ele achou ruim e chamou-o à fala:
— Venha cá, seu audacioso. Comigo não quero confiança, porque senão meto a mão na sua cara, está ouvindo?

Estou aqui com o Capitão, que é meu amigo, mas peço licença a ele *para lhe exemplar*. Quer ver só?

— Mas, Waldemar...

— Diz só que quer ver.

— Eu estava brincando, Waldemar.

— Mas pra você não ser *desabusado*, eu agora vou *aproveitar o apetite* e vou lhe dar *uma banda*.

Fomos obrigados a intervir:

— Agora quem pergunta sou eu. Você não respeita mais ninguém? O homem já pediu desculpa.

— Pois bem, ele agora teve um *abres-corpos*, mas vai para o *livro negro*!

O homem nos agradeceu:

— Obrigado, Capitão. E desceu apressado.

O Waldemar, agora risonho, nos disse:

— Eu já me tinha preparado para fazer ele *peneirar firme, rente à poeira do chão na alegria do tombo*!...

— E depois?

— O mais que podia suceder, era ele fraturar a base do crânio.

— E a cadeia?

— Que cadeia, que nada! Então por uma brincadeira à toa, a gente vai pra cadeia? Se fosse assim, a polícia não fazia mais nada senão estar pegando gente! Aqui em cima não há disso não.

— E a polícia aqui, como se arranja?

— Bem. Nós aqui fazemos o policiamento e mantemos a ordem! O cabra se faz de besta, entra no porrete! Agora quando fere gravemente ou mata, aí ele vai conversar com o seu Fragoso.

— Quem é esse Fragoso?

— Fragoso é *flagrante* no 18°.

Encaramos o Waldemar e ele, sempre risonho, objetou:

— É do que há...

Já havíamos caminhado um pedaço e o *crioulo frajola*, metido no seu uniforme caqui, da Light, e calçando tênis branco insistiu:

— Agora, vamos ao menos tomar um cafezinho lá em casa, que faço questão que a patroa lhe veja nesta elegância. Ela todos os dias pergunta pelo senhor.

Chegando à casa do Waldemar – que, sem favor nenhum, é uma das melhores do Morro e mobiliada com decência.

A esposa do Waldemar é branca e ele tem nisso muito orgulho, e ela o idolatra.

Ela é uma verdadeira Santa, e o marido diz que mora na Mangueira para ficar mais perto do Céu.

* * *

COMO SE VIVE NO MORRO DA MANGUEIRA

A vida no Morro da Mangueira é muito mais fácil que no do Querosene ou mesmo da Favela e Salgueiro.

Não há aquela revoltante exploração, aquele verdadeiro cativeiro, sendo o inquilino obrigado a comprar na tasca do seu senhorio.

Se na Mangueira alguém se lembrasse ou se se lembrar de abrir uma tasca e construir cochicholos para explorar miseravelmente os inquilinos, pode contar que é *rifado*, *rifada*, e recebe logo o bilhete azul, em forma de ultimato, porque ali não é o morro do Querosene.

Os estabelecimentos da Mangueira têm os seus gêneros tabelados e não podem abusar no preço porque são muitos e a concorrência é a dominadora da ganância do varejista.

Aos domingos come-se muito boa carne de porco por preço inferior ao de cá de baixo.

É que sempre há um camarada que mata o suíno e passa o que lhe sobra.

As encomendas são feitas de véspera.

Não há nisso nenhuma infração de postura municipal.

Uma pessoa qualquer cria um porco para comê-lo num dia determinado – quase sempre aniversário ou batizado. Na data aprazada, mata o suíno, fica com a quantidade que julga necessária e o resto distribui baratinho pela vizinhança.

A criação de galinhas, perus e cabritos é abundante.

Sendo todos os gêneros tabelados, não há exploração nos preços nos armazéns, botequins e quitandas.

O bom pagador tem crédito no Morro da Mangueira. Eis a razão por que a vida é relativamente fácil e toda a gente vive perfeitamente bem, alegre e feliz naquele monte maravilhoso.

As casas são em conta.

* * *

MUSA BREJEIRA
O café que o Waldemar nos ofereceu foi regularmente sólido e a *rubiácea* só tomou parte na apoteose final...

Depois da *boia*, habilmente preparada por Mme. Waldemar, viemos para a sala de visitas.

— Agora, o meu amigo vai ouvir um sambinha de sucesso.
— Quem é o autor?
— Este seu criado. É obra do seu crioulo!
— Bravos! Você agora deu para poeta?
— Graças a Deus, sempre fui!
— Ouvi-lo-ei com muito prazer.

O Waldemar afinou o seu belo violão marchetado e cantou este samba:

MORENA VEM CÁ
(Letra e música de Waldemar Luiz)

Morena, vem cá, escuta
Vou te dizer um segredo
Esta vida é uma luta,
De lutar eu tenho medo.
Não me abandones assim
De teus olhos dai-me um lampejo
Morena tem pena de mim
Satisfaz o meu desejo...
Para que pedir socorro?
Vamos deixar de asneira
Sabes que por ti eu morro
Cá no Morro da Mangueira.

Durante a execução do samba, o Waldemar por várias vezes jogou o violão para o ar e mavioso o instrumento vinha cair nos seus braços, justamente na posição de ser continuado o acompanhamento, sem se perder uma nota.

É realmente uma coisa notável! Depois o Waldemar disse:

— Aquela gente do Estácio e do Catete anda se gabando que eles são os mestres do samba. E Mangueira onde fica? Vou entrar em cima deles, com este sambinha do partido alto:

>MANGUEIRA É ACADEMIA
>(Samba do Partido Alto)
>(Letra e música de Waldemar Luiz)
>
>Coro
>*Não vale nada, meu bem*
>*Teteia, não vale nada*
>*Tudo isso de boa escola*
>*Não passa de presepada.*
>I
>*Quando o Estácio era Escola*
>*E com o Catete se batia*
>*Já no samba a Mangueira*
>*Era Morro Academia.*
>(Entra o Coro)
>II
>*Nas escolas se aprende*
>*O b a bá, o soletrado*
>*Mas da Academia, é que sai*
>*O sambista diplomado...*
>(Entra o Coro)

* * *

AMOR, PÃO E PAU

O Waldemar, como viram, serve-se da sua musa brejeira para cantar o Morro da Mangueira, chegando mesmo a lançar o cartel do desafio aos sambistas do Estácio de Sá e do Catete.

Era hora de descer e despedimo-nos de Mme. Waldemar. Em meio do caminho, indagamos do nosso cicerone:

— Como vivem vocês aqui no meio desta soldadesca?

— Muito bem. São uns belos vizinhos. Soldado que mora aqui, tem família e se porta muito corretamente. Quando há qualquer coisa, é lá com eles e fica entre eles.

— E este mulherigo que se vê por aí?

Waldemar sorriu e disse:

— Quem afirmar que no Morro da Mangueira há mais mulheres do que homens não mente... Como vê, há umas casinhas pobres, mas decentes, uns barracões de madeira, umas casinhas de sapê e uns barracos de tábuas, zinco e latas. Cada um mora como pode e tem o maior cuidado na higiene. Os donos dos barracos ou casas constroem fossas. Há casas com água encanada, enfim, sendo uma localidade de pobres, cada um vai se ajeitando de acordo com as suas posses. E vai se vivendo.

— Há muita briga aqui?

— Perto de sete mil pessoas moram aqui. Pobre briga como o quê... Mulher às vezes briga com vontade de apanhar!

— Há muita pancadaria?

— Nem me fale!... Volta e meia, o *pau está comendo*. A gente corre, vai ver e é justamente um casal agarradinho, que sempre anda aos beijos e aos abraços. É que todos seguem o lema: – *amor – pão e pau!*

— E você também segue o mesmo lema?

— Ora seu Capitão, vamos mudar de assunto! O senhor não vê logo que eu sou empregado da Light? Então a minha branca, a minha santa com quem casei no matrimônio, pode entrar na *ripa*?

— E o que tem Frei Thomaz com Izabel de Godoy? O que tem você ser empregado da Light com o resto?

— É que não tenho tempo de brigar... Lá em casa, é só amor e pão!

* * *

Atravessamos a cancela e pouco adiante tomamos o automóvel que ficara à nossa espera, trazendo uma excelente impressão do Morro da Mangueira.

Não se pode exigir mais daquela gente paupérrima.

Ao Governo compete proporcionar o conforto que eles, como contribuintes que são, também têm direito.

Despedimo-nos de Waldemar num apertado abraço, que bem patenteou o nosso agradecimento.

E o automóvel chispou!

4

O MORRO
DE SÃO CARLOS

Parodiando o grande Júlio Dantas, na Ceia dos Cardeais, diremos: Como é diferente a vida em São Carlos!

O ambiente é muito outro, à vista do Querosene, seu vizinho, do da Mangueira e do Salgueiro.

A *Catedral do Samba*, que o leitor já vai conhecer através do amigo Octaviano, é como vulgarmente se diz – vinho de outra pipa.

Hoje, para bem dizer, vive da fama que desfrutou noutros tempos, quando os redutos dos bambas e dos sambistas que atualmente se apresentam como *papão* ou *treme-terra* estavam em embriões.

Naquela época, São Carlos tinha Majestade, dava cartas e jogava de mão...

Nos dias que correm, ele é um morro regenerado.

De vez em quando, porém, há por lá uma demonstraçãozinha que bem prova, evidentemente, que não se deve confundir regeneração com covardia.

* * *

NADA SEM DEUS!

A religião católica tem no Morro de São Carlos um número bem considerável de adeptos.

Podemos mesmo afirmar que em São Carlos 65% da sua população é católica. Os outros 35% dividem-se entre a religião africana e o espiritismo.

Quer isso dizer que ali nada se faz sem Deus!

É na sua doce fé, e na esperança da realização das suas promessas e dos seus benefícios, que todos vivem naquele morro gozando a paz do Senhor.

Nada sem Deus!

Lá no alto do morro destaca-se a bela Igreja de Santo Antônio, fundada há muitos anos.

Aos domingos e dias de festa, o templo fica repleto de fiéis devotos que ali vão se encomendar a Deus, pedindo a absolvição dos seus pecados.

Penetramos na nave da igreja.

Ia entrando uma missa para o altar-mor.

Ajoelhamo-nos e o Octaviano também.

Persignamo-nos e ele fez o mesmo.

Fizemos a nossa prece e o Octaviano fez a mesma coisa. Levantamo-nos, fizemos uma genuflexão ante a imagem de Jesus Cristo.

E o Octaviano fez a mesma coisa. Arriscamos uma pergunta:

— Você está convertido, Octaviano?

— Não, senhor. Eu respeito a sua para poder exigir que o senhor respeite a minha religião.

— Muito bem.

— E de mais a mais, que eu já lhe disse que as duas religiões são iguais. Nós acreditamos em Deus, adoramos Jesus Cristo, Nossa Senhora da Conceição, São Jorge, São Sebastião, e os senhores também. Portanto, não há diferença.

— Há muita diferença.

— Não há.

— O nosso cerimonial é muito outro.

— Questão de ritual, apenas.

— Questão de ritual apenas? Os nossos Santos não falam.

— Os nossos falam. A nossa religião é como o espiritismo. Todos os Santos que baixam se manifestam. Desde que o Ser passou pela Terra, está sujeito a manifestar-se em sessão. Logo a nossa religião é mais positiva.

— Não vejo em quê. O que não resta a menor dúvida é que todas as religiões se originam da bela e sublime religião católica, apostólica, romana.

— Protesto. A religião africana é a mais primitiva.

— A católica é que se origina da nossa. E eis a razão por que entro numa igreja com todo o respeito e faço o mesmo que um católico faz.

— Então concorda que nada se fará sem Deus!

— Sim, concordo – nada sem Deus! Saímos da igreja.

Íamos descendo o morro, quando por nós passou o padre que celebrara a missa. Cumprimentamo-lo respeitosamente. O Octaviano, depois que o padre passou e tomou distância, objetou:

— Os padres deviam ser casados.

— Por que, Octaviano?

— Ainda pergunta? Os padres deviam ser casados para dar o exemplo de bom chefe de família e respeitarem melhor as sacristias e os confessionários das igrejas...

* * *

VIDA NOVA

Nunca é tarde para que se dê a vida uma nova diretriz, relegando um passado pouco recomendável.

Foi o que fizeram os catedráticos do Morro de São Carlos.

Não renegando a Escola do Samba, cultivando-a, incentivando-a sempre e cada vez mais, eles apenas foram dando o bilhete azul a certos elementos julgados incompatíveis com a nova vida que o progresso impôs àquela cidade alta da zona Norte e que fica *vis-a-vis* com a de Santa Teresa.

Foi do Morro de São Carlos que desceu a guria: *Quem é bom não se mistura.*

E começou então o expurgo.

Aqueles vultos facinorosos foram desertando, porque os que se encarregaram do saneamento do morro tomaram a si incumbência de um policiamento severo, rigorosíssimo, entregando à Justiça os que excediam ou não queriam seguir o bom caminho.

De vez em quando surge um sururu feio, mas não tem aquela gravidade nem aquela sucessão de outros tempos.

* * *

O NOSSO CICERONE

Quando nos decidimos a galgar o Morro de São Carlos, tivemos o cuidado de tomar um cicerone.

Para isso escolhemos o Octaviano. É um veterano. Conhecedor profundo dos segredos daquele reduto onde outrora *foram rasgadas muitas cartas de valentes* e onde outras foram seladas com o sangue de verdadeiros heróis.

Hoje fora da luta, o Morro de São Carlos vive apenas da sua tradição, da sua fama como ponto de concentração dos catedráticos que constituem a tão falada e afamadíssima *Escola de Samba do Estácio de Sá*.

Nada de valentia, mas quando é preciso, o *pau come gente*, porque eles não deixam confundir a calma com a covardia.

E quanto a esse ponto o Octaviano assim se manifestou:

— Se acaso, por força das circunstâncias, a gente é obrigado a tomar uma atitude enérgica e mostrar que é homem, é um caso sério, porque aí cada um mostra as suas habilitações, e então vamos ver *tatu pra que cava*, porque *na hora do pau baixar, o santo arria* e... Xangô meu pai... Caô, Cabeacy! Óia eu!...

O Octaviano pronunciou estas palavras levando as mãos à cabeça e fazendo uma espécie de meia lua. Depois nos disse:

— O senhor desculpe. Isto é da lei de Santo!

— Lei de Santo? Que lei é esta?

— É da religião africana, que o senhor não entende, mas, que quando entender, não quererá saber da outra pela sua sublimidade, pureza e nada de hipocrisias.

* * *

RECORDAÇÕES DO PASSADO

Era tal a convicção com que o homem nos falava que não era lícito não tomá-lo a sério.

Preferimos entrar num café na rua Frei Caneca:

— Octaviano, amigo, estás muito exaltado com as tuas convicções. Vamos tomar um chá com torradas de Petrópolis, porque o chá é calmante.

— Não me passo p'ra chá... Vou mesmo tomar *uma lambada*, para fazer *subir a moral*.

E dirigindo-se ao caixeiro no balcão, ordenou:

— Bote aí uma brionia.

O caixeiro interrogou-o:

— Simples, Octaviano?

— Com fernet...

— Quanto, chega?

— Sapeca trezentão!

E o Octaviano virou o copo com um galão de capitão, sem fazer a menor careta.

Depois começou:

— Neste botequim, que antigamente era muito *rambles*, fiz muita farra com o Eduardo das Neves. Depois subíamos o morro e o rouxinol ia abrindo o bico e era só abrir janelas e aparecerem cabeças do lado de fora, para ouvir o grande trovador. Naquele tempo, tínhamos o Mário Cavaquinho, o Galdinho, que nem sonhava ser investigador – trabalhava nas Capatazias da Alfândega com o velho Reis, que era o administrador e foi depois substituído pelo General Laurentino Pinto.

E a gente ia subindo, ia subindo, e quando chegava lá em cima, batia-se na porta de um camarada do cordão e começava o samba, porque a gente ia subindo e recrutando as negas que iam aderindo! Que belos tempos!

— Recordações do passado!

* * *

O ESTRO DO OCTAVIANO

No Morro de São Carlos, a vida é muito diferente.

O Octaviano assim explicou, bancando o garoto que Calixto idealizou:

— Não confunda o Morro de São Carlos com os demais que por aí existem e onde se faz questão de ser bamba, de ser escolado e outras coisas mais. Nós queremos ser e não parecer. Em tudo somos diferentes.

— E no samba?

— São Carlos! Aí eles têm que respeitar a Academia mais antiga e da qual fazem parte os catedráticos da Escola do Estácio. Para aqueles que têm o samba como religião, São Carlos é a Catedral. Até mesmo quando no samba nos dirigimos à mulher que nos despreza, é sem ameaçá-la de espancamento ou morte. Há por aí, morro acima, uma garota de quem eu gosto.

— E ela?

— Está se fazendo de boa, é toda emproada, mas no dia em que nos encontrarmos na roda do samba, eu sei que ela vai perder a cisma.

— E por que ela não gosta de ti?

— Eu sei lá... diz que eu sou vassoura! Mas, também, já sapequei-lhe um samba. Quer ouvir?

Escute só:

DEIXA DE SER EMPROADA
(Samba-Chulado)
Música e letra de J. Octaviano

Coro
Não me troco por ti mulher
Deixa de ser emproada
Hei de amar a quem quiser
Na roda da batucada
I
Eu bem sei que não me queres
Andas comigo enfezada
Mas são assim as mulheres:
Valem muito ou valem nada.

II
Não te faço pé de alferes
Podes ficar enciumada
Serei teu, se tu quiseres
Ser por mim enrabichada.

III
C'oa minha mesa sem talher
Minha calça enxovalhada,
Não me troco por ti mulher,
Deixa de ser emproada.

— Bravos! É um belo samba!
— Ah!... meu Chefe, sou um homem infeliz nos amores. Há aí, também, uma morena que mal comparando é uma santa!
— E esta gosta de você?
— Qual o quê! Também zomba. Por esta eu juro que tenho paixão!
— E não dedicou um samba a esta morena que está canonizada no seu coração?
— Se dediquei!... Mas nós, os poetas, não temos sorte nos amores! Não viu Castro Alves, Casemiro de Abreu e outros?
— As mulheres gostam de poesias.
— Mas gostam muito mais da grana. Quer ouvir o samba que eu fiz a esta morena?
— Com muito prazer ouvirei.
Então, lá vai:

GOSTO DE TI MORENA!
(Samba do Partido Alto)
Letra e música de J. Octaviano

I
Gosto de ti ó morena
Só porque tu és dengosa
Mas, tu de mim não tens pena
Ó morena orgulhosa!
Coro
Morena, minha morena
Tu de mim não tens pena.
II
Um sorriso teu vale ouro
Um beijo vale platina
Morena és um tesouro
Morena tu és uma mina!
Coro
Se Deus te fez assim
Morena, não és pra mim
III
Teus olhos são dois brilhantes
Que matam, seduzem a gente
Os teus dentes são diamantes
Morena, dai-me só um dente...
Coro
Morena, morena de ouro
Tu vales bem um tesouro.

— Gostou, seu *Vagalume*!
— Que sambinha mole!
— É do partido alto; a toada é boa e agrada sempre.
— E você conversa com a morena?
— Converso, mas a tentação desconversa e vai logo dizendo: *Seu Octaviano, seu Octaviano, vamos deixar disso... Mais amor e menos confiança.*
— Então está direito.
— Direito, como?
— Pois não é mais amor que você quer!
— Mas o senhor já viu amor sem confiança?
— Octaviano, você só faz samba às mulheres por quem se apaixona?
Ele sorriu e objetou:
— Não, senhor. Eu também bulo com estes cabras sem vergonha, para encorajá-los na roda do samba. Estou agora fazendo um samba dedicado a um bamba do Morro da Mangueira, com este estribilho:

> *Você diz que é bamba*
> *Mas eu sou da coroa*
> *Vamos p'ra roda do samba*
> *Que o samba é coisa boa.*

— E o resto?
— O resto está se fazendo. As minhas obras não são feitas de afogadilho...

A VISITA DO PROGRESSO

É muito diferente o que se observa no Morro de São Carlos com relação aos outros.

Casas boas, bem construídas; sobrados e bangalôs vão se levantando aqui, ali e acolá.

É a visita do progresso que já se faz sentir.

O Morro de São Carlos tem hoje a defender os seus legítimos interesses o Centro Político Republicano Melhoramentos do Morro de São Carlos e do qual fazem parte pessoas de grande representação social.

Todos os prédios são numerados e contribuem para a Prefeitura e o Tesouro com o Imposto Predial e a Pena d'água.

As casas comerciais estão devidamente licenciadas e os negociantes contribuem com o Imposto de Industria e Profissão.

Há um calçamento a macadame, o qual será em breve substituído por outro a paralelepípedos, nas subidas, passando o macadame para parte mais alta.

O Morro de São Carlos mereceu há dias a visita honrosa do Sr. Dr. Pedro Ernesto, digníssimo e honrado Governador da Cidade, que verificou que tudo quanto se tem feito ali é unicamente devido à iniciativa particular.

S. Ex. prometeu mandar fazer melhoramentos inadiáveis, levando em conta o grau de progresso do Morro, tão abandonado dos poderes públicos.

De há uns 30 anos para cá que os respectivos moradores vêm lutando para transformá-lo, como aliás transformaram, fazendo de um reduto mal recomendado uma localidade familiar, calma e pacífica.

O Morro de São Carlos vive da sua tradição, do seu passado agitadíssimo, como quem dorme sobre os louros colhidos em famosas campanhas que custaram muitas vidas e muito sangue.

O de hoje, comparado com o de ontem, representa o leão adormecido.

* * *

EM PLENO CANDOMBLÉ

O candomblé tem no Morro de São Carlos um número bem regular de adeptos.

São aqueles que adotam a religião africana com grande e extremado devotamento.

O Octaviano assim nos falou:

— Este negócio de religião, meu chefe, cada um toma a que gosta.

— Eu gosto da católica, apostólica, romana.

— Eu gosto da religião africana, que, como o senhor sabe, é de onde se origina a católica. É a mesma coisa.

— Sendo a mesma coisa, por que motivo você não adota a nossa religião?

— Por causa dos padres.

— Por causa dos padres?

— Não os tolero.

— Por quê?

— Porque eles são os maiores pecadores e constantemente infringem a Lei de Deus.

— Não diga semelhante coisa.

— Sim, senhor, infringem até o 9º Mandamento. Quer que aponte nomes? Quer que conte o caso de um Vigário do Engenho Novo, que foi obrigado a casar? Quer saber ainda daquele Cônego e a afilhada?

— Você sabe de coisas!...

— E depois essa história de não se poder batizar um filho na Igreja que bem se entender, numa escandalosa proteção aos vigários, tem desgostado muito. Um compadre meu fez uma promessa. A comadre ficou muito ruim de parto e ele fez uma promessa – se ela escapasse, batizaria a criança na Igreja de S. Jorge e S. Gonçalo Garcia. Pois bem, operou-se o milagre.

— E, naturalmente, como bom católico o homem cumpriu a promessa.

— Não, senhor.

Oh! Não é um bom católico.

— Por quê?

— Porque depois de realizado o milagre, com a Graça de Deus, ele estava na obrigação de cumprir a promessa.

— Mas escute: ainda não cumpriu porque o Vigário Geral só admite batizado nas igrejas matrizes, para gaudio dos vigários...

— Mas aí é uma ordem do Vigário Geral.

— Mas pergunto eu: Cristo foi batizado em alguma matriz? Então as outras igrejas não são também casas de Deus, não professam a mesma religião, com o mesmo ritual, com a mesma fé e a mesma disciplina da religião católica, apostólica, romana? Pode o Vigário Geral, por uma simples ordem sua, impedir que se faça uma criança cristã?

— Creio que não.

— Pois bem, esta criança a que me refiro está hoje sem batismo e não se batizará sem ser na Igreja de São Jorge e São Gonçalo Garcia.

— É um erro, é um pecado deixar a criança sem batismo.

— Aí o erro ou o pecado não é do pai da criança que, como bom católico, quer pagar uma promessa.

— De quem é então?

— Também não é do Papa, nem do Cardeal, nem do Nuncio.

— De quem é então?

— É do Vigário Geral, que pensa que estamos nos sertões de Alagoas...

— E na sua religião africana, há batismo?

— Não há batismo. Os nossos filhos vão à pia batismal, no preceito da religião católica.

— Logo...

— É o que eu lhe disse. As religiões são iguais e a africana é a mais antiga, e tanto assim que os Santos são os mesmos. A questão é de diferença de língua. Os senhores dizem em português, francês, inglês ou alemão e nós dizemos em africano.

Vejamos em português:

Nossa Senhora da Conceição – Oxum

Senhor do Bonfim – Oxalá

Santa Bárbara – Iansã

São Sebastião – Oxossi

São Jorge – Ogum
Santa Anna – Nanã
O Diabo – Exu

Os nossos *candomblés* representam as mesmas solenidades que se fazem nas igrejas. Eles cantam e nós cantamos e dançamos. Os padres proferem o perdão, depois de haverem pecado, e o nosso perdão é proferido pelo próprio Santo, uma vez arriado sobre o cavalo. Lá são os padres, que no meio de um beatismo revoltante, cobrando todos os atos: missa, batismo, casamento e até a extrema-unção que vão levar aos católicos, apostólicos, romanos na hora da morte. Quem não tiver dinheiro para pagar ao padre não obterá a última absolvição, morrerá sem ouvir o *De Profundis*. Na nossa religião, na africana, o senhor paga as cerimônias que mandar celebrar, quando quiser e quando puder. O que nós não temos é um Vigário Geral que proíba que se faça um cristão na igreja onde se fez uma promessa, como se todas as igrejas não se regessem por um só, por um único Código, por um único Direito Canônico.

* * *

NADA DE BAMBAS

Quem visita o Morro de São Carlos nota uma coisa: conversa-se sobre tudo – menos sobre valentia ou bambas.

Quem ali vive se dedica ao trabalho honesto.

Operários de diferentes misteres, homens das diversas especialidades da estiva, todos se dedicam a um serviço qualquer, de onde granjeiam o necessário para o sustento da família honrada.

Todos ali operam e cooperam para o engrandecimento do Distrito Federal.

Brasileiros e portugueses vivem na mais perfeita comunhão de vistas, como naquele outro pedaço de morro denominado Portugal Pequeno, onde somente o trabalho é a única preocupação geral.

Há uma grande diferença dos portugueses que se acham instalados no Morro de São Carlos daqueles que exploram o Morro do Querosene.

Estes são verdadeiros indesejáveis e aqueles são os precursores do progresso da grande cidade alta que abriga a gente do samba.

Já se foi o tempo em que o principal atestado de um morador do Morro de São Carlos era ser valente e ter várias entradas na cadeia. Hoje não se quer saber de bambas – briga-se quando esgotados todos os meios pacíficos para resolver uma contenda. Quando aparece um valentão, dizem logo:

— Isto é pau mandado... Sai Exu!

Mas se o camarada insiste mesmo, entra nas comidas e vai dar um passeio de autoambulância até o Posto Central de Assistência...

* * *

OS CATEDRÁTICOS DO SAMBA

Já vimos que no Morro de São Carlos só se faz questão de trabalhar e conservar o samba com a sua toada e o seu ritmo.

Vínhamos descendo o morro, quando o Octaviano nos disse:

— Se o senhor tiver de escrever qualquer coisa do nosso morro, diga que ele é o dos catedráticos do samba! Os sambistas desses outros morros fazem coisas novas, mas quando chegam aqui se esbarram.

Eles contam valentias nas suas produções e nós metemos a ciência em cima deles. Olhe só este sambinha:

TEMPO DA COROA
(Samba do Partido Alto)
Letra e música de J. Octaviano

Coro
I
Você diz que é bamba
Vamos p'ra roda do Samba
Você diz que é bamba
Mas, eu sou da coroa
Vamos p'ra roda do Samba
Que o Samba é coisa boa.
II
O Samba não tem idade
É de toda a gente boa
Sambista de qualidade
É do tempo da coroa.
III
Samba corrido é baiano
Mas o chulado é carioca
Poeta no samba é profano
Só sabe fazer potoca.

IV
Cá de São Carlos, o Samba
Sempre deu prazer profundo
Põe gente de perna bamba
É a coisa melhor do mundo.

— Este samba é bom; mas escute uma coisa: é só você quem faz sambas aqui no morro?

— Não. Quer ouvir um sambinha moderno de um amigo meu?

— Quero.

— Então lá vai:

TIRANDO UM FIAPO
(Samba-Mole)
Letra de A. L. T.

Dondoca, diga o que quiser
Vou tirando o meu fiapo
Tem paciência – ó mulher
Não sirvo de guardanapo
Eu ando assim rasteiro
Imitando na vida o sapo
Mas sou cabra matreiro
Vou tirando o meu fiapo...
Eu não vou neste arrastão
Nem tu me fazes de trapo
Não sirvo para teu limão
Vou tirando o meu fiapo...

— Não resta a menor dúvida que no Morro de São Carlos respeitam a toada do samba.

— E será sempre respeitada.

— Mas fora do samba – como é que você mais aprecia o morro?

— Como uma velha recordação de um passado feliz e glorioso. Como o lugar mais encantador da cidade carioca.

— Mais encantador?

— Mais encantador e mais poético – aqui tenho enterrado o umbigo. Eu nasci no Morro de São Carlos e só peço para ele e seus habitantes, por aqueles que fizerem qualquer coisa para engrandecê-lo, as Graças de Deus!

5

O MORRO DO SALGUEIRO

Aquele mastodonte, que se divulga cá de baixo, e, em cujo dorso em desalinho destacam-se uns casebres, uns pardieiros e uns cochicholos – é o Morro do Salgueiro! O bamba dos bambas, a Academia do Samba, o Inferno de Dante e ao mesmo tempo um Céu aberto!

Valentões em outras zonas, ali são *mofinos*!

No Salgueiro não há líder, e, na hora da onça beber água, cada um cuida de si, sabendo perfeitamente que há, no Código Penal, a derimente da legítima defesa para contrapôr ao Artigo 294 e seus parágrafos...

* * *

A GENTE do Salgueiro, é consciente da sua valentia, sabe do seu grande valor na roda do samba, e por isso mesmo não entrega os pontos...

Ao contrário, quando a calmaria vai dominando o ambiente, desce lá do alto do afamado e respeitado Salgueiro um samba desta ordem:

CAFÉ PEQUENO
(Samba do Partido Alto)

Mangueira já te conheço
Eu não vou neste arrastão.
Eu não te ligo apreço...
Não vales nem um bofetão!
Não vales nada, para nada,
Com toda a tua gente bamba.
Salgueiro – é rei na batucada
E também na roda do samba!
Querosene e Mangueira,
São dois frascos de veneno
Caem, numa só rasteira
São p'ra nós Café Pequeno...

Por esse pano de amostra, vê-se logo que o pessoal se garante, porque, para se dirigir deste modo ao Morro da Mangueira, realmente é preciso ter um pouco de apetite para aguentar com o resultado de uma luta que poderá durar anos e anos, porque – duro com duro, não faz bom muro...

Segundo a estatística policial, a gente do Salgueiro é mais irrequieta, tem mesmo o sangue na guelra e a mão mais pesada...

* * *

NAS FALDAS DO SALGUEIRO

Dentre os outros morros afamados, onde reside a pobreza, o do Salgueiro, pelo seu passado, ocupa um lugar de destaque.

O Morro do Salgueiro tem nas suas faldas o Hospital Evangélico.

Um dos mais acreditados hospitais da nossa cidade e onde por algum tempo exerceu a sua nobre profissão o grande cientista Professor Francisco de Castro Araújo,[1] um dos luzeiros, uma das maiores glórias da Medicina Universal e justo orgulho dos brasileiros!

Mais adiante, fica o Asilo Bom Pastor.

Aquele santuário onde se procura desviar do mau caminho aquelas que tentam enveredar pela estrada do erro, da desonra e do pecado.

Aquela casa Santa onde virtuosas Irmãs de Caridade, dignas filhas de Deus, discípulas de Jesus, são as Pastoras do Bem e conduzem as pecadoras à Salvação da Alma pelo arrependimento do passado e prática de boas ações no presente e no futuro, para, deste modo, obterem a absolvição do Senhor e o ingresso no Reino do Céu.

Pois, na falda do Morro do Salgueiro, ficam dois grandes estabelecimentos destinados à prática do Bem, mas antagonistas em matéria religiosa.

O Hospital Evangélico, protestante vermelho, e o Asilo Bom Pastor, extremadamente, profundamente, católico, apostólico, romano.

E o povo que habita o morro, o que será?

Na sua maioria adota a religião africana.

É o candomblé em ação...

* * *

Há *candomblés* que tomam um caráter festivo e assim nos disse seu Xande, que o leitor adiante conhecerá:

— Os *candomblés* que realizamos aqui são de caráter festivo: é um qualquer que recebeu um benefício e trata logo de *fazer a obrigação*, pagando o que prometeu ao Santo de sua devoção. É o mesmo que se faz nas igrejas. Lá prometem missas e velas e eles aqui oferecem um *amalá* ou *dão comida à cabeça*, que são festas magníficas e animadíssimas, como também aqueles em que um *filho de Santo paga uma multa* por qualquer falta cometida. São festas imponentes, onde se come, bebe e dança, no meio da maior alegria e do maior entusiasmo, sem, contudo, esquecer a religião. Quer ouvir um samba que se canta sempre em tais feitas aqui no morro? Escute só:

> Estribilho:
> *Sapateia ó mulata bamba!*
> *Sapateia em cima do salto.*
> *Mostra que és filha do samba,*
> *Do samba do partido alto.*

O samba tem a sua escola,
E a sua academia também.
Como dança, é uma boa bola
Nós sabemos o gosto que tem.

Você seja de que linha for
Que eu prefiro a de Umbanda
Quando no samba vejo meu amor,
Sapeco logo uma boa banda...

III
Caô, caô! Caô, caô! Caó, Cabeacy!
Eu tenho o corpo fechado!
Lamento o tempo que perdi,
Andando no mundo, errado!

IV
Minha gente vamos saravá
Àquele que nos dá a sorte;
Ele por nós sempre velará,
Na vida e depois da morte!

Aí todos repetem, mas, sem ninguém dançar:

Minha gente vamos saravá
Àquele que nos dá a sorte;
Ele por nós sempre velará,
Na vida e depois da morte!

Caô! Cabeacy! Óia eu!...

Isto é feito numa respeitosa genuflexão, e, em seguida, a alegria volta a dominar, porque entra o estribilho:

> *Sapateia ó mulata bamba!*
> *Sapateia em cima do salto.*
> *Mostra que és filha do samba,*
> *Do samba do partido alto.*

— Mas, quase sempre, esses sambas ou candomblés festivos acabam em rolo feio.

— Isso não tem importância... Mesmo porque, nós temos aqui um vizinho perigoso!

— É bamba?

— O quê? É mais do que bamba. É *troço pra burro!*...

— Quem é ele?

— É o investigador Macário.[2] Conhece isto aqui em cima, como a palma da mão e depois...

— E depois o quê?

— Não é *peco* e *tem o corpo fechado* e os *caminhos* para ele *estão sempre abertos*, porque, além de tudo, o *Santo dele é bom e forte!* Com ele, quem meter o *pé para dentro se estrepa todinho!*

O MAIOR BAMBA DO MORRO

Não se poderá negar que o Salgueiro seja o Morro dos *bambas*.

Mas como não há Exército sem General, quem será o *bamba* dos *bambas*, daquela grande praça de guerra?

Um soldado do Exército?

Um marinheiro?
Um Fuzileiro Naval?
Um soldado de polícia
Um estivador?
Um operário qualquer?
Um empregado no Comércio?
Um funcionário público?
Não. Nada disto.
Querem saber quem é?
— O Dr. José do Carmo Moreira Machado!
Aquele famoso suplente de delegado em exercício no 11º distrito e que se fez guarda-costa do dono de uma companhia de navegação e de quem abiscoitou a casa em que reside, na subida do Salgueiro!

Depois tornou-se *persona-grata* do Presidente Arthur Bernardes e fez coisas do *arco da velha*, até a apoteose final, que foi o Caso Niemeyer, em que o Dr. Francisco Chagas entrou como Pilatos no Credo.[3]

Dono da melhor casa da redondeza, mandando numa Companhia de Navegação, mandando mais que o Chefe de Polícia, dominando o Presidente da República, catequisando o *Arthurzinho*, preparando manifestações de todas as autoridades que tinha a faca, o queijo e o Tesouro na mão, por força que o Sr. Moreira Machado tinha que ser o maior *bamba* do Morro do Salgueiro...

* * *

COMO os leitores já tiveram ocasião de verificar, os morros são habitados por *gente escolada*...

O mais tolinho conserta relógios debaixo d'agua, com o cotovelo e olhos fechados...

No alto do Salgueiro, em 1922, morava um crioulo alto, corpulento, tipo de atleta. Era casado com uma crioula que, em complexão, nada lhe ficava a dever.

Um casal alegre e feliz.

Ele, estivador, tudo quanto apurava em dinheiro ou material trazia para a esposa, que era o seu ídolo.

Maiores cuidados ela lhe merecia, por estar em estado interessante.

Afinal, chegou o dia da *délivrance* e ele pôs à cabeceira da esposa uma curiosa que todos chamavam a *parteira do morro*.

Depois de uma grande luta incessante, durante 72 horas, a parteira declarou, afinal, que só mesmo chamando um médico!

O homem, fora de si, correu à casa do Dr. Castro Araújo, que no momento ia saindo para o teatro, em companhia de sua excelentíssima esposa.

Quando iam tomar o automóvel, aquele homem mal-encarado chegou-lhe à frente, de chapéu na mão, voz sumida, quase embargada pelo pranto, e rogou:

— Seu doutor, pelo amor de Deus, vá socorrer minha mulher!

Surpreso, o Dr. Castro Araújo perguntou:

— O que tem a sua mulher?

— Há três dias que está com uma parteira à cabeceira e só agora ela declarou que nada mais poderia fazer e que só um médico!

O Dr. Castro Araújo encarou-o, penalizado, mas disse:

— Você chegou em má hora, como vê, vou sair com minha senhora.

Mme. Castro Araújo dominada pelos sentimentos do seu bondoso coração, perfeitamente iguais ao do seu digno esposo, atalhou:

— *Chiquito*, iremos ao teatro outro dia. Vá socorrer a pobre senhora!

E voltou para a sala, tirando imediatamente o chapéu.

O Dr. Castro Araújo indagou:

— Onde mora?

— No Morro do Salgueiro.

— E quem tomará conta do meu automóvel?

— Eu arranjo pessoa de confiança.

O grande e humanitário cirurgião pegou da valise, assumiu a direção do carro, com o homem ao lado, e rumou para o Salgueiro.

O automóvel ficou muito bem guardado.

Chegando à casa da parturiente, viu logo que se tratava de um caso gravíssimo e de ação imediata.

Mandou chamar os internos e as enfermeiras no Hospital Evangélico e procedeu a uma operação cesariana!

No dia imediato a parturiente estava em excelente estado e sem uma pontinha de febre e o recém-nascido, um latagão, também otimamente disposto e às voltas com a chupeta!

Ao sétimo dia, quando o Dr. Castro Araújo deu alta, o crioulo muito comovido fez um apelo:

— Agora, seu doutor, o senhor que deu vida a minha mulher e salvou meu filho, complete a sua obra – o senhor e sua esposa façam meu filho cristão!

O convite foi aceito.

E o Dr. Castro Araújo, relatando o caso aos íntimos, dizia:

— Vocês devem concordar que não me ficará bem cobrar a meu compadre um parto de minha comadre e do nascimento de meu afilhado...

Crioulo *escolado*!

* * *

AMAR E MORRER

Como em toda a parte, o amor no Morro do Salgueiro é um caso sério!

Há paixões violentas, que chegam às raias da tragédia.

De vez em quando, a zona é alarmada com o encontro sangrento de dois rivais que se pegam num duelo de morte.

Os dramas passionais têm o mesmo enredo sempre: um amante traído que deu a vida em troca de um amor mal correspondido.

Outras vezes, um namorado infeliz vê desfeitos os seus sonhos, as suas fantasias de moço, e não tendo coragem para resistir ao golpe que sangra o seu coração resolve desertar da vida.

As travessuras de Cupido produzem no Morro do Salgueiro os mesmos efeitos terríveis que na zona chique, reclamando urgentemente os socorros da Assistência Municipal, com bilhete para o Pronto Socorro e, às vezes, guia para o Necrotério.

O amor não tem limites nem conhece alta nem baixa sociedade.

Amar e morrer, tanto é dos bairros aristocráticos como dos morros.

No Morro do Salgueiro, porém, um caso de traição, um adultério, é lavado com sangue, porque é voz geral – que o pobre tem de mais precioso é a honra do lar!

Tudo se perdoa no Salgueiro, menos a infração do 9° Mandamento da Lei de Deus.

É um caso sério – amar, matar e morrer!

* * *

DO SAMBA AO SURURU...

Nas regiões do Salgueiro, poderá faltar tudo – menos um sambinha mole todas as noites e um *candomblé*, às segundas e sextas-feiras.

Quando não é aqui, é ali ou acolá.

Na maior das Academias, brinca-se todos os dias.

Rima e é verdade...

Coisas condenadas lá, ao arquivo das velharias, estão aparecendo agora gravadas para discos de vitrolas, como novidades de consagrados autores de produções alheias...

O que queremos com isto dizer: que tudo quanto o Chico Viola grava seja do Morro do Salgueiro?

Não. Há muita coisa dos Morros de São Carlos e da Mangueira...

Às vezes, armam um samba, por acaso:

O homem da harmônica passa com o seu instrumento e para aqui, para mais adiante, dá dois dedos de prosa e lá vem uma dúvida por causa de uma música.

Ele tira um acorde e enfia o samba de teima.

Comer e coçar, a questão é começar.

Ao tocar o terceiro samba, está formada a roda.

Aparece logo uma garrafa de paraty e às páginas tantas um café com pão.

Se há algum convidado *mais atrasado*, dá um pulinho na cozinha, arranja com a dona da casa um prato de boia e vai *cuidar da vida* no quintal, para não chamar a atenção, porque o que sobrou do jantar é o almoço do dia seguinte...

O Samba é um amigo e correligionário do Sururu.

Onde um estiver, o outro está presente...

Não raro, no meio do samba, há a explosão do ciúme, e neste caso a bala abala a roda, e quase sempre quem paga o pato é o Guarda Noturno, que, acudindo ao local, é obrigado a fazer uma retirada estratégica...

* * *

OUVINDO UM BAMBA

Escolhemos as primeiras horas da manhã para subir ao Salgueiro.

O diabo não é tão feio como pintam-no.

O que dizem cá por baixo não é positivamente o que se verifica lá em cima.

Meia hora de convívio com aquela gente basta para se modificar qualquer juízo temerário previamente feito.

E, ao contrário, o visitante sente-se bem e até passa horas alegres ouvindo o fraseado de um pernóstico, os acordes de um tocador de violão, o floreado de uma harmônica ou um samba choroso de um acadêmico do Salgueiro!

Mas para gozar de tudo isto é preciso fazer como fazem os turistas, arranjar um cicerone.

Foi o que nós fizemos.

Pelo seguro, escolhemos um bamba, com quem combinamos encontro na praça Saens Peña.

O que de importante notamos na subida, já descrevemos acima.

A primeira observação que nos fez o cicerone, apesar de bamba, foi que não revelássemos o seu nome.

— Receia de alguma coisa?

— Não receio, mas pode o senhor dar qualquer nota que não agrade a um ou a outro e não vale a pena a gente se incomodar ou se aborrecer com um camarada ou perder um amigo, quando se pode evitar.

Eu lhe acompanho, é mais para que fique crente de que o Salgueiro, lá em cima, não é o que dizem cá embaixo.

Assumido o compromisso de ocultar o nome, demos início à tarefa.

A impressão é bem diferente do Morro do Querosene, que fica muito distanciado.

No Salgueiro, há casas propriamente ditas: construídas de tijolos, de telha e com todos os requisitos higiênicos.

Há armazéns e botequins, como nos Morros da Mangueira e São Carlos.

Pagam impostos e existem ruas abertas e casas numeradas.

No meio de tudo e em maior quantidade, muito maior, surgem os chamados *barracos*.

Eles são iguais em toda a parte.

No Querosene, porém, é preciso pôr tudo aquilo abaixo como medida urgentíssima de higiene.

Mas no Salgueiro é preciso apenas um pouco mais de saneamento, o que compete ao Governo.

Já que não se resolve o problema de pequenas habitações para os pobres, para os trabalhadores, que ao menos o Governo facilitasse que eles fizessem os seus barracões de madeira, sobre alicerces sólidos, de modo que fossem pouco a pouco melhorando a sua habitação.

Sobre tais barracões poderia ser lançado um imposto que representasse uma prestação suave, a fim de que o inquilino, não sendo funcionário público, pudesse deste modo saldar a sua dívida com o Estado.

O maior desejo do pobre é morar no que é seu.

Oxalá sejam estas linhas lidas pelos altos poderes, porque, afinal, representam um caso a estudar e, talvez, a solução de um grande problema, na sociedade moderna que a República Nova implantou, para que tenhamos um Brasil maior e melhor!

Eis a nossa primeira observação.

* * *

SABER VIVER É TUDO!

Pelo trajeto, fomos parando aqui e ali, porque seu *Xande* (seu Xande é o nosso cicerone) é popularíssimo no morro, onde reside há 18 anos.

Há 7 anos está desempregado e vive folgadamente...

É bom no violão e tem boa voz. Desfiando um baralho, é um príncipe *na valsa*...

No *monte*, é de uma destreza pouco vulgar:

Dá dois galhos, *tripa, escolha e mata*, enquanto o diabo esfrega um olho...

A amante é cozinheira na casa de um ricaço na rua Conde de Bonfim, e quando às 20 horas regressa, banca a *formiga carregadeira*: traz para o seu homem o jantar de hoje e o almoço para amanhã...

Com o dinheiro do aluguel (80$000 mensais) ela paga 50$000 de casa e dá 10$ a seu *Xande*, sem se falar em 2$000 ou 3$000 diários para cigarro e coirana, que ela mata no dinheiro das compras...

Um homem em tais condições precisa trabalhar?

Quem nos via com ele, pensava que éramos uma paca ou um *otário* que ia ser *comido* no jogo...

Eis por que a todo instante interpelavam-no:

— Há função hoje?

— Temos brinquedo?

— Há movimento?

— Onde é a assembleia?

E ele respondia risonho:

— Por enquanto *néris*... Se houver eu toco reunir.

Seu *Xande* então nos explicou:

— Estão *comendo mosca*, pensando que o senhor é jogador. Eu tapeio eles... Saber viver é tudo!

* * *

O NINHO DO SAMBA

A gente do Salgueiro é excessivamente divertida e convencida do valor do seu morro na *roda do samba*.

Quase que de casa em casa se ouvia um samba. E nós parávamos para ouvir a toada.

Seu Xande nos disse:

— Isto aqui, é todo o dia e a toda hora. O Salgueiro é o ninho do samba.

Nesse momento ouvimos um sambinha com este estribilho:

> *Se todo mundo faz samba*
> *Vou também fazer o meu*
> *Que venha um cabra bamba*
> *Só para ver quem sou eu.*

Como se vê o desafio estava lançado. Mais adiante ouvimos este samba do partido alto:

> *Minha nega bonita e cheirosa*
> *Te desmanchá nesta batucada*
> *És do Salgueiro a mais dengosa*
> *Perto de ti, ninguém vale nada.*

É o verdadeiro hino à nega do Morro do Salgueiro.

Agora, temos este outro, em que se prova o orgulho e se patenteia a convicção daquela gente no meio do samba:

> *O Querosene é adjunto*
> *E Mangueira é professor*
> *Mas diante do conjunto*
> *O Salgueiro é seu doutor.*

São Carlos é competente
A Favela só tem cestro
Mas na roda desta gente
Salgueiro é seu maestro.

Parece que aquela gente não tem outra preocupação senão fazer samba e mexer com os outros...

AMIGOS PARA A VIDA E PARA A MORTE!
Seu *Xande*, à certa altura, nos perguntou:
— Qual é a sua impressão?
— É muito melhor do que antes de haver subido!
— O que supunha que isto aqui era?
— Uma espécie de Inferno de Dante!
— Pois olhe, isto aqui é um Céu aberto! A gente vê cara e não vê coração! Aqui no Salgueiro, há amigos para a vida e para a morte; há homens que tiram a última camisa para socorrer um amigo e são mesmo capazes de dar o seu sangue para salvar um inimigo.
— E quando não são amigos ou são inimigos rancorosos?
— Na hora da luta, o melhor é ninguém se meter entre as duas feras e deixar que se devorem...
— Não é humano!
— O que não é humano é o senhor se meter a separá-los, levar uma *pregada* e esticar a canela. Isto é que não é negócio...
— E estas duas feras, nunca mais se reconciliam?
— Às vezes tornam-se excelentes amigos. Outras vezes, passam uma esponja no passado, mas ficam de pé atrás e outras vezes...

— O que acontece?

— Um fica e o outro embarca... para o outro mundo.

— E no flagrante quem vai depor?

— Que flagrante? Então quem faz um serviço desses deixa-se prender em flagrante? Mete o pé no mundo e vai cuidar de outra vida. Mete a cara no Pendura a Saia e vai sair na Sacra Família do Tinguá...

— E se o azar o perseguir e ele for preso em flagrante?

— Neste caso, há seus conformes. Se o crime foi razoável, se foi uma coisa justa, uma desafronta de homem para homem, as testemunhas dão o fora. Mas se houve covardia, traição, perversidade, premeditação, emboscada ou se matou pelas costas, as testemunhas aparecem e até auxiliam a polícia na captura do criminoso. O senhor quer ver um camarada passar mal aqui no morro? É andar com *falsetas*, fazendo *trancinhas*. Então, come da banda podre...

— E como se arranjam vocês com o Dr. Moreira Machado?

— Muito bem – é um camaradão! Antigamente, ele dava cartas e jogava de mão. Oh! *branco* bom para embrulhar esses políticos!... Manifestação era com ele!... Chegava aqui, distribuía uns *caraminguás* e mandava descer o pessoal. Quando se chegava lá embaixo, tome automóvel! Era uma beleza! Também naquele tempo ele mandava um pedaço bom, em qualquer delegacia! Muitos flagrantes foram rasgados, muitos processos abafados, só por ordem dele!

— Então para vocês ele tem cotação.

— E grande, porque sempre foi bom camarada, bom amigo.

— E não continua a ser bom camarada?

— Com a República Nova, ele está *offside*...

— Mas não era ele o Chefe dos trabalhadores na estiva?

— Isso foi tapeação naquele tempo... Até eu figurei como estivador e fui passear em São Paulo, quando a *estiva em geral* foi levar a sua solidariedade ao Dr. Júlio Prestes!

— Você foi a São Paulo?

— Então, eu ia lá perder aquela *canja*? Fiz como o Claudionor – *banquei* o estivador... Em São Paulo, estive no Grande Hotel Roma, no Brás. Aquilo é que foi comer e beber do bom e do melhor! Acabamos com o estoque que havia no hotel do italiano!...

— E quem pagou as despesas, foi o Dr. Moreira Machado?

— Que esperança! Foi o Governo de São Paulo.

— E dinheiro?

Com todas as despesas pagas, eu recebi *uma vaca*.

— Quanto?

— Cem *mangos*!

— Então vocês idolatram o Dr. Moreira Machado?

— Não é tanto assim. Gostamos dele, porque foi camarada, bom amigo e um bom vizinho. Mas estamos pagos: fizemos e recebemos favores. Elas por elas não doem. Amanhã, se o senhor tiver prestígio e puder fazer alguma coisa por nós, estaremos também a seu lado. Aqui com político – é toma lá, dá cá...

— E com os amigos?

— Com os amigos, é tudo e para eles não há impossíveis. Arriscamos a própria vida, derramando a última gota de sangue!

Eis o povo do Morro do Salgueiro.

6

O MORRO DA FAVELA

Apareça quem for valente
Quem for duro se levante.
Na hora o pau come gente...
Que o Buraco se garante...

Desde que a Favela passou a ser reduto de valentes e cabras escolados nas várias modalidades de malandragens, crimes e contravenções, o seu nome jamais foi olvidado no cadastro sangrento do noticiário policial dos matutinos e vespertinos cariocas.

Havia um valentão lá no alto do morro que dizia:

— O governo bem que podia aproveitar este Cruzeiro.

— Como *Gabiroba*?
— Fazendo aqui um *cemitério*.
— Um cemitério no alto do morro?
— Ó *xente, xente!*... Do que se admira?
— Quem é que iam enterrar aí?
— Quem? Estes *cabras sem vergonha* que a gente vê, *estrebucha* na dor *sangrenta de uma facada sapecada à moda de Pernambuco!*...
— Queres dizer um cemitério para enterrar aqueles que vocês matam...
— *Não sinhô. Nós enterra* a faca... quem mata é Deus! E não sei por que Deus não se esquece desses *perrengues* aqui da Favela.
— Não se esquece?
— Quase todo o dia morre gente...
— Então a faca trabalha *à beça!*
— A Pajeú *trabáia* mais no *sê humano* que nos *sê deshumano!*
— O que é que você chama de ser humano?
— Uá *xente!*... Homé, *muié*, criança, tudo é *sê humano*. Tudo que fala, *comprende*?
— E ser *deshumano*?
— É o galo, a galinhá, o porco, o cabrito e etc.?
— Mas o papagaio também fala.
— Fala, mas não usa *carça* nem saia. É ave de pena...
— Então, *Gabiroba*, você acha que o Governo devia abrir um cemitério aqui no alto do morro, não é verdade?
— Pois *antão!* Ao menos, era o cabra esticar a canela a gente *assipurtá* logo!

— E a autopsia?

— Isso a gente mémo fazia! Antes de enterrá, a gente *inxaminava* os borso dele, tirava o que tivesse e *tava* feita a *autopia*! E *adespois*, essa formalidade não tem *importança*. O que é *preciso* é que a faca seja bem interrada e Deus mate logo a pessoa, *promóde* não augmentá a agonia... Mas, pra isso há ciência...

— Ciência?

— Antão o *sinhô* pensa que é quarqué porquêra que se diz valentão, que sabe interrá uma faca?

Iche!... é mentira de ucê!... A's vez, a gente mette a faca e ela vae tão *dereitinhá* no coração, que a pessoa não tem tempo de dizê: Ai, Jesus!

— Você já tem feito destas algumas vezes?

— Nem tem conta... De vez em quando, *é preciso inxemplá* um cabra, *pra enxemplo dos ôtros*, senão eles se *esquece* do nome da gente e pode *querê abusá*...

Os leitores viram? É o que há...

* * *

O CICERONE DODÔ

A nossa visita ao celebérrimo Morro da Favela foi na agradável e garantidíssima companhia de Eduardo Pedro Gonzaga – mais conhecido por *Dodô*.

Tem todos os requisitos para ser considerado *persona--grata* na República dos Bambas, porque do seu prontuário consta uma variedade de entradas na detenção e correção.

Tivemos a ingenuidade de perguntar:

— Dôdô, você já esteve na *geladeira*?

Ele sorriu e respondeu:

É sôpa! *Mas porém*, gosto mais de tomá uns banho...

— De espada?

— De espada não... Pra riba de muá não tem gracê... *Gostô do francezante?*

— Por que não tem *gracê*?

— Porque quando é na hora do fuzuê e o meganha vem com conversa fiada para o meu lado, eu fico logo de *pé atrás*, mesmo porque, não gosto de *pernosticidade* comigo...

— Mas então quais são os banhos que você gosta de tomar?

Apreceio os banho de água de Colônia...

Correccioná!...

— Você já esteve lá?

— Umas oito vezes já que *peguei* Colônia! Quando o negócio não *anda* bem ou para evitar mal maior, arranja-se uma cana com processo por vadiagem e é na certa uma viagem à Ilha Grande com destino àquele paraíso dos malandros!

— Mas, *Dodô*, você gosta mesmo da Colônia?

— Prefiro Colônia, a Detenção ou Correção!

— Você tem lá as suas razões...

— Eu explico: na Colônia há muito mais liberdade e a gente goza aquele ar puro e *sôdavel*. A *mandioca é uma beleza de hortaliça*...

— Onde foi que você aprendeu que mandioca é hortaliça?

— Perdão, foi uma *flô de retórica*, eu bem sei que mandioca dá o aipim e que o aipim é legume. O que é que o senhor está pensando?

Encarei o homem, supondo que ele já estava *estranhando o turista*, quando arrematou risonho:

— Estudei um pouco e aprendi eu bocadinho... E tanto assim, que de vez em quando escrevo aí as minhas besteira e empurro para cima da negrada.

— Também fazes samba?

— E dos bons. Escute só este:

BURACO QUENTE
(Samba Chulado)
Letra e música de Eduardo Pedro Gonzaga (Dodô)

Estribilho (Coro)
Favela é bamba
Terra de massada
Onde a gente samba
E cai na patuscada.
I
Meu Buraco Quente
Querido meu Buraco
Quem vier brigar com gente
Pr'apanhar traga um saco!...
II
Seu doutor delegado
O Buraco é uma delícia
Quando o rolo está formado
Não se respeita Polícia!
III

Viva o morro da Favela!
Viva o Buraco Quente!
Não venham de parabela
Que no Buraco tem gente...

— Parabéns, *Dodô*. O samba é o suco! É jocoso.

— O senhor ainda não viu nada. Tenho obras melhores. Quando escrevo, sou como o seu Jayme Tavares – me concentro, chamo pelo meu anjo da guarda, *meto as caneta* e... é de *bates cataledomes!*... Eu só escrevo em sossego, isto é, em *requesque in paz*...

— O quê?

— *Estranhô?* Tem razão – é latim...

— Você sabe latim, *Dodô?*

— Um *tiquinho*. Aprendi com um camarada aposentado dos Telégrafo. Ele é *baita* na língua! Sabe de cor e salteado tudo quanto é latim que há por aí nas sepultura e nos portão dos cemitério. Ele diz que é Doutor, que é de Pernambuco, mas parece que ele é daqui mesmo, porque só sabe coisas dos cemitérios d'aqui... Em todo caso, ele sabe tapiá a gente... Roe *coirana* p'ra burro!

— E você sabe muita coisa de latim?

— Muito... muito... não digo, mas, capisco alguma cosita... *Comprende-vous?*

— Diga lá alguma coisa.

— *Egum sum colher de pau* (eu sou homem e não dois de paus).

Calistum vobis de torcida (vou ali, já volto, não precisa torcer) *memento homo* (chegou o momento do homem).

Isto se usa na hora da briga. *Ecce homo* (está aí o homem) é quando se entrega o camarada à polícia.

— Chega, *Dodô*!

— Eu, não é *p'ra mi prosá, mas porém*, aqui em cima do morro ninguém me ganha na língua!...

* * *

SUBINDO O MORRO

Começamos a subida do Morro da Favela, pela cancela da rua da América.

Fizeram ali umas escadinhas, de modo que o esforço é menor que subir pelo lado do túnel.

O *Dodô* nos disse:

— Poderíamos ter subido pela rua do Morro da Providência.

— A subida é pior?

— Não é questão de ser melhor ou pior. Sou sujo com buliçoso e por esta rua da América afora, rua Dr. Rego Barros e subida do Morro do Pinto, quase que só dá *buliçoso*... A subida do Morro do Pinto, no cruzamento da Ponte dos Amores, *reúne-se* à noitinha os *vigaristas* e ficam comentando as suas proezas e combinando serviços para o dia seguinte ou *combinando parelhas*.

— O que vem a ser *combinar parelha*?

— É quando o *vigarista* precisa de um outro companheiro para ajudar a embrulhar o otário.

Quando eu vejo um homem destes, tenho nojo, porque eu acho, cá na minha fraca opinião, que o malandro deve ser tudo – menos ladrão!

— Na Favela há desta gente?

— Para lhe falar a verdade, na Favela há de tudo!

Fomos subindo, galgando, vagarosamente, aquelas escadinhas, parando aqui e ali, para descansar.

De vez em quando, passava por nós uma crioula com a cabeça envolta num pano, trajando mal, com os pés descalços ou trazendo uns tamancos; um homem robusto, trajando modestamente e sobraçando uns embrulhos.

Todos cumprimentavam o *Dodô*.

O cumprimento diferenciava entre estas palavras:

— *Dodô!*...

— Olá, *nêgo* velho!...

— O que é que há?

As raparigas diziam:

— Deus lhe dê bom dia.

E ele respondia:

— Deus lhe dê a mesma...

— Bom dia, *Dôdô*... Assim é que você foi?

— Discurpa *nêga*. Não foi possive.

— Nós esperemo.

— Fica p'ra outra vez.

E continuávamos a subir.

Como nos causasse estranheza que todos os homens que subiam fossem portadores de embrulhos, a explicação não se fez esperar:

— Essa gente *veve* da estiva. Os que vão subindo agora ou deixaram o serviço ou não foram aproveitados nas turmas da manhã.

— E os embrulhos?

— Uns de roupa do trabalho e outros são de *mantimento* que compraram com o dinheiro que receberam.

Há quem também leve aquilo que conseguiram arranjar – um contrabandozinho vagabundo...

— Contrabando?!...

— Contrabando vagabundo sim sinhô, porque o bom, o graúdo, não vem p'ra Favela. Aos d'aqui só toca *micharia*, migalha e que nem chega a ser *café-pequeno*... Se o senhor mandasse abrir um desses embrulhos, talvez encontrasse um pedaço de carne seca, de lombo, de toucinho, bacalhau, ou uns *baralho* de cartas, um pouco de cocaína que *desgarraram* de um caixão. O contrabando bom, meu amigo, fica fora da barra. O contrabando grosso de grandes casas comerciais não vem em caixotes nem em caixões. É atirado lá bem distante da baía, em sacos de lona impermeável! Depois a lanchinha à gasolina vai buscar ele e leva para certo lugar, onde o automóvel ou autocaminhão está esperando! Estes sim é que são os *contrabando* de 100, 200, 300, 500 e até 1.000 e tantos contos de réis! Há casas que vendem a resto de barato anunciando *muambas* em ar de deboche, quando se trata de *muambas* verdadeira – legítimo e audacioso contrabando!

— Estas coisas não tocam ao Morro da Favela?

— Nem por sonho! Para nós o que toca é samba desta qualidade:

> *É noite escura*
> *Acende a vela*
> *Sete Coroas*
> *Bam-bam-bam lá da Favela.*

— Quer saber de uma coisa? Este *Sete Coroas* foi uma invenção dos tiras.[1] O 26, à sombra do Sete Coroas, fez uma porção de violências aqui no morro. Alta noite, ele vinha com uma turma grande e invadia estes casebres, onde quebrava tudo e espancava barbaramente pobres homens trabalhadores. Duma feita pegaram lá do lado da Providência dois homens que desciam para o trabalho. Quando metiam o pau de rijo num, o outro correu. Eles perseguiram disparando os seus revólveres. Foi um tiroteio medonho! Quando o dia clareou, lá estava o pobre homem numa vala.

— Estava ferido?
— Estava morto!
— E depois?
— Ficou por conta do *Sete Coroas*. Onde os tiras faziam tiroteios e feriam gente, era o *Sete Coroas*!

* * *

NO BURACO QUENTE

Ei-nos no Buraco Quente.

Lembramo-nos do samba, que momentos antes o *Dodô* havia cantado, e, como que por um fenômeno de telepatia, ele, fazendo do chapéu de palha uma espécie de pandeiro, instrumento que toca muito melhor que o Salvador Corrêa (o consagrado autor do "Salve Jaú"), hoje transformado em ferro-velho, o nosso cicerone feriu o samba:

Meu Buraco Quente
Querido meu Buraco

> *Quem vier brigar com gente*
> *Pra apanhar traga um saco!...*
> *Oi...*
> *Favela é bamba*
> *Terra de massada*
> *Onde a gente samba*
> *E cai na patuscada.*
> *Seu doutor delegado*
> *O Buraco é uma delícia*
> *Quando o rolo está formado*
> *Não respeita nem Polícia.*
> *Oi...*

Aí já estavam reunidos uns seis homens batendo no chapéu ou batendo palmas e apareceram umas raparigas dançando, como jamais Aracy Côrtes[2] sonhou sambar, e todos caíram no *coro*:

> *Favela é bamba*
> *Terra de massada*
> *Onde a gente samba*
> *E cai na patuscada.*
>
> *Viva o Morro da Favela!*
> *Viva o Buraco Quente*
> *Aqui tem beco, tem viela,*
> *Mas o Buraco é da gente.*
> *Oi...*
> — Fala gente! Gritou Dodô.

E o pessoal encordoou:
Favela é bamba
Terra de massada
Onde a gente samba
E cai na patuscada.

Estava formado o samba e cada vez chegava mais gente, e quem vinha aderindo trazia um instrumento: um pandeiro, um reco-reco, um prato, enfim, a brincadeira esquentou e tomou vulto.

Dodô passou para o lado oposto e, uma vez à nossa direita, reclamou silêncio para dizer:

— Minha gente! Meus *amigo* e minhas camaradinha.

No dia de hoje, dia sagrado, dia santo, para nós, que somos filhos do *Home do Cavallo*, hoje dia de São Jorge, tenho a honra de apresentá o nosso digno amigo seu *Vagalume*, de respeito e consideração, para que nós, que temos o corpo fechado, devemos pedi ao nosso Guia, ao nosso Protetor, muito respeitosamente, saúde e fraternidade, para que ele desfrute muita felicidade, ganhe muito bongo e nós que veja. Tenho dito.

E todos num cumprimento respeitoso responderam:
— Assim seja!

Chamamos então o *Dodô* à parte e dissemos:

— Aí tem 20$000. Manobre com eles para mandar vir umas bebidinhas para esta gente.

— Olha meu chefe, já não convém. Eu ontem quando combinei com o senhor subi logo e com aquele Peru (20$000) que o senhor me passou fui em São Diogo e comprei uma boa fressura para um angu, que a *Chica Cabeça de Promessa* está preparando. Com esse outro Peru, que o senhor deu agora, *vou mandá vim dúzia e meia de barrigudinhas* e um litro de *água que passarinho não bebe*, também chamada Marrasquino de República, Dindinha, Maria Teimosa, Agrícola-Vegeta-Cana do Brasil, Zé com força e tudo isso numa palavra só vem a ser – paraty![3]

— E barrigudinhas?

— Cerveja preta!... Não tenha o menor receio. O Buraco Quente é minha terra e o senhor manda nesta negrada. Agora, vamos cantar um samba do *partido alto*. Vai vê como estas *negas* mexe com as cadeiras:

> *Como tu boles, boles, boles – boles* (bis)
> *Bole mulata de cadeiras moles* (bis)

> *Samba do partido alto*
> *No Buraco tem dendê*
> *Canto, sapateado e salto*
> *Na roda é que eu quero vê.*

> *Como tu boles, boles, boles – boles* (bis)
> *Bole mulata de cadeiras moles* (bis)

> *A cabrocha vale ouro*
> *Da nega não desmereço*
> *A mulata é um tesouro*
> *A morena não tem preço.*

Como tu boles, boles, boles – boles (bis)
Bole mulata de cadeiras moles (bis)

Vem p'ra dentro da roda
Aí é que eu quero te vê
Porque um sambinha da moda
No Buraco tem seu dendê...

Como tu boles, boles, boles – boles (bis)
Bole mulata de cadeiras moles (bis)

Apareça quem for valente
Quem for duro que se levante
Na hora o pau come gente
Que o Buraco se garante.

Como tu boles, boles, boles – boles (bis)
Bole mulata de cadeiras moles (bis)

Agora o samba estava quente e no terreiro umas quarenta pessoas se movimentavam.

Surgiu, como que por milagre, um litro de cana, que foi rapidamente devorado!

Cada um tomava o seu pedaço, que o *Pedro Moleque* distribuía, sem atropelo nem reclamações. Quando aquele litro acabou, o *Cara de Bagre* fez presente de um outro, que foi dividido com os que não haviam bebido.

Quem ia bebendo corria para o *front*, isto é, para a linha de frente do Samba, que agora estava quente numa espécie de desafio entre o *Chico Mão-Fusca* e o *Mané Caroba*.

O coro bradava:

> *Tira, tira, meu bem, tira*
> *Tira meu bem, este tom*
> *Enquanto no samba se gira*
> *Vamos só vê quem é bom.*

CHICO MÃO – FUSCA
Cobra não é lacraia
Lacraia não é minhoca
Gente da beira da praia
Não embarca na potoca.

MANÉ CAROBA
Segura firme no leme
Não deixe a corda bamba
Home que é home não treme
E entra firme no samba.

CHICO MÃO – FUSCA
O meu pai era bamba
E bamba eu também sou
Faço home comê lamba
Com cada tapa que dou.

MANÉ CAROBA
Eu pra tapa não me passo

Porque só dou cachação
E cada vítima que faço
Mando logo no rabecão.

Quando chegou nesta altura, Dodô meteu-se na roda e cantou:

O dia hoje é bem grande
Não deve haver zum-zum
Nosso coração se expande
Vamos saravá a Ogum!

Todos pararam repentinamente e *Dodô* no meio da roda, elevando as mãos ao Céu, numa respeitosa invocação, exclamou:

Ogum! Eh!...

E todos responderam:

Saravá! Saravá!
Ogum! Ogum!
Nosso Pai!

* * *

PAROU o samba.
Dodô nos chamou ao canto para dizer:
— Não *arrepare*. Isto aqui é assim mesmo; quando a festa vai no meio da maior alegria há uma melecada, que se a gente não acode em tempo, pode haver muita coisa...

— Acabou o samba?
— Não. Eu mandei tirá um bocadinho de angu e vô mandá ajuntá dois charutos, uma garrafa de malafo (paraty) e levar para Exu na encruzilhada! Depois que ele recebe o que é dele, nós continúa aqui a brincadeira.

Neste momento passava uma rapariga com um embrulho, acompanhada de dois rapazes, e *Dodô* nos convidou a ficar em pé, dizendo:

— É o *despacho* que vai ser colocado na encruzilhada! Só depois que esta gente voltar, é que se pode continuar a brincadeira.

Chica Cabeça de Promessa chegou e disse:

— Dodô, o angu está pronto. Vamos para a mesa. Já separei o de Ogum – já está separado o de nosso Pai.

— Já vieram as *barrigudinhas*?

— Já. Está tudo pronto.

— Vamos para a mesa!

SÃO JORGE

São Jorge, o Glorioso Mártir, decapitado em 23 de Abril do ano de 303, isto é, há 1.630 anos, é o Santo da maior devoção dos habitantes destes morros, que abrigam os homens valentes e que vendem a vida por alto preço, numa luta encarniçada!

Não há casebre onde não se encontre, logo à frente da porta, a sua milagrosa estampa, como recomendação de máximo respeito.

Naquele dia em que subimos a Favela, vimo-la em quase todos os cochicholos ornamentada e com velas e lamparinas acesas.

Quando entramos no casebre da *Chica* e sentamo-nos à mesa, *Dodô*, com muito respeito, levantou-se e pronunciou umas palavras em homenagem ao Padroeiro dos que residem no Buraco Quente e terminou pedindo que todos se concentrassem para ouvir a seguinte prece – palavras de São Jorge:

> *Bendito sois, Senhor Deus meu, porque não me permitiste que eu fosse despedaçado pelos dentes daqueles que me queriam e buscavam, nem consentiste que meus inimigos ficassem alegres com a vitória; porque livrastes a minha alma, como o pássaro do laço dos caçadores.*
>
> *Pois agora Senhor! Também me ouvi, sede comigo nesta última hora, e livrai a minha alma da maldade dos malignos espíritos; e todos os males, que por ignorância, em mim executam, lhes perdoai.*
>
> *Recebei, Senhor, a minha alma como a d'aquele que desde o princípio do mundo vos serviram, e esquecei-vos de todos os meus pecados, que eu voluntariamente, ou por ignorância, cometi.*
>
> *Lembrai-vos, Senhor, dos que recorrem ao vosso Santo nome, porque vós sois Santo Bendito e Glorioso para sempre, Amém.*

Depois, Dodô, levantando as mãos, bradou:

— Saravá! Saravá! Saravá São Jorge!

E foi servido o angu.

* * *

JOÃO DA BARRA

Não se pode falar em Favela sem citar, e, aliás, com muito respeito, o nome de *João da Barra*.[4]

É tipo de nortista, homem sisudo e que representa um meio termo entre o calmo e o exaltado.

Quando lhe chegam a mostarda ao nariz, não dá pra traz, e noutras épocas fez muita gente tomar nojo da luta e entregar os pontos...

João da Barra, no tempo em que a Favela era mesmo a zona *tórrida*, bancava o Grande Chanceler, o Juiz de Paz e o Delegado de Polícia...

Nas questões de terrenos, porque era muito comum um avançar no terreno que não pertencia a nenhum dos dois... o árbitro era o *João da Barra* e o que ele decidisse, não tinha apelação.

Brigas de mulher com marido, ele resolvia pacificando o casal.

Muitos assassinatos não ficaram impunes, porque ele, se não prendia o criminoso em flagrante, providenciava para a sua captura.

Ainda hoje se fala em *João da Barra* com respeito e acatamento.

Mais não fez, porque não lhe foi possível.

Havia um menino travesso que rasgou muita carta de valente de bambas – o Saturnino Ferreira.

Mocinho, de sangue na guelra, com disposição para a luta, de vez em quando armava um *sangangu* e o *João da*

Barra mandava chamá-lo para passar um *sabonete*, aconselhá-lo a mudar de zona e modificar o gênio, porque honesto como era, sendo menos genioso, ainda poderia ter um belo futuro.

Eis a razão por que não se pode falar em Morro da Favela sem citar o nome de *João da Barra*.

* * *

O CRUZEIRO

Subir à Favela e não ir ao Cruzeiro é o mesmo que ir à Roma e não ver Mussolini ou ir ao Vaticano e não ver o Papa!

Depois do saborosíssimo angu com que a *Chica Cabeça de Promessa* mimoseou o nosso estomago, *Dodô* nos disse:

— Parece que o senhor não gostou da *boia*.

— Gostei e muito; tanto assim que repeti.

— Mas devia pedir bis a terceira vez... Agora para *desgastar* o angu, vamos fazer uma passeata até o *Cruzeiro*.

Num abrir e fechar d'olhos estávamos em marcha para o lugar indicado, mas ao som deste sambinha:

> *Mulher se você me quer*
> *Desgosto não vá me dar*
> *Por tua fé – oh! mulher*
> *Jogo sempre no milhar.*
> *Jogo sempre no milhar.*
> *Para ver se você me quer*
> *Mas, não há meio de acertar*
> *Por tua fé – oh! mulher*
> *Jogo também na centena*

> *Mas nem assim eu chupo*
> *Levo pau na dezena*
> *E sou barrado no grupo.*

Quando chegamos ao Cruzeiro, ficamos deslumbrados!

É o ponto mais poético, mais pitoresco do Morro da Favela!

Dispensamo-nos de descrevê-lo, porque já muita gente o fez.

O Cruzeiro não escapou à Musa dos poetas futuristas...

Foi também visitado pelo famoso Marinete.

* * *

ONTEM E HOJE

Favela! Quem te viu e quem te vê! Eras uma fera indomável em qualquer recanto do teu atrevido e audacioso reduto e te impunhas pelo pavor, pelo terror que todos tinham de ti, porque, nos teus domínios, quando não era a Justiça de Fafe, entrava em vigor a pena da Talião!

Hoje tudo mudou!

A Favela está, para bem dizer, reduzida ao Buraco Quente, que é o único recanto onde ainda há gente que não se rende.

De 1922 para cá, quando o Dr. Carlos Sampaio, então Prefeito,[5] entendeu devastá-la, a Favela foi entregando os pontos, e, com mais outra investida, desaparecerá.

A prova é que hoje causa admiração quando se fala em crime na ex-fortaleza dos bambas, que foi também o berço do samba, onde foi acalentado o saudoso, o inolvidável

Sinhô; onde Eduardo das Neves fez escola, quando guarda-freios de Estrada de Ferro Central do Brasil!

Já não é aquela Favela que os sambistas glosavam, que as grandes sociedades carnavalescas criticavam e que o noticiário dos jornais descreviam com cores rubras, e nem é a mesma que aquele famoso poeta futurista visitou e ficou encantado!

Não é mais aquela Favela cheia de vida, cheia de atribulações, de energia e de sangue.

Hoje é apenas uma simples recordação de um passado agitadíssimo.

O seu pulmão, o seu aparelho respiratório, a sua válvula de segurança é o – Buraco Quente.

A Favela de hoje já não é escola, nem academia de samba, nem tampouco fortaleza inexpugnável de valentes, como outrora.

Favela! Favela! Quem te viu e quem te vê!

Favela de ontem! Favela de hoje!

TEMPO AO TEMPO...

Por muito que se esforcem, os defensores da Favela jamais conseguirão soerguê-la, porque nem a Prefeitura, nem a Saúde Pública permitirão que novos cochicholos sejam ali levantados, sob qualquer pretexto.

O embelezamento do morro se impõe diante do progresso e da grande evolução da cidade nestes últimos anos.

Ali, no coração da metrópole, não é possível esconder aquela espécie de aldeamento de indígenas, contradizendo com a beleza da mais linda capital das nações civilizadas de todo o mundo!

O expurgo da Favela se fará paulatinamente, numa ação conjunta entre os governos federal e o municipal, dando um prazo razoável aos que lá habitam para que melhorem ou desocupem os pardieiros.

A Favela é bem parecida com o Morro do Querosene.

O próprio governo municipal poderia auxiliar o seu embelezamento, mandando limpá-la, calçá-la, para então fazer as exigências que entendesse.

As companhias edificadoras que existem também entrariam em acordo com aquela gente, cobrando prestações razoáveis por uns novos tipos de casas pequenas.

Por sua vez, feito o arruamento, certamente a Light teria uma nova fonte de renda ligando três morros: o do Pinto, o da Favela e do Barroso, fazendo assim *pendant* como o de Santa Teresa.

Há muito o que fazer no Morro da Favela, mesmo sob o ponto de vista estratégico, para a defesa da cidade.

E como a Favela, outros morros deveriam merecer a atenção do Ministério da Guerra.

Haja vista a proeza que tomou o nome de *Prata-Preta*.

Suba o Sr. Ministro da Guerra à Favela, leve em sua companhia o Chefe do Estado Maior e fiquem as duas maiores autoridades do nosso Exército uns quinze minutos fazendo observações a olho nu e de binóculos, e, certamente, ficarão convencidos de que a Favela não deve ficar fora das suas cogitações.

Um quartel na Favela!

Onde, o de artilharia de montanha, ficaria melhor situado para os seus próprios exercícios diários, com destacamentos nos demais morros?

Seria este um meio prático, rápido e utilíssimo de sanear e embelezar o Morro da Favela, sem grandes dispêndios, por se tratar de utilidade pública.

* * *

Enquanto lá no alto toda aquela gente cantava e dançava, sob a direção do incansável *Dodô*, pelo nosso cérebro, rapidamente, passaram tais reflexões: *o que foi, o que é a Favela e sobretudo o que poderá ser!?*

Tudo depende do governo, unindo o útil ao agradável.

Estas linhas, escritas em 1933, talvez sejam julgadas de autoria de um louco.

Daqui a uns vinte ou trinta anos, quem nos dirá que o louco seja considerado um homem de juízo ou um profeta?!...

Em todo caso, aí fica a ideia de um carioca da gema.

* * *

A DESPEDIDA

Depois de cantarem dois sambas no meio de uma grande batucada, houve uma pequena pausa.

Dodô veio para o nosso lado apreciar o belo panorama que a cidade oferece lá do alto do Cruzeiro, dizendo:

— Daqui o que eu mais *apreceio* é o ar marinho!

— Que armarinho, *Dodô*?

— O ar do mar, a fresca brisa! Sabe quem nos cumprimenta sempre que vem ao Rio?

— Quem é?
— O Zepelim. É uma beleza! Eu estou vendo o dia em que ele arreia aqui na Favela.

O pessoal começava a debandar, quando *Dodô* bradou:
— Em forma negrada! Vamos descer cantando o samba:

AGUENTA A MÃO
(Partido Alto)

Coro
Aguenta, aguenta a mão ó gente
Para sustentar o Buraco Quente.
I
Ai, que boa brincadeira
Como está bela a batucada
Sambo e canto a noite inteira
Emendo o dia nesta patuscada.
II
Quando eu entro no Buraco Quente
Esqueço tudo quanto há no mundo
Meto uma banda, quem quiser que aguente
E sinto logo um prazer profundo.
III
Buraco Quente é de respeito
Tem majestade aqui na Favela
Quem não entra com o pé direito
Vira aruráo, estica a canela.

Dodô nos segredou:

— Vamos lhe levar até a escadinha.

O samba ia cada vez mais animado, tendo agora sido incorporado uma cuíca.

Quando chegamos à escadinha, para despedida, o pessoal cantou um sambinha mole:

>   *Coro*
>   *Bate que bate-bate*
>   *De cataledome*
>   *Larga a mulher do outro*
>   *Que tem home.*
>
>   *Se eu fosse padre*
>   *Não usava solidéo*
>   *Usava uma touquinha*
>   *À moda de chapéu.*
>   *Coro*
>   *Bate que bate-bate*
>   *De cataledome*
>
>   *São Jorge nos proteja*
>   *Nos livre da mazela*
>   *Tenha pena desta gente*
>   *Que mora na Favela.*

Depois de uma meia lua, o pessoal voltou para o *Buraco Quente* e nós descemos em companhia de *Dodô*, a quem passamos mais um *coelho* (10$000) pelo belo dia que nos proporcionou.

Posfácio

UM REPÓRTER NEGRO
NA RODA DO SAMBA

Leonardo Affonso de Miranda Pereira[*]

No dia 3 de dezembro de 1932, o jornal A *Noite* publicou uma pequena nota que pode ter passado despercebida para muitos de seus leitores: o anúncio de um novo livro que seria lançado por Francisco Guimarães, o Vagalume.[1] Apresentado como um "antigo colega de imprensa", ele era saudado tanto por sua "verve" como escritor quanto pelo "apuro de pesquisa" sobre o qual

---

[*] Professor Associado do Departamento de História da PUC-Rio (leonardo@puc-rio.br).

se baseava o texto do novo livro, cheio de "episódios que empolgam".

Para além da celebração das qualidades do autor, a nota apontava para a grande novidade da obra: o fato de que tratasse da "origem do samba", tema que estava na ordem do dia. Baseado, segundo a nota, no "profundo conhecimento que o autor possui das *coisas nossas*", o livro teria a proposta de apresentar o desenvolvimento de um ritmo que começava a ser intensamente associado à nacionalidade. Ao anunciar o livro antes mesmo de que ele estivesse concluído, o jornal evidenciava o grande interesse despertado pelo tema, que ao longo daqueles anos assumia uma relevância social cada vez mais ampla no Brasil. A nota terminava por isso com a previsão de que o livro, quando lançado, teria certamente "grande aceitação", por ser "ansiosamente esperado".

Em maio do ano seguinte, uma notícia do jornal A *Noite* voltava a anunciar que o livro estaria em vias de publicação. Depois de começar reconhecendo que "o samba ultimamente tomou vulto, progrediu e até foi oficializado", ela saudava o aparecimento do livro escrito pelo "popularíssimo Vagalume", apresentado como o "decano dos cronistas carnavalescos" – defendendo que não existiria "ninguém melhor do que ele" para escrever um trabalho sobre o tema.[2]

No mesmo dia, outra nota publicada na seção do jornal dedicada ao associativismo recreativo saudava também o surgimento do "interessante livro de autoria de nosso colega Francisco Guimarães (Vagalume)". Por ver nele um "trabalho original, baseado no profundo conhecimento sobre o samba que possui o seu autor", o autor da nota previa que o livro viria "constituir um verdadeiro sucesso de livraria".³ Antes mesmo de seu lançamento, Na roda do samba já começava a gerar expectativas, fosse pelo destaque assumido então pelo ritmo ou pelo enorme prestígio alcançado por seu autor por entre os círculos da imprensa.

Foi somente em agosto de 1933, no entanto, que a obra chegou efetivamente às livrarias. Com mais de 200 páginas, foi lançada pela Livraria Educadora, trazendo na capa um desenho de Cortez:

Ao representar, com traços artísticos, um homem tocando pandeiro, a capa reforçava as duas características do samba sobre as quais se afirmava a expectativa de sucesso do novo livro. Por um lado, apontava para o caráter tradicional (ou primitivo) de um ritmo ligado à percussão, que estaria na base de sua singularidade. Por outro, a forma de apresentá-lo assumia uma feição moderna e cosmopolita que mostrava a força e novidade do ritmo em seu presente – em concepção artística que apagava qualquer traço singular, seja social ou racial, do homem que tocava o pandeiro.

Apresentado desde a capa como um encontro entre o primitivo e o moderno, o samba surgia como uma novidade original cujo sentido deveria ser decifrado por especialistas como Vagalume – que, "demonstrando perfeito conhecimento do assunto de que é estudioso", teria se detido "nas figuras que mais se popularizaram na criação da nossa música popular", estudando "os cantores, os músicos e os poetas da melodia popular".[4]

Não era descabida a expectativa dos jornalistas sobre o interesse despertado pelo samba. Nas páginas da grande imprensa da cidade, tornava-se cada vez mais comum a publicação de artigos de exaltação ao novo ritmo. "Nós tínhamos antigamente vergonha do que era nosso", afirmava em 1931 um articulista do *Diário Carioca*, que testemunhava também sua difusão naqueles anos: enquanto "nas tasquinhas do morro" o "malandro" "dedilha as cordas e canta o samba do dia", nas "casas de luxo" ele estaria sendo tocado "no prato verde da vitrola", alimentando a indústria fonográfica.[5]

Em meio a essa ampla difusão social, o próprio livro de Francisco Guimarães tratava, em suas páginas iniciais, de associar a nova obra ao sucesso então alcançado pelo ritmo, já visto como nacional – reiterando que, por ter sido "adotado na roda *chic*", ele estaria sendo "batido nas vitrolas" e executado nos "programas de rádio", estando naquele momento "por cima da carne seca", nos dizeres da "gíria da gente dos morros" (p. 17-18). Como resultado, o samba teria se convertido em "uma das melhores indústrias pelos lucros que proporciona aos autores e editores" (p. 36), transformando-se em produto de respeito.

Diante do prestígio recém-adquirido, Vagalume começava sua obra com o reconhecimento de que estariam aparecendo "muitos escritos sobre o samba". Para ele, no entanto, a maior parte dos trabalhos dedicados ao ritmo demonstrariam "o maior desconhecimento do assunto" (18). Embora ele não chegasse a citar nenhum exemplo, provavelmente se referia a análises como a proposta no livro *Samba*, lançado naquele mesmo mês de agosto de 1933 pelo jornalista e poeta Orestes Barbosa, citado nos agradecimentos. Definindo o samba como "patrimônio da cidade do Rio de Janeiro como um todo", ele propunha uma leitura harmônica e socialmente indiferenciada do ritmo, associado diretamente à própria nacionalidade.[6] Em consonância com a posição então defendida por muitos intelectuais modernistas, que passavam a fazer das culturas negras a matéria-prima para uma nova concepção de brasilidade forjada de cima para baixo,[7] Barbosa tratava de apresentar uma história do ritmo que encobria as disputas e os conflitos que fizeram parte de seu processo de afirmação. Como resultado, valorizava o papel de figuras como o cantor Francisco Alves, que fazia então grande sucesso com gravações de samba.

Foi a necessidade de contestação de perspectivas como essas que levou Vagalume a escrever sua obra. Sua proposta principal era a de defender, a partir de "fontes autorizadas e insuspeitas", o protagonismo de homens e mulheres de baixa renda, como os moradores dos morros da cidade, no processo de afirmação de um perfil singular para o ritmo (p. 18). Ao mesmo tempo, preocupava-se em "desmascarar os que se locupletam com os resultados dos trabalhos dos outros, fazendo da indústria do samba um condenável monopólio" (p. 18-19), em claro ataque às estratégias comerciais que faziam de cantores brancos como Francisco Alves os representantes maiores do samba. Era assim no "intuito de reivindicar os direitos do samba e prestar uma respeitosa homenagem aos seus criadores, àqueles que tudo fizeram pela sua propagação", (p. 17) que Vagalume dava forma à sua obra – que reunia, segundo ele, o resultado de suas "investigações sobre o samba", articuladas às suas próprias "reminiscências de um passado alegre, risonho, cheio de esperanças no futuro", que se achariam "desfeitas nos dias que correm" (p. 17).

Por conta de sua trajetória ao longo das décadas anteriores, Vagalume era de fato uma das melhores pessoas para encarar esse desafio. Nascido em 31 de janeiro de 1878 como Francisco Gomes Guimarães, ele era filho do barbeiro português José Gomes Guimarães e de Francisca

Maria da Conceição, mulher negra e analfabeta nascida na cidade do Rio de Janeiro.[8] Como muitos outros filhos de famílias de baixa renda da cidade, experimentou na infância grandes dificuldades materiais, crescendo em estalagens e casas de cômodo da região central da cidade – como aquela do número 87 da rua dos Inválidos, onde conviviam com mulheres escravizadas que ofereciam seus serviços de lavadeira ou cozinheira.[9]

Em 1886, quando ele tinha 8 anos, tanto o vigário da freguesia de Santo Antônio dos Pobres quanto um inspetor de quarteirão do 2º Distrito da Freguesia de Santana atestavam a pobreza da família, confirmando que sua mãe era pobre e vivia "honestamente". Tais dificuldades piorariam dois anos depois, em fevereiro de 1888, quando seu pai faleceu em virtude de uma congestão pulmonar. Formado em meio a tais dificuldades, Francisco Guimarães era assim apenas mais um dos muitos jovens trabalhadores negros que cresciam sem maiores perspectivas de futuro, em um país ainda marcado pelo trabalho escravo.

Foi então que sua mãe tomou a decisão que mudaria para sempre sua vida. Residindo então em uma estalagem do número 37 da rua dos Cajueiros com seus cinco filhos menores, entre os quais o próprio Francisco Guimarães, ela resolveu buscar uma vaga para ele no Asilo dos Meninos Desvalidos – instituição criada em 1874 como uma das poucas iniciativas educacionais decorrentes da Lei de 28 de setembro de 1871, com o objetivo de oferecer às crianças pobres do sexo masculino educação e instrução profissional.[10] Por ser analfabeta, contou com a ajuda de um certo João José da Costa Guimarães, que redigiu o ofício no qual ela reconhecia não ter meios de oferecer ao filho "a instrução necessária para ser para o futuro um bom cidadão". Como resultado, Francisco Guimarães iniciou naquele ano seus estudos na instituição, da qual só se desligaria em 1892 – alcançando um letramento ainda pouco comum para os indivíduos de sua classe e de sua cor.[11]

Antes mesmo de terminar os estudos, o jovem Francisco Guimarães começaria a colher os efeitos dessa formação escolar. Em 31 de outubro de 1891, quando tinha apenas 13 anos, foi nomeado "auxiliar de trem" pela diretoria da Estrada de Ferro Central do Brasil.[12] Em um momento no qual os cargos públicos eram ocupados por intermédio de relações pessoais, provavelmente deve ter contado, para isso, com o apoio de protetores, como seu padrinho de batismo Francisco Antonio da Costa, um "antigo capitalista e negociante" do Rio de Janeiro.[13]

Pois eram também as relações pessoais, aliadas ao seu bom desempenho no ofício, que o levariam, anos depois, a um novo salto profissional. Em meio a seu trabalho cotidiano, conheceu o jornalista Luiz Gama, responsável no *Jornal do Brasil* pela coluna relativa à Estrada de Ferro. Por uma retaliação da direção da companhia, insatisfeita com uma nota por ele publicada a respeito de irregularidades em sua administração, Luiz Gama foi proibido de entrar nas dependências da Central do Brasil, ficando impossibilitado de continuar seu trabalho.[14] Ao que parece, foi nessa ocasião que ele convidou o jovem Francisco Guimarães, já maior de idade, para auxiliá-lo nesse trabalho, redigindo as notas respectivas. Como resultado, Francisco Guimarães conseguiu naquele ano ingressar na redação do *Jornal do Brasil*, um dos mais populares diários da capital federal, do qual no ano seguinte já era citado como "representante".[15]

O jovem Francisco Guimarães iniciava, desse modo, uma carreira como jornalista, que exerceria até o fim da vida. Pelo talento demonstrado na redação das notas sobre a Estrada de Ferro, ganhou a confiança de Luiz Gama, que era figura destacada do *Jornal do Brasil*, e passou a colaborar também com outras colunas consideradas menos importantes nas redações do período. Era o caso da reportagem policial, na qual passou a atuar como "auxiliar" poucos anos depois.[16]

Por mais que, como era padrão no período, não chegasse a assinar seu nome nas matérias que escrevia, forjava com isso um campo próprio de atuação dentro da folha. Destacando-se como um dos poucos afrodescendentes em uma redação formada em sua grande maioria por jornalistas brancos, Francisco Guimarães dificilmente atingiria nela posições de destaque, em geral reservadas a sujeitos distantes do seu perfil. Ainda assim, desde seus primeiros anos de atividade, ele conseguiu construir um perfil singular de atuação que garantiria seu espaço. Morador do subúrbio da Piedade,[17] passou a colaborar também com as colunas relativas à zona suburbana. Ao mesmo tempo, por ser caracterizado pelo próprio jornal como "um boêmio"[18] e ironizado pelos colegas de redação porque "era pobre",[19] passou também a colaborar com frequência cada vez maior com o noticiário relativo às diversões noturnas da cidade.

Afirmava, com isso, sua vocação para os temas colocados à margem do noticiário, que priorizava temas tidos como mais nobres, formado pelas colunas sobre política e finanças que costumavam ocupar a primeira página do jornal.

Por conta desse perfil singular, Francisco Guimarães foi escolhido em 1901 para assumir a redação da primeira coluna que ficaria totalmente sob sua responsabilidade: a "Reportagem da Madrugada", uma série "incontestavelmente original" que o *Jornal do Brasil* começou a publicar no dia 9 de abril daquele ano.[20] Sua proposta era a de levar às páginas do jornal todo um universo de práticas noturnas que em geral não chegava a encontrar espaço no noticiário. Embora não fosse assinada, coube a Francisco Guimarães redigir essa coluna, o que acabou por definir para a série um perfil singular. Se de início sua proposta se voltava primordialmente para a vida das delegacias e para as ocorrências policiais, o jovem jornalista tratou de alargar esse perfil, abrindo nela espaço para outro tipo de questão – fossem os ofícios exercidos pelos trabalhadores noturnos, as dificuldades enfrentadas pelos que viviam nas ruas ou os bailes e festejos noturnos organizados nos subúrbios e em outros bairros habitados por trabalhadores.[21]

Nesse caminho, passou a tratar de maneira cada vez mais intensa das diversas manifestações culturais dos trabalhadores negros da cidade, como aquelas relacionadas à religiosidade, à música e ao carnaval, o que fazia de forma bem diversa daquela como o tema aparecia, no mesmo período, na pena de outros cronistas, como João do Rio. Em vez de lançar sobre elas um olhar exterior e crítico, apresentava a perspectiva própria a esses sujeitos. Colocando-se em diálogo direto com eles em suas reportagens, evidenciava a força de suas crenças e tradições – iluminando, como um "vagalume", elementos da vida da cidade em geral obscurecidos para os leitores das grandes folhas.[22] Como resultado, o *Jornal do Brasil* reconhecia que a nova coluna havia gerado um "grande aumento" em sua tiragem vespertina, caracterizando-se como um "grande sucesso".[23]

A boa repercussão da nova coluna marcaria, a partir de então, a trajetória profissional do jornalista negro. Como fruto do destaque alcançado no *Jornal do Brasil*, ele foi em 1904 contratado pelo jornal *A Tribuna* para desenvolver uma coluna de perfil semelhante. Chamada "Ecos noturnos", ela era assinada pela primeira vez com o pseudônimo de Vagalume, por meio do qual Francisco Guimarães aprofundou seu mergulho sobre os diversos espaços e sujeitos que compunham a vida noturna da cidade.[24]

Além de levar às páginas do jornal temas semelhantes aos da coluna anterior, ele passava a dar um espaço ainda maior às manifestações culturais dos trabalhadores afrodescendentes da cidade, em especial aos seus bailes e festas dançantes. Adotava ainda uma perspectiva bem diversa daquela pela qual eles costumavam aparecer em outras folhas da grande imprensa. Se nelas esses tipos de festejo costumavam aparecer somente nas colunas policiais, Vagalume passava a representá-los como eventos distintos e animados, incorporando a lógica daqueles que os frequentavam. E fazia isso com grande conhecimento de causa: além de ser presença constante nos bailes e festejos de muitos desses pequenos clubes carnavalescos, Francisco Guimarães chegou a fundar e presidir um desses grupos, sintomaticamente chamado de "Club Carnavalesco dos Vagalumes".[25] As manifestações culturais desses grupos, em especial aquelas ligadas à dança e ao carnaval, ganhavam por isso em sua coluna uma projeção que nunca haviam alcançado, fazendo com que diversos clubes recreativos, artistas e músicos até então desconhecidos pela grande maioria dos leitores da grande imprensa carioca passassem a figurar cotidianamente nas páginas do jornal, no qual eram representados com uma dignidade pouco comum na imprensa do período.

Embora restrita de início aos jornais nos quais ele trabalhou, o sucesso da abordagem singular de Francisco Guimarães acabaria por transformar a cobertura de todas as grandes folhas da cidade sobre as práticas recreativas e associativas dos trabalhadores. As colunas carnavalescas dos grandes jornais, de forma especial, cresceriam em tamanho e diversidade – passando a tratar não apenas das Grandes Sociedades carnavalescas frequentadas em sua maior parte pelos jovens da elite da cidade, mas também dos pequenos clubes formados nos subúrbios e bairros operários.[26] O próprio Vagalume, ao regressar no início da década de 1910 à redação do *Jornal do Brasil*, ajudaria a aprofundar esse processo, com o aumento do espaço dedicado a esses pequenos grêmios recreativos e com a publicação cotidiana de fotografias de seus componentes. Àquela altura, no entanto, já se tratava de um modelo cada vez mais disseminado que garantia o espaço e a legitimidade dos grêmios recreativos formados pelos trabalhadores negros da cidade. Escrevendo décadas depois, quando essa novidade já estava consolidada, Jota Efegê recordaria o tempo em que "não havia redatores designados para escrever sobre o Carnaval" nem "colunas especiais para a cobertura das festas", atribuindo diretamente a Vagalume a mudança desse quadro.[27] Por esse motivo, em 1916 Francisco Guimarães já era reconhecido pelas demais folhas como "o líder dos cronistas carnavalescos do Rio".[28]

Não eram só os colegas de ofício que reconheceriam a importância de Vagalume nesse processo. Protagonista da valorização desses pequenos clubes carnavalescos, ele passaria a ser reconhecido pelos homens e mulheres que os compunham como um legítimo defensor de seus interesses. Desde a estreia de sua primeira coluna no *Jornal do Brasil*, ele começou a ser reconhecido e saudado por diferentes grupos de trabalhadores, que reconheciam seu esforço em retratá-los de maneira positiva – chegando a ser homenageado por isso por guardas municipais e operários têxteis[29].

Foi ao longo da década de 1910, no entanto, que a identificação dos trabalhadores que compunham esses pequenos clubes com ele se afirmou de modo mais intenso. Em 1911 os sócios do Ameno Resedá, uma das mais destacadas dessas pequenas associações, compuseram em sua homenagem uma música intitulada "Vagalume", cantada alegremente em suas passeatas carnavalescas. Já o Riso Leal, que tinha na sua diretoria o famoso Hilário Jovino, o aclamava em 1916 como seu "sócio mentor". No ano seguinte, era a vez do bloco Cavalheiros da Lua oferecer a ele uma feijoada, consagrando-lhe como "sócio honorário",[30] em um tipo de homenagem que se multiplicaria nos anos seguintes.

Considerado pelos membros desses clubes um verdadeiro representante de sua causa, Vagalume tornava-se assim uma das principais referências dos músicos e foliões que faziam parte desses grêmios. Não é de se admirar, por isso, que ele mesmo se lembrasse, nesse livro, das palavras dirigidas a ele por Sinhô, o mais destacado desses músicos: "você manda neste mulato" (p. 67). Era assim sua estreita ligação com o universo das práticas musicais e carnavalescas que passava a tematizar que garantia a singularidade e o reconhecimento de suas colunas carnavalescas.

Francisco Guimarães, por sua vez, fazia questão de manter sua ligação com esses sujeitos, seus espaços e suas práticas. Por um lado, colocava-se explicitamente como defensor dos interesses dos trabalhadores da cidade – chegando em 1908 a tomar parte em uma comissão operária que levou ao presidente da República uma moção em favor dos trabalhadores da cidade.[31] Por outro, continuava a frequentar os subúrbios e bairros operários, experimentando cotidianamente o universo social que retratava em suas colunas. Era o caso, em especial, dos morros da cidade, que eram crescentemente ocupados por trabalhadores de baixa renda como aqueles que compunham as associações recreativas que lhe serviam de objeto.

Atento ao fenômeno desde o início, Vagalume publicou em 1901 um dos primeiros relatos sobre a ocupação do alto do Morro da Providência, que já definia como o "Morro da Favela" – atribuindo aos soldados vindos da Guerra de Canudos o início da ocupação daquele espaço.[32] Em 1918, já consagrado como cronista carnavalesco, voltou ao tema, registrando nas páginas do *Jornal do Brasil* o resultado de uma visita que fez ao Morro em companhia de autoridades municipais e policiais. Ao descrevê-lo como espaço de moradia de "trabalhadores braçais, operários, gente paupérrima", começava por tentar afastar a Favela dos estigmas que já eram então a ela associados, afirmando que seus habitantes não eram "aquelas feras que toda a gente supõe". Ao dar voz a um morador que ali residia, ouve dele o relato de que os moradores do morro "arrespeita uns aos outros, promode ser respeitado também". Por esse motivo, chamava a atenção dos "poderes públicos" para a necessidade de cuidar dessa verdadeira "cidade dos pobres", habitada por gente que "trabalha de dia, para comer a noite".[33]

"O pobre também tem direito de viver", explicava na segunda reportagem da série. Para além do relato das carências e dificuldades dos moradores locais, o jornalista negro se preocupava em registrar, com dignidade, a vida na favela – destacando, de modo especial, sua veia musical e festiva. "O povo da Favela é mais folião que nenhum outro", afirmava Vagalume. Depois de explicar que lá "em menos de cinco minutos improvisa-se uma festa", passava a tratar de suas diferentes formas: "o baile com instrumento de metal, madeira e corda; o *forrobodó*, em que entra uma flauta, o cavaquinho e o violão; o *choro*, só de violão e cavaquinho; o *arrastado*, só com harmônica".[34]

Como ponto em comum entre essas variadas celebrações estava sua ligação com uma musicalidade sincopada, sugerida pelos instrumentos que os animavam. A marca negra dessa musicalidade é explicada pela voz de um morador local que, diante do interesse demonstrado por Vagalume por essas festas, trata de convidá-lo a conhecer uma delas. Evitando chamá-lo para "um samba simples", no qual a comida e a bebida não seriam abundantes o suficiente para um representante da imprensa como ele, prefere sugerir que o jornalista conhecesse um "candomblé", descrito como um tipo de festejo no qual "o comestível e o bebestível" seriam abundantes. A diferença entre as duas celebrações parecia, para o interlocutor de Vagalume, muito clara: "o samba é uma farra, e o candomblé uma consagração". Ligados na experiência festiva dos moradores do Morro, ambos ajudavam assim Vagalume a marcar a vitalidade das culturas negras da favela, das quais destacava uma musicalidade forte e original.

De modo explícito, Vagalume passava assim a se colocar como um defensor e divulgador dessas práticas musicais e religiosas dos trabalhadores negros da cidade, às quais se mostrava diretamente ligado.[35] Por mais que corroborasse boa parte do ideário letrado do tempo, chamando a atenção para a necessidade de higienização e disciplinarização do morro, não deixava de celebrar a musicalidade e as práticas festivas de seus habitantes, valorizando seus costumes e tradições.

A mesma postura poderia ser notada, no período, na produção teatral de Vagalume – que, ao escrever e montar peças como *Iaiá olha o samba*, de 1923, tratava de levar aquele tipo de musicalidade negra aos palcos da cidade, em perspectiva celebrativa bem diversa da forma caricata pela qual os ritmos negros costumavam ser representados no palco.[36] Engajado e comprometido com práticas culturais negras da cidade, naquele mesmo ano Francisco Guimarães foi um dos recepcionistas da visita ao Brasil de Robert Abbot – jornalista negro norte-americano que, a convite do Centro da Federação dos Homens de Cor, proferiu uma conferência na cidade sobre a segregação racial e seus problemas.[37] A mesma postura faria com que, em 1932, ele presidisse a mesa de fundação no Rio de Janeiro da Frente Negra Brasileira, em reunião significativamente realizada na sede do Flor do Abacate, uma das mais destacadas das pequenas sociedades carnavalescas da cidade.[38]

Foi assim como um repórter e cronista visceralmente ligado às culturas negras, em especial aos costumes dançantes e musicais compartilhados por boa parte dos trabalhadores afrodescendentes do Rio de Janeiro, que Vagalume construiu sua exitosa trajetória profissional. Pela força dessa posição singular, passou pelas redações dos principais jornais da cidade ao longo das três primeiras décadas do século XX, sempre assumindo posição de destaque em virtude de sua cobertura do universo recreativo e musical da cidade. Seu sucesso era tão grande que, em 1925, chegou a ser transformado em personagem de uma peça de teatro de revista chamada *Entra no cordão*.[39]

Foi do alto dessa posição de prestígio que, no começo da década de 1930, Vagalume começou a lançar um olhar crítico sobre a progressiva mercantilização do carnaval e da musicalidade negra. Em entrevista ao jornal *Diário da Noite*, em março de 1931, ele reclamava dos "mocinhos de hoje", que, "arvorados em líderes dos clubes e com fumaças de *super-heróis* do carnaval carioca", estariam distantes do talento dos músicos e foliões que teriam garantido o sucesso daquele modelo de folia.

Ao sugerir que a única coisa que interessava então às lideranças do carnaval da cidade era a subvenção oficial, valorizava a experiência daqueles "carnavalescos de verdade", que, com poucos recursos, conseguiram garantir o espaço para os clubes, ranchos e cordões que transformaram a feição da folia no Rio de Janeiro – citando o caso de clubes de forte marca negra, como o Dois de Ouro e o Rosa Branca.[40] Para defender essas associações modestas, reclamava ainda dos privilégios concedidos pelo governo aos "três grandes clubes", que eram as Grandes Sociedades carnavalescas, dizendo que "grandes serão todos aqueles que o queiram ser". Ficava claro para ele que, naquele momento, a mercantilização da festa colocava em risco as conquistas alcançadas pelos trabalhadores afrodescendentes ao longo das décadas anteriores.

Era esse mesmo espírito crítico que parecia alimentar a preparação do volume dedicado ao samba. Diante do sucesso comercial alcançado no início da década de 1930 por figuras alheias ao processo de fortalecimento da musicalidade negra que ele mesmo acompanhou ao longo das décadas anteriores, o livro se propunha a celebrar os músicos e foliões negros que teriam sido os verdadeiros protagonistas desse processo. O tom da publicação, semelhante àquele que estava acostumado a adotar em suas colunas, era apresentado pelo autor como uma decorrência do seu ofício. "Continuo a ser o repórter" (p. 18), explicava Vagalume, adotando uma escrita dialógica e informal que tirava da obra qualquer pretensão erudita. Seja na forma ou no conteúdo, o livro era assim apresentado como uma continuidade de suas atividades como cronista, tornando-se uma espécie de balanço do processo que ele mesmo havia experimentado ao longo das décadas anteriores.

Apesar dessas proximidades, que apontavam para a ligação do livro com a produção anterior de Vagalume, a obra também apresentava singularidades marcantes quando comparada às colunas que ele costumava publicar diariamente. Se aquelas se voltavam para o relato das atividades cotidianas dos pequenos clubes e grupos carnavalescos, o livro se propunha a defender uma posição clara: a origem "um tanto africana" (p. 128) do samba, inequivocamente associado por ele ao universo dos trabalhadores negros que havia acompanhado ao longo das décadas anteriores. Sintomaticamente, começa seu primeiro capítulo, dedicado à "origem do samba", com o relato de uma "lenda" a respeito de um africano escravizado e sua família na Bahia, de onde o ritmo seria "oriundo". Nela, o termo samba aparece como o resultado do acordo resultante de uma disputa familiar, o meio de resolução de um conflito, capaz de recriar a harmonia perdida. Por mais que não guardasse nenhuma relação com questões propriamente musicais ou rítmicas, a lenda formulava assim um mito de origem para o samba que o associava diretamente tanto às disputas sociais das quais seria resultante quanto à sua inequívoca marca negra. Não era um acaso, por isso, que o livro se abrisse com "homenagens póstumas" a figuras destacadas das culturas negras da cidade – como o cantor Eduardo das Neves, um palhaço e compositor negro que se tornou um dos mais famosos autores de modinhas e lundus no Rio de Janeiro, descrito por Vagalume como "aquele saudoso artista negro, que tanto honrou a raça a que me orgulho de pertencer" (p. 76); o compositor *Sinhô*, cujas músicas faziam grande sucesso nos salões e nos carnavais das décadas de 1910 e 1920; o carnavalesco *Hilário Jovino*, tido como criador dos ranchos cariocas; e *Henrique Assumano Mina do Brasil*, um importante alufá da comunidade negra carioca.[41]

Ao mesmo tempo que estabelecia essa origem mitológica para o samba, o livro se preocupava em associá-lo aos trabalhadores de baixa renda do Rio de Janeiro – que teriam sido protagonistas do processo a partir do qual o ritmo "tomou vulto e progrediu" (p. 35), assumindo uma feição original. Escrevendo no início da década de 1930, trata de relacioná-lo a um tipo de espaço que, àquela altura, já representava de modo acabado a vida dessa população pobre da cidade: os morros e encostas nos quais os trabalhadores de baixa renda passaram a residir, cuja realidade havia apresentado anos antes em algumas de suas reportagens.[42] Caracterizando o samba como "filho legítimo dos morros" (p. 37), assinalava sua inequívoca marca social, definida pelo perfil dos moradores de tais localidades. Ao defender que "antigamente os sambas surgiam na Favela, no Salgueiro, em São Carlos, na Mangueira e no Querosene" (p. 36), elencava aquelas que eram então as principais comunidades de trabalhadores pobres da cidade, que teriam como marca comum o apego a essa musicalidade negra. Cada um deles mereceria por isso, na segunda parte do livro, uma descrição detalhada feita a partir das observações do próprio repórter, na qual ele tratava de apresentar tanto a precariedade material da vida de seus habitantes quanto a vitalidade de suas práticas e culturas musicais.

Segundo Vagalume, teria sido pela ação desses trabalhadores negros de baixa renda que o samba "progrediu" – em uma "evolução" que o teria afastado da marca africana original, ainda presente em ritmos como "o jongo, o batuque e o cateretê", para afirmar a marca de um "samba civilizado" (p. 34-35). Embora defendesse que esse processo teria se iniciado nos morros, não deixava de apontar para o papel desempenhado pelos pequenos grêmios carnavalescos espalhados pela cidade no desenvolvimento do ritmo. Atentos aos padrões de modernidade então encampados pela imprensa e pelas elites da cidade, tais grupos, para garantir sua aceitação, promoveram transformações em sua musicalidade que a tornaram mais palatável para os círculos ilustrados da capital federal.[43] Por isso, o que Vagalume definia como o "samba de hoje" (p. 35), o "samba tão nosso, tão brasileiro" (p. 37), era aquele representado por figuras como Sinhô, Donga e João da Baiana, que seria o fruto direto da ação dos membros de grêmios carnavalescos cujas atividades ele havia acompanhado cotidianamente ao longo das décadas anteriores. Constituídos pela "gente do samba", eles teriam sido os responsáveis por depurar e disseminar o ritmo, marcando uma ligação indissociável entre o samba e o carnaval patrocinado por tais associações. Não é um acaso, por isso, que o livro apresente como protagonistas desse processo figuras ligadas a esses clubes – como Oscar Maia e Napoleão de Oliveira, do Ameno Resedá; João Alabá, que além de líder religioso era presidente do Club Liga Africana; e Eloy Anthero Dias, o Mano Eloy, membro ao longo da vida de vários desses pequenos grêmios recreativos. "Foi essa gente paupérrima e sem *fumaça* de *grande*, nem *farofa* de rico, que animou, que deu vida ao carnaval", explicava Vagalume, vendo nesse processo o caminho de afirmação do samba na forma pela qual se popularizou.

Explicava-se, com isso, a motivação que o havia levado a dar forma à sua obra. Em um momento no qual o samba começava a ser pensado por intelectuais modernistas como síntese da nacionalidade, como expressão cultural harmônica da brasilidade, tratava de mostrar que "o samba não é o que os literatos pensam". Por mais que apoiasse iniciativas de oficialização do carnaval e do samba como aquelas que eram então empreendidas pelo prefeito Pedro Ernesto (p. 126), e afirmasse que a "gente do samba" gostava de Getúlio Vargas (p. 113), então chefe do governo provisório criado após o golpe de 1930, fazia questão de explicitar o perfil social e racial específico dos sujeitos que o levaram ao sucesso. Ao fazer isso, diferenciava-se tanto dos ideólogos do novo regime quanto dos rumos da indústria fonográfica, que consagrava figuras como Francisco Alves (conhecido como Chico Viola[44]) em detrimento daqueles que seriam os verdadeiros representantes do ritmo. No momento de maior sucesso comercial do ritmo, terminava a primeira parte de seu livro com um apelo que, ao chamar a atenção para a necessidade de recuperação daquela história que estava sendo esquecida, desnudava o sentido de sua obra: "salvemos o samba"! (p. 160).

Fosse pelo sucesso alcançado então pelo samba ou pela fama construída por Vagalume ao longo das décadas anteriores, o fato é que seu apelo alcançou grande repercussão. Por mais que na grande imprensa tenham sido poucos os registros do lançamento de seu livro, segundo uma nota publicada em fevereiro 1934 pelo Club dos Fenianos, ao qual ele era ligado, sua primeira edição, de quinze mil exemplares, já teria se esgotado.[45] Ainda que o número possa ser exagerado, a notícia apontava para a forte penetração social da mensagem lançada pelo repórter negro.

Não por acaso, naquele mesmo ano sua obra serviu de tema para um dos carros alegóricos do mesmo Club dos Fenianos, em seu desfile carnavalesco anual. Representando uma roda de homens e mulheres negros em roupas simples, eles com pandeiros na mão e elas com a saia rodada, todos tendo um morro ao fundo, o carro foi, segundo o jornal *A Noite*, um dos que teria alcançado "maior sucesso" durante a passagem do clube.[46] Estava plantada a semente de uma leitura do samba que fazia questão de assinalar, de modo explícito, o fato de que ele era fruto de disputas e tensões que, como bem sabia Vagalume, estavam longe de ser superadas. Era assim como uma forma de iluminar estas disputas, apontando para uma imagem inclusiva da nacionalidade gestada a partir dos morros, que o repórter negro celebrava o ritmo – fosse no livro de 1933 ou nos versos que escreveu no ano seguinte para um samba de Bomfiglio de Oliveira chamado "Viva o Brasil!":

> *Dizem que o samba é africano*
> *É mentira – isso é potoca*
> *Samba corrido é baiano,*
> *Mas, o chulado – é carioca!*
>
> *O samba é hoje as delícias*
> *Da gente do mundo inteiro*
> *Sempre gozou de primícias*
> *Honrando o nome brasileiro.*
>
> *Dos morros ele vem descendo*
> *E para os palácios, descamba*
> *Toda a gente está querendo*
> *Cair na roda do samba.*
>
> *O samba mil atrativos têm*
> *O samba tem atrativos mil*
> *Vamos mulatinha, meu bem*
> *Dar um viva ao nosso Brasil!*[47]

Notas

1. Antonio Carlos da Rocha Fragoso, advogado, exercia desde a década de 1920 o cargo de diretor-tesoureiro do *Jornal do Brasil*. Cf. *Vida Doméstica*, 30 de junho de 1923, p. 65; e *O Paiz*, 9 de abril de 1930.
2. Ernesto Pereira Carneiro, que ficaria conhecido como Conde Pereira Carneiro após receber do Papa Bento XV esse título honorífico, foi um empresário e industrial que assumiu em 1919 o controle acionário do *Jornal do Brasil* – do qual seria Diretor-Presidente até sua morte, em 1954. Cf. *Jornal do Brasil*, 23 de fevereiro de 1954.
3. Benedicto de Souza era o proprietário da Tipografia São Benedito, que editou a obra de Vagalume. Cf. *Lavoura e Criação*, julho de 1931.
4. O médico Pedro Ernesto do Rego Batista (1884-1942), que havia participado em 1930 do movimento político que levou Getúlio Vargas ao poder, era então o prefeito do Distrito Federal, cargo para o qual havia sido nomeado em setembro de 1931. Cf. *Jornal do Brasil*, 12 de agosto de 1942.

5. Eduardo das Neves (1874-1919) foi um artista e compositor negro que, ao longo das primeiras décadas do século XX, se tornou um dos mais famosos autores de modinhas e lundus no Rio de Janeiro. Cf. Martha Abreu, O "crioulo Dudu": participação política e identidade negra nas histórias de um músico cantor (1890-1920)", *Topoi*, v. 11, n. 20, jan.-jun., 2010.
6. José Barbosa da Silva (1888-1930), conhecido como Sinhô, foi outro músico e compositor de grande sucesso nas rodas musicais da capital federal ao longo da Primeira República, destacando-se como um dos primeiros representantes da musicalidade negra associada ao samba a alcançar grande sucesso no mercado fonográfico. Cf. Edigar de Alencar, *Nosso Sinhô do samba*. Rio de Janeiro: Funarte, 1981.
7. Hilário Jovino Ferreira (1855-1933), um descendente de escravizados oriundo da Bahia, se mudou na década de 1890 para o Rio de Janeiro, onde se destacaria pela fundação de diversas sociedades carnavalescas formadas a partir do modelo dos ranchos baianos. Cf. *Diário Carioca*, 21 de outubro de 1932 e 2 de março de 1933.
8. Henrique Assumano Mina do Brasil (1876-1933) foi uma importante liderança religiosa da comunidade negra carioca. Filho de africanos escravizados na Costa da Mina, ele vivia do comércio de azeite de dendê e de sabão da costa e atendia em sua residência na Rua Visconde de Itaúna, 291, na Cidade Nova. Em 1931 era descrito pela imprensa como o "mais conhecido" dos curandeiros da cidade. Cf. *A Noite*, 22 de maio de 1931; Nei Lopes. *Enciclopédia brasileira da diáspora africana*, Rio de janeiro, Selo Negro, 2004; e Juliana Barreto Farias, "Entre feitiços e curas: A trajetória de Assumano Henrique Mina Brasil (1880-1933)", em Ângela Porto. (org.). *Doenças e escravidão*: sistema de saúde e práticas terapêuticas. Rio de Janeiro: Casa de Oswaldo Cruz/Fundação Oswaldo Cruz, 2007.

PARTE 1. O SAMBA

1. A origem do samba

1. Ainda que referido a um número incerto de pessoas, o valor de 7:000$000 citado por Vagalume pelas alforrias parece exagerado. Embora os custos relativos à compra da alforria pelos escravizados variassem muito de acordo com seu gênero, condição de saúde, habilidades, região e idade, ao longo da década de 1880 era possível encontrar no Rio de Janeiro cartas de alforria passadas por 500$000. No mesmo período, o valor médio pago pelas cartas de alforria em um pequeno município do sertão baiano era de 354$000. Segundo a tabela que acompanhava a lei de 28 de setembro de 1885, os escravizados "menores de 30 anos", que eram os mais valiosos, eram avaliados em 900$000. Cf. *Gazeta de Notícias*, 18 de janeiro de 1881 e 7 de janeiro de 1884; Maria de Fatima Novaes Pires, Cartas de alforria: "para não ter o desgosto de ficar em cativeiro", *Revista Brasileira de História*, v. 26, n. 52, 2006, p. 141-174; e Joseli Mendonça, *Entre a mão e os anéis*. Campinas: Editora da Unicamp, 2008.

2. Onde nasce e morre o samba

1. Referência ao cantor Francisco Alves (1898-1952), filho de um imigrante português que alcançava então grande sucesso na indústria fonográfica gravando sambas. Cf. *O Malho*, 26 de fevereiro de 1927 e 25 de janeiro de 1930.
2. A Casa Edison, dirigida pelo empresário Fred Figner, foi a primeira gravadora de discos do Brasil, tendo lançado comercialmente, a partir dos primeiros anos do século XX, as gravações de muitos dos artistas que seriam posteriormente associados ao samba. Cf. Humberto Franceschi, *A Casa Edison e seu tempo*. Rio de Janeiro: Sarapuí, 2002.

3. O compositor Heitor dos Prazeres (1898-1966) era filho de uma costureira e de um marceneiro, também músico da Guarda Nacional, e sobrinho de Hilário Jovino Ferreira. Por serem todos da comunidade de negros baianos que viviam na Cidade Nova, frequentou desde cedo o ambiente das festas realizadas pelas tias baianas da cidade, convivendo ali com outros músicos, como Donga e João da Baiana – que seriam, segundo ele, todos "da mesma fornada". Começou a fazer sucesso no final da década de 1920 com a publicação de partituras de sua autoria, como "A paixão nos condena" e "Vaidade no Brasil". O samba "Mulher de malandro" havia sido lançado por ele em 1931, sendo anunciado pela gravadora Odeon como um dos "discos de maior sucesso para o carnaval" do ano seguinte. Cf. Heitor dos Prazeres. *Museu da Imagem e do Som do Rio de Janeiro*, "Depoimentos para a posteridade", CD 184, Rio de Janeiro, 01/07/1966; "Músicas novas", *Correio da Manhã*, 2 de fevereiro de 1928; e *Diário Carioca*, 27 de dezembro de 1931.
4. Cândido das Neves (1899-1934), conhecido com Índio, era filho de Eduardo das Neves, e começou a alcançar sucesso a partir do início dos anos 1920 como músico e compositor de alguns dos mais importantes clubes carnavalescos da cidade, nos quais executava suas modinhas e sambas. Cf. "Magnólias", *Jornal do Brasil*, 2 de março de 1921; "As novidades do dia", *Diário de Notícias*, 23 de setembro de 1930; e "Uma festa de arte no Vila Isabel", *Jornal do Brasil*, 25 de janeiro de 1930.
5. Ernesto Joaquim Maria dos Santos (1889-1974), o Donga, era filho de Amélia Silvana Araújo, uma das tias baianas da Cidade Nova. Depois de ter aulas de violão com Quincas Laranjeiras, começou a se destacar nas rodas musicais da cidade, atuando em orquestras que animavam bailes e participando do mercado de partituras. Em janeiro de 1917, quando já era apresentado como um "conhecido musicista", lançou pela Odeon, em parceria com Mauro de Almeida, a música "Pelo telefone", o primeiro

grande sucesso fonográfico registrado como "samba" – o que lhe valeu a fama de se tratar do primeiro samba gravado. Segundo o próprio Vagalume, em crônica escrita em 1930, "a ele devemos a evolução do samba carnavalesco". Cf. *O Imparcial*, 17 de janeiro de 1917; *Jornal do Brasil*, 26 de agosto de 1974; *Opinião*, 2 de setembro de 1974; e *Diário Carioca*, 22 de janeiro de 1930. Sobre as disputas em torno da questão, ver Carlos Sandroni, *Feitiço decente*. Transformações do samba no Rio de Janeiro (1917-1933), Rio de Janeiro: Ed. UFRJ, 2001.

6. Mauro de Almeida (1882-1956) era um jornalista e autor teatral que, ao atuar na crônica carnavalesca a partir da década de 1910, se aproximou do universo dos músicos e carnavalescos da cidade – chegando a fazer parte em 1913, junto com o próprio Vagalume, do júri que escolheria o melhor rancho a desfilar na cidade. Foi por isso reconhecido no momento de sua morte como "um dos maiores animadores do carnaval carioca". Cf. *Jornal do Brasil*, 12 de novembro de 1913; *O Malho*, 19 de janeiro de 1918; e *Jornal do Brasil*, 26 de maio de 1956.

7. Hilária Pereira Ernesto da Silva, a tia Ciata (ou Asseata, na grafia de Vagalume), era uma das lideranças da comunidade negra de origem baiana instalada nos arredores da Cidade Nova. Além de ser participante ativa de muitos dos grupos carnavalescos formados no bairro, sua casa é sempre lembrada como centro de reuniões e festejos deste grupo, do qual sairiam alguns dos principais músicos associados ao início do samba na cidade. Cf. Roberto Moura, *Tia Ciata e a Pequena África no Rio de Janeiro*. Rio de Janeiro: FUNARTE, 1983; e Leonardo Pereira, *A cidade que dança*. Clubes e bailes negros no Rio de Janeiro (1881-1933), Campinas: Editora da Unicamp, Rio de Janeiro: Eduerj, 2000.

8. Fundado em 1867, o Club dos Democráticos, que na década de 1910 tinha sua sede na rua dos Andradas, era uma das três Grandes Sociedades Carnavalescas que, ao longo da segunda metade do século XIX, definiu no Rio de Janeiro o modelo de

desfiles carnavalescos como forma de aproveitar os dias de carnaval. Embora formadas e frequentadas por estratos sociais de alta renda, tais clubes se tornaram centros de execução e divulgação da música negra na cidade, como maxixes e sambas. Cf. Leonardo Pereira, *A cidade que dança. Clubes e bailes negros no Rio de Janeiro (1881-1933)*, op. cit..

9. Mirandella era o nome pelo qual o cantor e compositor Boabdil Miranda (1887-1947) ficou conhecido, um membro do Club dos Democráticos celebrado nas propagandas do grêmio como alguém que "puxa versos à beça" em seus festejos. Cf. *O Imparcial*, 10 de janeiro de 1919; *Correio da Manhã*, 8 de fevereiro de 1919; e David Butter, *De sonho e de desgraça*: o carnaval carioca de 1919. Rio de Janeiro: Mórula, 2022.

10. Junto com o Club dos Democráticos, o Club dos Fenianos e os Tenentes do Diabo eram as outras duas Grandes Sociedades carnavalescas nas quais os jovens da elite da cidade costumavam se divertir nas primeiras décadas do século XX. Maria Clementina Pereira Cunha, *Ecos da folia*. Uma história social do carnaval carioca entre 1880 e 1920, São Paulo: Companhia das Letras, 2001.

11. José Luiz de Morais (1883-1961), mais conhecido como Caninha, era filho e neto de carpinteiros. Órfão aos 8 anos, foi residir na Cidade Nova, onde passou o resto da infância em pequenos trabalhos, como a venda de cana (que lhe rendeu o apelido). Ao mesmo tempo, frequentava as festas dos clubes e ranchos do bairro, passando em sua juventude a fazer parte de muitos deles – como o Recreio das Flores, do qual chegou a ser diretor de canto. Já era por isso reconhecido em 1923 como um "popular sambista" que, por seu sucesso nas rodas musicais, chegou no período a disputar com seu amigo Sinhô a primazia no mundo do samba. Cf. *O Imparcial*, 26 de janeiro de 1923; e *O Jornal*, 25 de junho de 1961.

12. Conforme o original.

13. Antonio Francisco Braga (1868-1945), nascido numa família afrodescendente de baixa renda e órfão de pai aos 8 anos, iniciou seus estudos musicais no Asilo dos Meninos Desvalidos – instituição criada em 1874 para receber crianças desassistidas do sexo masculino para as quais era oferecida educação e instrução profissional, da qual foi também aluno o próprio Vagalume. A formação ali recebida permitiu que ele desenvolvesse um talento musical que se expressava desde os tempos de estudante, quando era reconhecido como "um temperamento artístico de primeira ordem e em cujo futuro brilhante devemos todos ter confiança". Após sua formatura, em 1886, passou a atuar como mestre da banda da instituição, até conseguir anos depois uma bolsa para continuar sua formação no Conservatório de Paris – de onde iniciou uma vasta produção de obras sinfônicas e óperas. No regresso ao Brasil, em 1900, tornou-se professor do Instituto Nacional de Música, dando início a uma trajetória que faria dele um dos mais importantes regentes e compositores eruditos da Primeira República. Cf. O Sportman, 8 de maio de 1877; A semana, 5 de dezembro de 1885; e Marisa Helena Simões Gontijo, Francisco Braga: uma análise poética e musical de sua canção Virgens mortas, sobre soneto homônimo de Olavo Bilac. Dissertação de mestrado em música, UFMG, 2006.

3. Na batucada

1. Em janeiro de 1933 havia se realizado, no Teatro João Caetano, um Concurso de Marchas e Sambas Carnavalescos, vencido pelo samba "Na batucada", de autoria de Caninha e Bicuíba. Em segundo lugar ficou o samba "Essa mulher só quer orgia", de autoria de J. Nepomuceno. Cf. A Nação, 27 de janeiro de 1933.
2. O Comendador Casemiro de Menezes (1854-1928) era o presidente da Companhia Ferro Carril Carioca – cargo que exerceu

de 1904 até seu falecimento, em dezembro de 1928. Cf. *O Jornal*, 1 de janeiro de 1929.
3. Joaquim Antonio Terra Passos havia falecido em julho de 1928. Cf. *Correio da Manhã*, 31 de julho de 1928.

4. Samba, sambistas e "sambestros"

1. Luiz Nunes Sampaio (1886-1953) foi um compositor e folião de destaque ao longo da Primeira República. Além de ter participado de diversos clubes e grupos carnavalescos ao longo daquele período, foi autor de marchinhas de sucesso como "Ai seu mé!", lançada em 1922 para ironizar a candidatura de Artur Bernardes. O samba "Na favela tem valente" foi lançado entre o final de 1927 e o início de 1928. Cf. *Correio da Manhã*, 22 de janeiro de 1928; *Diário Carioca*, 18 de outubro de 1958; e Jota Efegê, *Figuras e coisas do carnaval carioca*, Rio de Janeiro: Funarte, 1982.
2. Criada em meio a novas campanhas pela erradicação das favelas da cidade, que tiveram como estopim o relatório do urbanista Alfredo Agache recomendando sua erradicação, a composição "A favela vai abaixo" foi originalmente lançada em 1927 em um quadro da peça *O Bagé*, no qual era executada a composição de Sinhô. O sucesso alcançado pela composição foi tanto que, poucos meses depois, era lançada no mesmo teatro outra peça que adotava diretamente o seu título. Cf. *A Manhã*, 9 de agosto de 1927; *O Malho*, 30 de junho de 1928; e *Jornal do Brasil*, 24 de agosto de 1927.
3. Em agosto de 1927, os jornais começavam a anunciar o lançamento de uma nova peça de teatro de revista chamada *Não quero saber mais dela*, de autoria dos renomados comediógrafos Marques Porto, Luiz Peixoto e Carlos Bittencourt – três autores consagrados por seu talento na composição de comédias ligeiras ligadas ao universo popular da cidade. Mais do que adotar o mesmo título da composição de Sinhô, a peça se propunha a

apresentar músicas "dos compositores mais populares do Brasil", destacando o próprio Sinhô, o que fazia da parte musical um de seus principais atrativos. Não por acaso, dois anos depois o cantor Francisco Alves reconheceria que "Não quero saber mais dela" foi sua gravação de maior vendagem até então, tendo alcançado "25.000 chapas". Cf. *O Paiz*, 14 de agosto de 1927; e *O Malho*, 31 de agosto de 1929.

4. João da Gente é o nome pelo qual era conhecido o compositor e jornalista João de Wilton Morgado (1882-1937). Além de ser desde 1910 repórter do *Correio da Manhã*, atuando em especial na crônica carnavalesca, dedicava-se à composição de canções para o carnaval, utilizando-se para isso do pseudônimo em questão. "João de Wilton Morgado", *Correio da Manhã*, 19 de janeiro de 1937.

5. O general Pedro Aurélio de Góes Monteiro (1889-1956), que havia participado da campanha que levou Getúlio Vargas ao poder em 1930, tornara-se em 1932 o comandante da 1ª Região militar, no Rio de Janeiro. Cf. *Correio da Manhã*, 26 de maio de 1932.

6. Nascido em uma cidade da atual República Tcheca, Frederico Figner (1866-1947) imigrou ainda na juventude para os Estados Unidos, onde travou contato com o aparelho inventado por Thomas Edison para gravar e reproduzir sons. Depois de adquirir um desses aparelhos, viajou em 1891 para o Brasil, passando por diversas capitais, até chegar no ano seguinte ao Rio de Janeiro. Após alcançar sucesso em exibições do novo aparelho, fundou a Casa Edison, que a partir de 1900 começou a anunciar seu catálogo de produtos fonográficos. Frente ao bom acolhimento da iniciativa, a empresa logo passou a apresentar uma grande oferta de fonogramas. Além dos registros internacionais, começou para isso a gravar e comercializar músicas compostas e executadas por artistas brasileiros, em especial aqueles de vertente popular – dando início àquela

que seria a primeira gravadora brasileira. Cf. *Jornal do Brasil*, 9 de junho de 1892; e Humberto Franceschi, *A Casa Edison e seu tempo*, op. cit..

7. Catulo da Paixão Cearense (1863-1946) foi um músico e compositor brasileiro que, celebrado no início da década de 1930 como um "festejado folclorista", por representar em suas composições a vida do sertão, já era então celebrado pelos jornais cariocas como um "autêntico sertanejo", que compunha uma música "caracteristicamente nacionalista". Cf. *Diário Carioca*, 8 de junho de 1930; e *Jornal do Brasil*, 29 de novembro de 1931.

8. Reconhecido no final da década de 1920 como um "consagrado maestro", Eduardo Souto (1882-1942) nasceu na baixada santista, mudando-se em 1893 para o Rio de Janeiro. Filho de uma família de condição social estável, teve uma formação musical erudita e fundou em 1920 a Casa Carlos Gomes, dedicada à música. A partir de então dedicou-se não apenas à regência de coros e orquestras mas também à composição de músicas para o carnaval e para o teatro de revista. Cf. *Diário Carioca*, 29 de dezembro de 1928; e Anne Amberget *et al.* "O cancioneiro de Eduardo Souto e sua trajetória até a sala de concertos", *XXIX Congresso da Associação Nacional de Pesquisa e Pós-Graduação em Música*, Pelotas, 2019.

9. Juca da Kananga era o nome carnavalesco de José Constantino da Silva, que na década de 1920 foi presidente da conhecida Sociedade Carnavalesca Kananga do Japão, da Cidade Nova. Cf. *O Imparcial*, 27 de outubro de 1927.

10. Francisco Rocha, o Chico da Baiana, era descrito em 1931, quando da sua morte, como "uma das figuras mais queridas e festejadas nas rodas populares do Rio" – sendo conhecido por composições como "Papagaio come milho" e "Canjerê". "Chico da Baiana", *Jornal das Moças*, 30 de julho de 1931.

11. Getúlio Marinho da Silva (1889-1964), chamado por vezes de "Marinho Que Toca" e de "Amor", foi um compositor que alcan-

çou grande prestígio nas rodas musicais cariocas. Nascido na Bahia, mudou-se aos 6 anos para o Rio de Janeiro, onde logo passou a frequentar os eventos e festas da comunidade baiana da Cidade Nova. Participante ativo das festas e desfiles de diversos grêmios carnavalescos, chegou a atuar como mestre-sala de clubes como o Flor do Abacate e Reinado de Siva. A partir do início da década de 1930, começou a registrar e gravar muitas de suas músicas, que fizerem sucesso na voz de cantores como Francisco Alves. Cf. *Diário Carioca*, 5 de janeiro de 1933; e Fernanda Epaminondas Soares, *Fui o criador de macumbas e discos*: protagonismo negro e a trajetória de Getúlio Marinho da Silva no pós-abolição carioca. Curitiba: CRV, 2021.

12. Fidelis Conceição era um funcionário da Academia Brasileira de Letras e jornalista que, pelo menos desde 1903, participava de grêmios carnavalescos como a Flor do Brasil. Em 1923 foi "batizado" como "Lord Não Lhe Compreendo" nos salões do Ameno Resedá, uma das principais sociedades carnavalescas e dançantes da cidade. Tomou parte ainda em vários outros grêmios do gênero, como o Elite Club. Era também sócio da Irmandade de Nossa Senhora do Rosário e São Benedito. Cf. *Jornal do Brasil*, 11 de fevereiro de 1903; *Correio da Manhã*, 4 de maio de 1921; *O Paiz*, 30 de janeiro de 1923; *Diário Carioca*, 21 de janeiro de 1932; e *Diário de Notícias*, 24 de outubro de 1934.

13. Oscar Maia, funcionário da Alfândega, foi um dos fundadores do Ameno Resedá, do qual era considerado em 1930 "o sócio mais antigo". Cf. *Diário da Noite*, 18 de fevereiro de 1930; e Leonardo Pereira, *A cidade que dança*, op. cit..

14. Galdino Cavaquinho era o nome pelo qual ficou conhecido o músico Galdino Barreto, que nas primeiras décadas do século XX atuava frequentemente nas orquestras e ensaios de grupos carnavalescos como o Infantis de Cidade Nova, o Grêmio Pastoril, o Ameno Resedá e o 75 tons por minuto, onde ainda tocava em 1927. Foi o compositor de polcas como "Na sobra

da laranjeira" e "Me espere na saída". Graças ao seu talento no cavaquinho de quatro cordas, contemporâneos como Alexandre Gonçalves Pinto o definiam como o "mestre dos mestres", que seria "o único educador deste instrumento que se chama cavaquinho". Cf. *O Paiz*, 3 de fevereiro de 1910; *Correio da Noite*, 27 de dezembro de 1913; *Jornal do Brasil*, 19 de março de 1927; *O Imparcial*, 20 de janeiro de 1927; e Alexandre Gonçalves Pinto, *O choro*, Rio de Janeiro: Funarte, 1978, p. 54.

15. Funcionário dos Correios, Napoleão de Oliveira foi também um dos fundadores do Ameno Resedá, do qual atuou em muitos momentos como diretor de canto e em cujos festejos e ensaios costumava apresentar suas novas composições. Segundo Alexandre Gonçalves Pinto, tratava-se de um "cantor insinuante" que tocava um "violão mavioso e científico". Cf. *O Paiz*, 3 e 18 de janeiro de 1920; e Alexandre Gonçalves Pinto, *O choro, op. cit.*, p. 79.

16. Enéas Brasil, advogado, era sócio do Recreio de Santa Luzia, onde era conhecido como "Dr. Boto". Atuava também como cronista carnavalesco, sendo companheiro de Vagalume no Centro de Cronistas Carnavalescos. Cf. *O Paiz*, 18 de janeiro de 1928; *Jornal do Brasil*, 26 de abril de 1932; *Correio da Manhã*, 2 de janeiro de 1932; e *Diário Carioca*, 19 de janeiro de 1934.

17. José Carvalho Bulhões, que era Oficial de Justiça da 2ª Vara Federal, era apresentado em 1920 pela imprensa como um "estimado e popular pianista e musicista". Costumava participar de festas artísticas como aquelas promovidas pela Kananga do Japão, pelo Lirio do Amor e por outras sociedades do gênero, tocando nelas suas "valsas lentas". Ainda assim, compôs também sambas como "A mulata", lançado em 1927. Cf. *Jornal do Brasil*, 5 de agosto de 1920; "Lirio do Amor", *Jornal do Brasil*, 23 de janeiro de 1930; "Registro fúnebre", *Diário Carioca*, 5 de junho de 1931; *Diário Carioca*, 14 de agosto de 1931; e *Jornal do Brasil*, 2 de janeiro de 1927.

18. Salvador Corrêa Barraca (1898-1971), apresentado pela imprensa do período como um "afamado pandeirista", era membro do grupo "Embaixada do Amorzinho", com o qual visitou Vagalume em 1929 por ocasião de seu aniversário. No final de 1926 havia lançado a partitura da marcha "Salve, Jaú", e no ano seguinte o samba "De madrugada". Em 1928 chegou a tomar parte em uma orquestra regional formada pelos membros do Oito Batutas, como Donga e Pixinguinha. Cf. *Jornal do Brasil*, 7 de dezembro de 1926; *Jornal do Brasil*, 2 de janeiro de 1927; *A Noite*, 2 de maio de 1928; e *Crítica*, 1 de fevereiro de 1929.
19. Augusto de Moraes Cratinguy era o cronista carnavalesco do jornal *A Noite*, no qual assinava como Barulho. Nesta condição, participou algumas vezes, junto com Vagalume, da comissão julgadora de desfiles de ranchos. Cf. *A Manhã*, 9 de abril de 1926 e 22 de fevereiro de 1927.
20. Em 1921, dezenas de presos da Casa de Correção começaram a trabalhar na região da Covanca, em Jacarepaguá, para construir uma nova estrada de rodagem, como meio de garantir sua reabilitação. Cf. *A Noite*, 11 de janeiro de 1921.

5. O reinado de Sinhô

1. José Carlos do Patrocínio Filho (1885-1929), cujo pai foi uma das principais lideranças negras do movimento abolicionista brasileiro, foi um jornalista e literato de destaque na cena literária carioca da Primeira República por sua relação com as rodas boêmias. É autor de livros como *Mundo, diabo e carne* e *A sinistra aventura*, ambos lançados em 1923. Cf. Nei Lopes, *Dicionário Literário Afro-brasileiro*. Rio de Janeiro: Pallas, 2007.
2. Raymundo Silva foi redator da *Gazeta de Notícias* e diretor do *Diário da Bahia*, de Salvador, onde trabalhava em 1927. Cf. *A Rua*, 24 de dezembro de 1927.

3. Carlos Bittencourt e Cardoso de Menezes eram dois comediógrafos de grande sucesso no teatro de revista da Primeira República que costumavam escrever em parceria várias peças de teatro ligeiro. Bittencourt, em especial, havia sido, junto com Luiz Peixoto, o autor da peça *Forrobodó*, de 1912, que tematizava pela primeira vez o universo dos clubes dançantes e carnavalescos da cidade – dando forma a um tipo de representação que se tornaria comum nos palcos cariocas a partir de então. Seguindo esse modelo, a peça *Pé de anjo*, escrita pelos dois e animada pelas "canções mais em voga" no momento, muitas delas de autoria de Sinhô, estreou no Teatro São José em abril de 1920. Cf. *Jornal do Brasil*, 22 de novembro de 1912; *O Paiz*, 14 de abril de 1920; e Leonardo Pereira, *A cidade que dança*, op. cit.
4. Trata-se do grupo Embaixada do Amorzinho, fundado em 1927, que tinha Salvador Corrêa como uma de suas lideranças. Cf. *Gazeta de Notícias*, 5 de fevereiro de 1927.
5. José Machado Coelho de Castro, advogado nascido em Lorena, era deputado federal pelo Distrito Federal desde 1927. Foi reeleito para a nova legislatura que se iniciou em 1930, mas em outubro daquele ano foi deposto pelo movimento liderado por Getúlio Vargas. Cf. *Gazeta de Notícias*, 19 de fevereiro e 16 de março de 1930; *Diário Carioca*, 17 de janeiro de 1929; e *Jornal do Brasil*, 18 de maio de 1975.
6. Pai de Júlio Prestes e antigo presidente da província de São Paulo, Fernando Prestes exercera entre 1924 e 1927 a vice-presidência do estado de São Paulo. Cf. *Vida paulista* (SP), 14 de março de 1924.
7. A notícia em questão foi publicada em fevereiro de 1930. Cf. "Além da crise do café... a teatral e a dos discos", *Diário Carioca*, 12 de fevereiro de 1930.
8. Eduardo França era médico e dono do laboratório que produzia medicamentos populares como a Lugolina – produto usado para doenças da pele e eczemas que fazia sucesso não apenas no Brasil

mas também em outros países, como a Argentina. Interessado pela música popular, chegou em 1910 a compor um tango com o nome do remédio, oferecido aos "generosos povos argentino, chileno e uruguaio". Hábil na propaganda do produto, instituiu em 1921 um concurso de sambas durante a Festa da Penha para divulgá-lo, tomando parte do júri. Cf. *Caras y caretas* (Buenos Aires), 5 de dezembro de 1908; e Roberto Moura, *op. cit.*, p. 112.

6. O diamante negro

1. A Maison Moderne, situada na Praça Tiradentes, era uma casa de espetáculos de propriedade do empresário Paschoal Segreto. Anunciada como "o mais confortável estabelecimento de diversões" da cidade, ele abrigava a representação de peças, espetáculos musicais e exibições cinematográficas. Cf. *O Paiz*, 2 de janeiro de 1920; e *Almanack Laemmert*, 1922, p. 1544.
2. Segundo o noticiário do período, as apresentações da "cançoneta Santos Dumont", lançada em 1902 por Eduardo das Neves em homenagem aos feitos do aviador, estaria "agradando muito" ao público, fazendo dela um dos maiores sucesso de sua carreira. Cf. *Cidade do Rio*, 21 de abril de 1902; e Martha Abreu, O "crioulo Dudu": participação política e identidade negra nas histórias de um músico cantor (1890-1920). *Topoi*, n. 11, 2010.
3. Geraldo de Magalhães (1878-1970) nasceu no Rio Grande do Sul e iniciou sua carreira musical cantando em bares e cafés-cantantes do Rio de Janeiro um repertório formado por lundus e cançonetas. Reconhecido já em 1900 por sua "enorme popularidade", era definido três anos depois como um "aplaudido cançonetista brasileiro", o que o levava a excursionar pelo Brasil e pela América do Sul com suas apresentações. Cf. *Jornal do Brasil*, 2 de abril de 1900; *A Notícia*, 23 de maio de 1901; e Jota Efegê, *Figuras e coisas da música popular brasileira*, v. 1. Rio de Janeiro: Funarte, 1978.

4. Mario Pinheiro (1883-1923), apresentado no momento de sua morte como "um cantor dos mais populares do Brasil", se dedicou tanto ao canto lírico quanto ao popular. Começou sua carreira cantando cançonetas e modinhas nos cafés-cantantes e bares do Passeio Público, motivo pelo qual foi chamado para gravar algumas dessas canções pela Casa Edison. Por conta do sucesso na atividade, foi para os Estados Unidos para fazer gravações para a Casa Victor, e de lá rumou para a Itália, onde iniciou pouco depois sua trajetória como cantor lírico. Cf. *O Imparcial*, 11 de janeiro de 1923; *Jornal do Brasil*, 11 de janeiro de 1923; e *O Paiz*, 11 de janeiro de 1923.
5. Jenny Cook era uma cantora francesa que, segundo um crítico da *Gazeta de Notícias*, seria "uma das melhores artistas que têm vindo a esta capital". Tendo se apresentado no Moulin Rouge, de Paris, passou em 1899 por São Paulo e chegou no início de 1900 ao Rio de Janeiro, onde passou a se apresentar em vários palcos populares. Definida pela imprensa local como uma "aplaudida cançonetista", ela começou se apresentando no Teatro Recreio, mas já no mês seguinte aparecia como destaque da propaganda do Café Cantante. Cf. *Cidade do Rio*", 4, 10 e 16 de janeiro de 1900 e 21 de abril de 1902; *Jornal do Brasil*, 6 de fevereiro de 1900 e 22 de dezembro de 1900; e *Gazeta de Notícias*, 3 de janeiro de 1900.
6. Benjamin de Oliveira (1870-1954) foi um palhaço, ator e cantor negro de grande popularidade no Rio de Janeiro da Primeira República. Nascido no interior de Minas Gerais, saiu de casa aos 13 anos, fugindo com um circo que passara pela localidade. Se de início cabia a ele cuidar dos animais, poucos anos depois começou a atuar como palhaço, dando início a uma carreira que o acompanharia até o fim da vida. Além de representar esse papel, Benjamin foi responsável por desenvolver no ambiente circense a arte musical e teatral, dando início ao "circo-teatro" – iniciado já no Rio de Janeiro, no famoso Circo Spinelli. Desse modo, Benjamin usava o picadeiro para apresentar canções e

peças teatrais, fossem aquelas conhecidas ou outras de sua autoria – como *A filha do campo*, escrita em parceria com o próprio Vagalume. Cf. *Revista da Semana*, 5 de julho de 1908; *A Noite*, 31 de maio de 1954; e Ermínia Silva, *Circo-teatro*: Benjamim de Oliveira e a teatralidade circense no Brasil. São Paulo: Altana, 2007.

7. Lili Cardona, artista circense de origem espanhola que chegou ao Rio de Janeiro em 1908, foi a principal parceira de Benjamin de Oliveira nas representações do circo-teatro. Cf. Ermínia Silva, op. cit., p. 242.

8. Francisco Nascimento, conhecido como "Francisco Chico de São Francisco", já era em 1903 anunciado, por sua "verve galhofeira", como uma das principais atrações dos circos e palcos nos quais se apresentava – sendo apresentado anos depois pela imprensa como um "célebre e festejado palhaço". Cf. *Gazeta de Petrópolis*, 14 de novembro de 1903; e *Jornal do Brasil*, 6 de abril de 1907,

9. Bahiano era o nome pelo qual ficou conhecido o cantor Manuel Pedro dos Santos, que gravou várias canções para a Casa Edison. Nascido em Santo Amaro da Purificação, na Bahia, ele se celebrizou por gravar, dentre outros, o samba "Pelo Telefone", de Donga. Cf. *Jornal do Commercio*, 20 de março de 1994; e Caroline Moreira Vieira. *"Ninguém Escapa do Feitiço"*: Música popular carioca, afro-religiosidades e o mundo da fonografia (1902-1927). Dissertação de mestrado em História Social. Rio de Janeiro, UERJ, 2010.

10. Trata-se do empresário Arnaldo Figueroa, que em 1910 dirigia o Teatro Palace, na Rua do Passeio – sendo acusado pelos artistas que ali se apresentavam de não pagar por suas apresentações. Cf. *O Paiz*, 10 de janeiro de 1910.

11. Natural de Salvador, Xisto Bahia (1841-1894) foi um dos mais populares atores e compositores de modinhas e lundus da segunda metade do século XIX. Depois de atuar com sucesso em várias companhias teatrais da região nordeste, ele se mudou

em 1881 para o Rio de Janeiro, contratado pela companhia de Furtado Coelho para atuar no Teatro Lucinda. Na Corte, aproximou-se do famoso teatrólogo Artur Azevedo, que passou a destinar a ele papéis de destaque em algumas de suas peças. O sucesso alcançado nos palcos fazia com que a imprensa carioca o definisse, no ano de sua morte, como "um dos melhores artistas nacionais", ressaltando que ele seria "incomparável na reprodução de tipos nacionais", o que fazia dele "a fisionomia mais características do teatro brasileiro". No seu falecimento, recebeu o reconhecimento de trabalhadores como os "praças do batalhão Tiradentes", que publicaram nota nos jornais anunciando a missa que mandaram rezar em sua homenagem. Cf. *Gazeta de Notícias*, 28 de agosto e 31 de outubro de 1894; *Diário de Notícias*, 1 de novembro de 1894; e *O Paiz*, 4 de novembro de 1894.

12. Conhecido popularmente como o "Ator França", Luiz Dornellas de França (1867-1916) nasceu na Paraíba. Depois de atuar por um tempo como amador em uma sociedade dramática local, começou em 1885 a trabalhar em uma companhia teatral que se estabeleceu na cidade. Frente ao sucesso alcançado, mudou-se dois anos depois para o Rio de Janeiro, contratado pela companhia Dias Braga. Iniciava-se então uma trajetória de grande sucesso nos palcos cariocas – que o faria ser destacado nas propagandas teatrais, já na década seguinte, como um "popular ator". Cf. *A Noticia*, 15 de novembro de 1894; *O Fluminense*, 4 de julho de 1912; *Correio da Manhã*, 1 de outubro de 1916; e *A Rua*, 30 de setembro de 1916.

13. De fato, a partir de 1910 as propagandas do Circo Brasil, situado na Cidade Nova, passavam a anunciar que seus "diretores e proprietários" eram os da firma "Eduardo das Neves e cia". Cf. *Correio da Manhã*, 9 de agosto de 1910.

14. Antônio Evaristo de Moraes (1871-1939) foi um conhecido advogado e criminalista da Primeira República, reconhecido no

momento de sua morte como "o mais operoso advogado criminal do Rio de Janeiro". Depois de uma infância de dificuldades, passou no início da juventude a trabalhar na imprensa, engajando-se no movimento abolicionista e republicano. Em 1893 empregou-se como solicitador em um escritório de advocacia, dando início a uma carreira jurídica desenvolvida, de início, sem o respectivo diploma – que só passou a ter em 1916, depois de se formar em uma faculdade de Direito. Foi atuante na defesa das causas sociais, com forte militância socialista, tendo sido em 1920 um dos fundadores do Partido Socialista Brasileiro. Destacou-se por representar nos tribunais as causas de militantes operários e das prostitutas coagidas pela polícia, de cujos direitos se tornou defensor. Cf. *Correio da Manhã*, 1 de julho de 1939; e Joseli Mendonça, Evaristo de Moraes, *Tribuno da República*, Campinas: Editora Unicamp, 2007.

15. Em 1904 os jornais cariocas começaram a publicar várias notas de propaganda sobre o empresário João Apóstolo, que comunicava o recebimento de grande carregamento dos "modernos anéis elétricos americanos do Dr. Fanfler" e anunciava sua venda em seu estabelecimento na Praça Tiradentes. Segundo suas propagandas, tratava-se de "uma das mais belas e assombrosas descobertas da medicina moderna", dado "os efeitos maravilhosos que a eletricidade produz na cura de muitas moléstias". Quatro anos depois, o mesmo empresário passou a exibir no "Circo da Sorte", montado no terreno do antigo cortiço Cabeça de Porco, um leão africano chamado Marrusko, anunciado como "o maior até hoje conhecido". Cf. *Correio da Manhã*, 23 de outubro de 1904 e 30 de novembro de 1905; *A Capital*, 2 de dezembro de 1904; e *O Paiz*, 6 de junho de 1908 e 9 de julho de 1909.

16. Paschoal Segreto (1868-1920) foi um dos mais destacados empresários teatrais do período. Nascido na Itália, mudou-se em 1883 para o Rio de Janeiro, onde em pouco tempo criou e diri-

giu várias casas de diversão inspiradas nas modernidades europeias – como cafés-cantantes, cinematógrafos e teatros. Cf. *A Noite*, 22 de fevereiro de 1920; e William de Souza Martins, *Paschoal Segreto*: ministro das diversões do Rio de Janeiro (1883-1920). Rio de Janeiro: Editora Autografia, 2014.

17. Apresentado no final da década de 1920 pela imprensa como "uma figura tradicional do choro carioca" que "em outros tempos" teria sido "um boêmio da fina flor da Cidade Nova", João da Harmonia foi ao longo das décadas anteriores um músico de destaque no universo dos clubes dançantes da cidade, sendo por isso homenageado frequentemente pela sociedade carnavalesca Corbeille de Flores. Cf. *Jornal do Brasil*, 12 de dezembro de 1928; e *O Imparcial*, 27 de janeiro de 1929.

7. Gente do outro tempo

1. Vicente Reis era um autor teatral que se tornou em 1900 delegado do 10º distrito policial, passando no ano seguinte para o 3º distrito, correspondente à região de Santo Cristo. Em 1903 lançou o livro *Os ladrões do Rio*. Cf. *A Imprensa*, 26 de janeiro e 31 de outubro de 1900; *Jornal do Brasil*, 1 de abril de 1900; *A Imprensa*, 5 de janeiro de 1901; *Gazeta de Notícias*, 10 de janeiro de 1901; *O Rio-Nu*, 5 de dezembro de 1903; e Marcos Bretas, As empadas do confeiteiro imaginário: A pesquisa nos arquivos da justiça criminal e a história da violência no Rio de Janeiro. *Acervo*, v. 15, n. 1, 2022.

2. Múcio Teixeira (1857-1926) foi um poeta e escritor nascido em Porto Alegre que, depois de exercer vários cargos públicos, se mudou em 1899 para o Rio de Janeiro, onde começou a colaborar com diversos jornais – como o próprio *Jornal do Brasil*, onde publicou no ano de sua morte o folhetim *O negro da Quinta Imperial*. Nos últimos anos de sua vida ficou conhecido como Barão Ergonte, pseudônimo com o qual passou a

publicar suas "profecias" ocultistas. Cf. *Jornal do Brasil*, 5 de maio de 1926; *Correio da Manhã*, 8 de agosto de 1926; e *O Jornal*, 10 de agosto de 1926.

3. Desde 1894, quando reapareceu após ter sido suspenso pelo governo de Floriano Peixoto, o *Jornal do Brasil* tinha Fernando Mendes de Almeida como seu redator-chefe. Dois anos depois, Cândido Mendes de Almeida se tornava secretário-geral da mesma folha. Ambos exerceriam seus cargos até 1918. Cf. *Jornal do Brasil*, 15 de novembro de 1894; *Almanack Laemmert*, 1896, p. 888; *Almanack Laemmert*, 1918, p. 1291.

4. Francisco Arthur Costa era, nos primeiros anos do século XX, o secretário de redação do *Jornal do Brasil*. Cf. *Revista da Semana*, 5 de fevereiro de 1911.

5. Em crônica originalmente publicada em 9 de março de 1904 no jornal *A Tribuna*, o próprio Vagalume tratava do "belo e adorável restaurante da tia Tereza no largo do Rosário, em frente à Igreja". Com um cardápio composto de "carne ensopada com batata, peixe frito, peixe ensopado ao dendê, carne assada, fritada de carne, café frio, café bem quente, pão e queijo", o restaurante estava "repleto" durante sua visita, sendo frequentado não apenas por trabalhadores de baixa renda – pois ele afirma que "no pequeno espaço ali existente contamos nada menos de oito carros e três tílburis". Três dias depois ele voltaria ao assunto, defendendo que o restaurante da tia Tereza teria o "café mais bem sortido e o mais frequentado" da cidade – motivo pelo qual "os melhores fregueses da tia Tereza são os cocheiros de carros, que se portam admiravelmente na prestação de contas, e o pessoal da imprensa". Cf. Vagalume, *Ecos Noturnos*, Rio de Janeiro: Contra Capa, 2018.

6. Carlos de Laet (1847-1927) era poeta, cronista e professor, colaborador assíduo da imprensa carioca entre as últimas décadas do Império e as primeiras da República – tendo publicado suas colunas em folhas como o *Diário do Rio de Janeiro*, o *Jornal*

do Commercio e o próprio *Jornal do Brasil*. Conhecido por sua erudição e suas simpatias monarquistas, foi saudado no momento de sua morte como "uma das mais altas figuras representativas da intelectualidade patrícia". Cf. *Gazeta de Notícias*, 8 de dezembro de 1927.

7. O Coronel Gaspar Cesar Ferreira de Souza, nascido em Portugal, mudou-se para o Rio de Janeiro ainda criança, dedicando-se à tipografia – atividade que o levou ao cargo de presidente da Associação Tipográfica do Rio de Janeiro. Seu título se devia ao serviço prestado à Guarda Nacional durante a Revolta da Armada. Trabalhava desde a década de 1890 na redação do *Jornal do Brasil*, onde exerceu o cargo de diretor-técnico até a década de 1910 – tendo falecido em 1920. Cf. *Jornal do Brasil*, 19 de outubro de 1897; *A Cidade do Rio*, 13 de abril de 1899; e *Jornal do Brasil*, 21 de dezembro de 1920.

8. Mário Cardoso, Campos Melo, Eugênio Pereira e Amadeu Rohán eram repórteres do *Jornal do Brasil* nos primeiros anos do século XX, no mesmo período em que Vagalume exercia a função – cabendo a Eugênio Pereira, em especial, o noticiário religioso do jornal. Cf. *Revista da Semana*, 18 de novembro de 1900; *Almanack Laemmert*, 1904, p. 2017; *O Paiz*, 29 de outubro de 1908; e *Revista da Semana*, 3 de abril de 1910.

9. Antonio Felício dos Santos (1843-1931) era um médico que colaborava frequentemente com a imprensa do período, tratando em geral de temas ligados ao catolicismo – tema de sua devoção que o levou a fundar um Centro Católico no Rio de Janeiro. *Revista da Semana*, 12 de setembro de 1931.

10. Francisco Calmon era na década de 1900 o redator esportivo do *Jornal do Brasil*, enquanto Manoel do Valle Junior exercia a mesma função na revista *O Malho*. Cf. *O Malho*, 6 de abril de 1907.

11. João Dunshee de Abranches Moura (1867-1941), jornalista, advogado e político de destaque, que chegou a exercer um mandato de deputado federal pelo Maranhão na década de 1910, era nos

primeiros anos do século XX colaborador do *Jornal do Brasil*. Cf. *Jornal do Brasil*, 12 de março de 1941.

12. Francisco Valente era um repórter do *Jornal do Brasil* responsável pela cobertura da Marinha. Em janeiro de 1906, ele foi vitimado pela explosão do Aquidaban, um encouraçado da esquadra Imperial, na baía de Jacacuenga, em Angra dos Reis. Cf. *Revista da Semana*, 28 de janeiro de 1906.

13. Otto Prazeres era também repórter do *Jornal do Brasil* nos primeiros anos do século XX – assim como seu pai, Feliciano Prazeres, um literato que colaborava com o jornal até falecer, em 1902. Cf. *Jornal do Brasil*, 12 de março de 1902; *Anuário do Jornal do Brasil para 1900*, Rio de Janeiro: Jornal do Brasil, 1900, p. 4; *Almanack Laemmert*, 1902, p. 1635; e *Cidade do Rio*, 6 de junho de 1902.

14. Pepa Ruiz (1859-1923) era uma atriz espanhola que, a partir de 1881, começou a viajar em excursões ao Rio de janeiro com a companhia Sousa Bastos, até resolver se fixar na cidade, em 1894. Por representar muitas vezes no teatro de revista o papel de baianas e outros tipos nacionais, tornou-se uma das mais populares atrizes do período. Cf. Antonio Herculano Lopes, "Vem cá mulata!", *Tempo*, v. 13, n. 26, 2009.

15. João Augusto Soares Brandão (1844-1921) era um ator natural dos Açores que se mudou ainda criança para o Rio de Janeiro, onde começou a desenvolver uma bem-sucedida carreira teatral. Por sua atuação nas peças de teatro de revista que faziam sucesso na cidade, em especial aquelas do teatrólogo Artur Azevedo, foi definido pelo crítico teatral Feliciano Prazeres como o "popularíssimo". Cf. *Jornal do Brasil*, 17 de novembro de 1921; e *Theatro & Sport*, 19 de novembro de 1921.

16. Plácido Isasi, Julião Machado, Arthur Lucas (que assinava como Bambino) e Celso Hermínio eram, no começo do século XX, caricaturistas do *Jornal do Brasil*. Cf. Letícia Pedruce Fonseca, *A construção visual do* Jornal do Brasil *na primeira metade do século*

XX. Dissertação de Mestrado, Programa de Pós-graduação em Design, PUC-Rio, 2008.
17. Eduardo Machado era um literato que fazia também parte da redação do *Jornal do Brasil*. Cf. *Almanack Laemmert*, 1900, p. 539.
18. O Clube Carnavalesco Macaco é Outro foi fundado em 1909 por um grupo de trabalhadores negros oriundos da Bahia. Formado a partir de laços de parentesco e compadrio, ele era composto por figuras como a própria Hilária Batista: a tia Ciata; Germano Lopes da Silva, bedel da Escola Politécnica que anos antes havia participado junto com ela da fundação de outro clube chamado Rosa Branca; e Miguel Luiz Gomes, conhecido como Miguel Pequeno, uma liderança religiosa afro-brasileira da cidade. O clube tinha sua sede na própria casa de tia Ciata, no endereço citado, incorporando seus familiares. Cf. Leonardo Pereira, A *cidade que dança, op. cit*.
19. João Martins, conhecido como João Alabá, era no começo do século XX uma das maiores lideranças da religiosidade de base africana na capital federal. Em 1904 João do Rio o apresentava como um "negro rico e sabichão", mas reconhecia que a população negra da cidade confiava no poder de seus "feitiços". Vagalume, por sua vez, escreveria em 1928 uma crônica recordando os "famosos *candomblés* de João Alabá", pelo qual muitos teriam "verdadeira devoção" – frequentando sua casa para "comer e beber do bom e do melhor e cair no samba". Cf. *A Noite*, 18 de fevereiro de 1914; João do Rio, "No mundo dos feitiços – Os novos feitiços de Sanin", *Gazeta de Notícias*, 29 de março de 1904; Vagalume, "Mistérios da mandinga", *Crítica*, 13 de janeiro de 1928; e Leonardo Pereira, A *cidade que dança, op. cit*.
20. Cypriano Abedé (? – 1933) era um conhecido babalaô nascido na Bahia que se projetou a partir da década de 1910 no Rio de Janeiro. Em 1904 ele já era citado na *Gazeta de Notícias* como um "preto mina" e "feiticeiro" que faria parte da maçonaria da cidade. Dez anos depois ele aparecia oferecendo seus servi-

ços em anúncio publicado no *Correio da Manhã*, no qual dizia fazer "consultas sobre ciências ocultas (fetichismo africano) à rua Marquês de Leão n. 58, no Engenho Novo" – completando, em outro anúncio publicado no mesmo ano na Gazeta de Notícias, com a informação de que era "o único africano Olossan diplomado que existe nesta capital". Em crônica escrita em 1928 como parte de uma série dedicada aos "Mistérios da Mandinga", o próprio Vagalume o descrevia como "o *primus inter pares* dos Pais de Santo" da cidade. Segundo ele, Abedé já atendia então em sua casa da rua João Caetano n. 28, na qual recebia uma grande clientela – composta não apenas por "operários, trabalhadores" mas também por "políticos de alto coturno, médicos, engenheiros, advogados, comerciante, capitalistas" e até mesmo "jornalistas e escritores". Vagalume explicava ainda que ele não era "um *Pai de Santo* clandestino", tendo "sua sociedade perfeitamente organizada, com diretoria composta por pessoas idôneas, licenciada e com estatutos registrados e arquivados na Repartição Central de Polícia". Testemunhava ainda que "seus candomblés são rigorosamente feitos dentro do ritual africano". Cf. *Gazeta de Notícias*, 12 de dezembro de 1904; *Correio da Manhã*, 6 de agosto de 1914; *Gazeta de Notícias*, 1 de agosto de 1914; e Vagalume, "Mistérios da Mandinga", *Crítica*, 15 de janeiro de 1928.

21. O carioca Irineu de Melo Machado (1872-1942) era um professor e político de grande prestígio no Rio de Janeiro. Apresentado no momento de seu falecimento como o chefe político "de maior prestígio" na capital federal, foi eleito duas vezes deputado e duas senador pelo Distrito Federal. Segundo as fofocas políticas do início da década de 1930, ele seria ligado ao "babalaô Cypriano Abedé". Cf. *Jornal do Brasil*, 14 de novembro de 1942; e *Diário Carioca*, 27 de março de 1930.
22. Maria da Conceição César, conhecida como Maria Adamastor, era carioca de nascimento, mas desde a juventude se aproximou

do grupo de baianos que, na Cidade Nova, passou a organizar diversos ranchos e sociedades carnavalescas – sendo por isso muitas vezes tomada por baiana. Por suas ligações, fez parte de vários desses clubes da região, como o Flor de Romã, o Rei de Ouros, o Macaco é Outro e o Reinado de Siva, onde atuou como "mestre-sala". No início da década de 1930, tinha uma banca de quitutes no Mercado Municipal. Cf. Jota Efegê, "Com o apelido de Adamastor, Maria brilhou no carnaval", *O Jornal*, 30 de dezembro de 1962; *Jornal do Brasil*, 28 de janeiro de 1921; e *Diário da Noite*, 27 de março de 1931.

8. Gente de hoje

1. Trata-se de uma referência a Eloy Anthero Dias, que ficaria mais conhecido como Mano Eloy. Nascido em 1889 no Vale do Paraíba, ele se mudou aos 16 anos para o Rio de Janeiro, onde passou a trabalhar na estiva. Sócio e frequentador assíduo de muitas sociedades carnavalescas do período, ele passou a partir de 1930 a gravar músicas como "Macumba (Ponto de Iansã e Ponto de Ogum)", tornando-se pioneiro em fazer esse tipo de registro em disco. Cf. Jota Efegê, *Figuras e coisas da música popular brasileira*, v. 1, op. cit., p. 166-167; e Leonardo Pereira, *A cidade que dança*, op. cit.
2. Lamartine Babo (1902-1963) era então um jovem compositor que havia se projetado na imprensa, a partir da segunda metade da década de 1920, por conta de suas peças teatrais e suas colaborações com os clubes carnavalescos da cidade. Começou a ter destaque como compositor por meio de composições como "Os calças largas", de 1927, e "Lamentos de um matuto", de 1929. Seu grande sucesso, no entanto, seria a marcha "O teu cabelo não nega". Lançada no início de 1932 como de sua autoria, a canção foi logo reivindicada pelos irmãos João e Raul Valença, de Pernambuco, que viam nela uma adaptação de uma marcha

intitulada "Mulata". Cf. *O Jornal*, 13 de fevereiro de 1926; *Jornal do Brasil*, 17 de outubro de 1926; *A Manhã*, 9 de fevereiro de 1927; *Crítica*, 10 de fevereiro de 1929; *Diário de Notícias*, 1 de janeiro de 1932; *Diário da Noite*, 2 de março de 1932.

3. José Francisco de Freitas (1897-1956), por vezes chamado de Freitinhas, era um músico que havia alcançado sucesso no final da década de 1920 através de gravação de marchas como "Dorinha, meu amor", gravada em 1929 por Mário Reis, e "Não dou palpite", registrada no mesmo ano por Francisco Alves. Em artigo escrito no período, o próprio Freitas explicava seu método para buscar o sucesso de suas composições – que consistia em "não deixar de comparecer a nenhuma das melhores e mais afamadas" batalhas de confete da cidade, das quais ele participava de "automóvel, com saxofone, pistão e reco-reco" para distribuir "folhetos com as letras". Cf. Robervaldo Linhares Rosa, *Como é bom poder tocar um instrumento*: presença dos pianeiros na cena urbana brasileira. Tese de Doutorado em História, Universidade de Brasília, 2012.

4. Irineu de Almeida (1863-1914), também conhecido como Irineu Batina, era um maestro e instrumentista negro de grande prestígio nas rodas musicais do Rio de Janeiro. Presença constante nas orquestras dos pequenos clubes dançantes e carnavalescos da cidade, ele foi professor do jovem Pixinguinha – tendo sido o responsável por colocá-lo, com apenas 11 anos, na orquestra que animou em 1911 um dos bailes do Filhas da Jardineira, sua estreia musical. Cf. Alexandre Gonçalves Pinto, *O choro*, op. cit.; e Leonardo Pereira, *A cidade que dança*, op. cit.

5. Com uma formação musical iniciada em seus tempos como aluno do Asilo dos Meninos Desvalidos, Paulino do Sacramento (1880-1926) era um maestro e músico que se destacava por sua atuação como compositor e regente de muitas das peças de teatro da capital, Cf. *Jornal do Brasil*, 10 de março de 1926; e Alexandre Gonçalves Pinto, *O choro*, op. cit.

6. Descrito por Alexandre Pinto como um "grande maestro e compositor", Francisco José Freire Junior (1881-1956) alcançou grande prestígio ao longo das décadas de 1910 e 1920 pelas músicas e peças que compôs para os teatros da cidade. Algumas delas alcançaram grande sucesso, como a famosa marcha-carnavalesca intitulada "Ai seu mé", que satirizava em 1921 a candidatura de Artur Bernardes. Cf. Alexandre Gonçalves Pinto, O choro, op. cit.; e A Noite, 7 de novembro de 1956.

7. De perfil social mais elevado do que a de outros músicos do período citado por Vagalume, João Evangelista Barroso, que se tornaria conhecido como Ary Barroso (1903-1964), nasceu na cidade de Ubá, em Minas Gerais, onde aprendeu a tocar piano. Aos 18 anos se mudou para o Rio de Janeiro para estudar direito, passando a tocar em cafés, cinemas e teatros para aumentar sua renda. Começou então a compor algumas canções para as peças teatrais do período, até que em 1929 o cantor Mário Reis gravou duas de suas composições. A partir de então, passou a lançar canções carnavalescas que alcançariam grande sucesso. Cf. O Paiz, 29 de setembro de 1927; Crítica, 23 de abril de 1929; e O Jornal, 13 de fevereiro de 1964.

8. Carlos Vasques era, no início da década de 1920, sócio do Club dos Democráticos, onde era conhecido pelo apelido de Nôzinho. Em 1933 já era apresentado pela imprensa como um "popular cantor", com um vasto repertório de "músicas populares". Cf. Jornal do Brasil, 19 de dezembro de 1920; e Diário Carioca, 7 de abril de 1933.

9. A cantora e dançarina norte-americana Frida Josephine McDonald, conhecida como Josephine Baker (1906-1975), se celebrizou ao longo da década de 1920 por apresentações em Paris nas quais passou a representar a força da musicalidade afro-diaspórica. Conhecida desde então como a "Vênus negra", ela tinha suas apresentações exibidas nos cinemas do Rio de Janeiro desde 1927. No ano seguinte, iniciou uma turnê mundial que

a levaria, em 1929, a se apresentar em várias capitais brasileiras, como Rio de Janeiro, Belém, Recife e São Paulo. Cf. *A Noite*, 16 de setembro de 1927; *Correio Paulistano*, 26 de novembro de 1929; e Petrônio Domingues, A Vênus negra: Josephine Baker e a modernidade afro-atlântica. *Estudos* Históricos, v. 23, n. 45, p. 95-124, jan.-jun. de 2010.

10. Patrício Teixeira (1893-1972) era um cantor e violonista negro, descrito por Alexandre Pinto como um "batuta respeitado pela maestria com que dedilha o seu afamado violão". Na década de 1910 ele começou a se destacar na cena musical carioca pela participação nas orquestras de vários pequenos clubes carnavalescos da cidade, como o Filhos da Flor da Primavera e o Bloco dos Dardanellos. Poucos anos depois começou a colaborar com muitas das peças musicais representadas na cidade, apresentando-se ainda em eventos diversos. Em várias ocasiões se apresentou junto com o grupo de Pixinguinha, seu parceiro em algumas composições. No começo da década de 1930 começava a se destacar como representante "da canção, do samba e da poesia popular brasileira", destacando-se pelo grande número de composições gravadas em disco – que, segundo ele, chegariam a mais de 500 até o fim de sua vida. Cf. *Correio da* Manhã, 7 de janeiro de 1914; Jornal *do Brasil*, 3 de março de 1916; *Gazeta de Notícias*, 20 de junho de 1924; A Ma-nhã, 4 e 5 de janeiro de 1928; *Diário de Notícias*, 11 de outubro de 1972; e Alexandre Gonçalves Pinto, O *choro, op. cit.*

11. Elisa de Carvalho Coelho (1909-2001) era, no momento da publicação do livro de Vagalume, uma jovem cantora que havia surgido no universo musical carioca no final da década de 1920, quando começou a participar de festivais musicais e a cantar na Radio Clube do Brasil, onde interpretava "músicas populares". No começo da década seguinte, gravou seu primeiro disco pela Victor, pela qual gravou em 1931 a canção "No rancho fundo", de Ary Barroso e Lamartine Babo. Cf. *Diário Carioca*, 12 e 15 de

janeiro de 1929; *Diário Carioca*, 3 de abril de 1929; *O Jornal*, 19 de fevereiro de 1930; *O Malho*, 16 de agosto de 1930; e *O Cruzeiro*, 18 de julho de 1931.

12. Henrique Foréis Domingues (1908-1980), conhecido como Almirante, era então um jovem músico que havia se projetado desde 1928 como componente do grupo Flor do Tempo, do qual também fazia parte Braguinha, e como membro do Bando de Tangarás, do qual fazia parte Noel Rosa. Em 1930 alcançou grande sucesso com a gravação do samba "Na Pavuna". Cf. *Jornal do Brasil*, 23 de dezembro de 1980.

13. Mário da Silveira Reis (1907-1981) era o filho de uma família da elite da cidade, sendo sua mãe uma das herdeiras da Fábrica Bangu. Em 1926 começou a ter aulas de violão com Sinhô, que se entusiasmou por seu talento como cantor e passou a ajudá-lo. Dois anos depois ele fazia pela Odeon suas primeiras gravações, interpretando duas canções de sua autoria. Iniciava-se assim uma trajetória musical de grande sucesso que faria dele uma das principais vozes do período. Cf. Ronaldo Conde Aguiar, *Os reis da voz*, Rio de Janeiro: Casa da Palavra, 2013.

14. José de Assis Valente (1911-1958) era então um jovem músico nascido na Bahia que iniciou sua carreira se apresentando no circo. Em 1927 mudou-se para o Rio de Janeiro, onde passou a se sustentar através do trabalho como protético. Em pouco tempo começou a frequentar as rodas de samba da casa de Heitor dos Prazeres, para o qual mostrava suas composições ainda inéditas. Em 1932, no entanto, conseguiu que a cantora Araci Cortes gravasse "Tem francesa no morro", uma de suas primeiras composições registradas, iniciando uma carreira musical de grande sucesso. Cf. Gonçalo Junior, *Quem samba tem alegria. A vida e o tempo de Assis Valente*. Rio de janeiro: Civilização Brasileira, 2014.

15. Antônio André de Sá Filho (1906-1974) era um compositor nascido no Rio de Janeiro que havia começado sua vida artís-

tica cantando nas rádios Mayrick Veiga e Nacional. Em 1931 gravou sua primeira música, intitulada "Malandro", e a partir de então teria uma produção musical constante – da qual se destacaria, em 1935, a canção "Cidade maravilhosa". Cf. *Jornal do Brasil*, 3 de julho de 1974.

9. Do samba ao carnaval

1. Adolpho Bergamini (1886-1945) era um político nascido em Minas Gerais que em 1921 foi eleito para a Intendência Municipal do Distrito Federal, sendo três anos depois eleito para a Câmara Federal. Durante a campanha eleitoral de 1930, aproximou-se do grupo de Getúlio Vargas. Com a vitória dos revolucionários, em novembro daquele ano foi nomeado pelo governo provisório como interventor do Distrito Federal, cargo que exerceu até o final do ano seguinte. Neste posto, ele definiu a cobrança de um imposto a ser cobrado das sociedades carnavalescas no momento de concessão de sua licença. Cf. *Correio da Manhã*, 9 de janeiro de 1945; e *Diário Carioca*, 21 de janeiro de 1931.
2. João Pallut era, no começo da década de 1930, o diretor dos jornais oposicionistas *A Batalha* e *A Esquerda*, que apoiaram a revolução, e foi um dos financiadores do movimento. Embora se apresentasse como dono de cafés e bilhares, segundo muitas denúncias ele era também "um dos grandes banqueiros do jogo do bicho no Rio". Cf. *A Batalha*, 12 de junho de 1930; *Diário Carioca*, 5 de agosto de 1930 e 25 de fevereiro de 1931; *Almanack Laemmert* 1930, p. 867; e Nelson Werneck Sodré, *História da imprensa no Brasil*, Rio de Janeiro: Mauad, 1998, p. 374.
3. Fundadas por membros da comunidade baiana da Cidade Nova, como Hilário Jovino Ferreira, Miguel Pequeno e tia Ciata, o Dois de Ouro e o Rosa Branca foram duas das primeiras pequenas sociedades carnavalescas formadas pelos trabalhadores negros na cidade ao longo da Primeira República. Por patrocinarem

desfiles carnavalescos que tinham o objetivo de reproduzir os "costumes populares e tradicionais da Bahia", são lembradas pela posteridade como dois dos grupos que inauguraram esse novo modelo de carnaval na capital federal. Cf. Leonardo Pereira, A cidade que dança, op. cit.

4. Fundado em 1906, a Sociedade Dançante e Carnavalesca Flor do Abacate foi o fruto da iniciativa de um grupo de homens e mulheres do bairro do Catete, capitaneados por João Antonio Romeu – um membro da brigada de cavalaria da Guarda Nacional que havia sido antes sócio do Estrela Dous Diamantes. Seu perfil social não tinha muitas diferenças em relação às dezenas de outros grêmios congêneres fundados na cidade ao longo dos primeiros anos do século XX, sendo o clube majoritariamente composto por trabalhadores negros. Tratava-se assim, aos olhos dos jornalistas do período, de uma "sociedade operária" que viria a se tornar um dos principais clubes dançantes e carnavalescos da Primeira República. Cf. Leonardo Pereira, A cidade que dança, op. cit.

5. A Sociedade Dançante Carnavalesca Ameno Resedá, uma das mais importantes da cidade durante a Primeira República, foi fundada em 1907 no bairro do Catete, onde tinha sua sede por antigos componentes de outra sociedade chamada Progresso do Catete, criada quatro anos antes no mesmo bairro. Insatisfeitos com o fato de que a antiga sociedade se limitasse à promoção de bailes, eles resolveram durante um passeio à ilha de Paquetá fundar um novo grêmio, no qual pudessem misturar as danças aos desfiles carnavalescos. Entre seus fundadores destacavam-se trabalhadores negros como Antenor de Oliveira, funcionário do Arsenal da Marinha; Oscar Maia, funcionário da Alfândega; e Alfredo Mascarenhas, um cocheiro. Tratava-se assim de um clube composto por "homens do trabalho", como artistas, operários e funcionários públicos, como reconhecia em 1909 o jornal O Paiz. Cf. Leonardo Pereira, A cidade que dança, op. cit.

6. A Sociedade Dançante Carnavalesca Filhas das Jardineiras foi fundada em 1906 por Ida Maria da Conceição, uma trabalhadora nacional que já havia sido presa anos antes sob a acusação de ser "desordeira conhecida". Sua primeira sede foi na rua São Roberto, no Estácio, mas em 1911 o clube já se localizava na Cidade Nova, na esquina das ruas Senador Eusébio e Dr. Mesquita Júnior. Cf. Leonardo Pereira, A cidade que dança, op. cit.
7. Organizado por um grupo de moradores do Rio Comprido, o bloco carnavalesco Quem Fala de Nós Tem Paixão começou a desfilar pelas ruas do Rio de Janeiro no carnaval de 1916 e teve como seu primeiro presidente o pedreiro Porphirio Lessa. Cf. *Correio da Manhã*, 27 de fevereiro de 1916; e *Gazeta de Notícias*, 1 de abril de 1911.

10. O samba e a gramática

1. O poeta Hermes Fontes (1888-1930) nasceu em Sergipe e se mudou no final da década de 1890 para o Rio de Janeiro para cursar Direito – momento no qual começou a se destacar pelos seus versos e por seu talento como escritor, que o levou a trabalhar na redação de diversos jornais da cidade. Foi o letrista de algumas gravações de sucesso no período, como a da canção "Luar de Paquetá", composta em 1922 em parceria com Freire Júnior, tendo ainda outras de suas composições interpretadas por cantores como Vicente Celestino. Cf. *Correio da Manhã*, 15 de dezembro de 1922, 1 de abril de 1923 e 27 de dezembro de 1930.
2. Oscar José de Almeida (1895-1942) era um carteiro que, ao longo das décadas de 1910 e 1920, participou de diferentes clubes carnavalescos da cidade, como o Ameno Resedá, o Recreio das Flores e o Reinado de Siva. Como compositor, era conhecido por fazer "belos versos para músicas", sendo celebrado por tocar violão "admiravelmente" e pelo encanto de suas "modinhas",

como lembra o contemporâneo Alexandre Pinto. Cf. Alexandre Gonçalves Pinto, O choro, op. cit.
3. O Petit Trianon do Rio de Janeiro, um palacete construído originalmente em 1922 para a Exposição do Centenário da Independência, foi doado no ano seguinte pelo governo da França para servir de sede para a Academia Brasileira de Letras. Cf. Alessandra El Far, A encenação da imortalidade: uma análise da Academia Brasileira de Letras nos primeiros anos da República (1897-1924), Rio de Janeiro: Editora FGV, 2000.
4. Trata-se da revista carnavalesca intitulada *Tô te espiando*, que havia estreado nos palcos do Rio de Janeiro em janeiro de 1933. Cf. *Correio da Manhã*, 28 de janeiro de 1933.

11. O samba e o "rancho"

1. Júlio Prestes (1882-1946) era um político do estado de São Paulo que havia vencido em março de 1930 as eleições presidenciais para a sucessão de Washington Luiz, mas que acabou impossibilitado de assumir o cargo pela vitória dos revoltosos reunidos em torno de Getúlio Vargas, em outubro daquele mesmo ano. Cf. *Diário Carioca*, 25 de outubro de 1930.
2. Em julho de 1932, membros de algumas das grandes sociedades carnavalescas da cidade se reuniram para formar a Federação das Sociedades Carnavalescas do Rio de Janeiro, que tinha o objetivo de organizar "todas as festas de caráter carnavalesco que venham a realizar-se no Rio de Janeiro" – em especial na busca dos "favores públicos, sejam federais ou municipais", que ajudassem a financiar os desfiles desses grupos. Embora teoricamente tivesse a finalidade de congregar todos os clubes do gênero, ela acabou reunindo apenas os maiores desses clubes, como Tenentes do Diabo, Democráticos, Fanianos e Pierrots da Caverna – merecendo por isso as críticas de cronistas carnavalescos como o próprio Vagalume, que viam nela uma "federação

sem a expressão da maioria". Cf. *Correio da Manhã*, 12 de julho de 1932; *Jornal do Brasil*, 14 de julho e 8 de setembro de 1932;

3. Trata-se do Liga Africana, um clube carnavalesco da Gamboa que era composto por trabalhadores negros do bairro. Seu fundador e presidente foi João Martins, conhecido como João Alabá, e sua sede ficava na mesma casa em que ele realizava seus cultos, na rua Barão de São Félix, n. 174. Ao contrário do que afirma Vagalume, no entanto, o clube foi fundado em 1909. Cf. Leonardo Pereira, A *cidade que dança, op. cit.*

4. O capitão Maximiano Martins era o presidente do Ameno Resedá nos primeiros anos da década de 1910, mas até o final da década seguinte continuava participando ativamente das atividades do clube. Cf. *Gazeta de Notícias*, 26 de dezembro de 1910; *Jornal do Brasil*, 5 de janeiro de 1913; e *O Jornal*, 2 de fevereiro de 1927.

5. Segundo dados do Ministério da Fazenda, o custo de vida para uma família de sete pessoas no Rio de Janeiro seria, em 1935, de 1:828$300 por mês. O valor solicitado pelo Ameno Resedá seria, desse modo, maior que aquele que seria necessário para a sobrevivência mensal de mais de 13 famílias. Cf. *O observador econômico e financeiro*, 1936, p. 38.

6. A Sociedade Dançante Carnavalesca Recreio das Flores, fundada em 1908, tinha sua sede na Cidade Nova. Segundo o parecer de um comissário de polícia que investigou em 1913 seus sócios, estes eram "operários, estivadores e empregados do comércio, rapazes ordeiros contra os quais nada consta nesta delegacia". Cf. Leonardo Pereira, A *cidade que dança, op. cit.*

7. O Flor da Lira, de Bangu, fundado em 1902, foi o primeiro clube dançante e carnavalesco criado no bairro. Com as cores verde e amarela, ele congregava os trabalhadores da Fábrica Bangu. Anos depois, em 1910, seria fundado no mesmo bairro o Prazer das Morenas, com composição social semelhante – sendo por vezes suas sócias descritas como "moreninhas". Já

o Caprichosos da Estopa, criado no final da década de 1910, era um clube do bairro de Botafogo que reunia os trabalhadores de uma fábrica de tecidos local. Cf. Leonardo Pereira, *A cidade que dança, op. cit.*

12. A decadência da vitrola

1. A atriz e compositora Cinira Polônio (1857-1938) era filha de imigrantes italianos que começou a se destacar nos palcos do Rio de Janeiro a partir de meados da década de 1880. Em 1888 mudou-se para Portugal, onde desenvolveu uma carreira de sucesso até regressar aos palcos cariocas em 1900, já como artista consagrada. Cf. Ângela de Castro Reis, *Cinira Polônio, a divette carioca*. Rio de Janeiro: Arquivo Nacional, 1999.
2. Aurélia Delorme (1869-1921) foi uma atriz que alcançou grande sucesso nos palcos cariocas, em especial por suas atuações nas peças da Companhia Dias Braga, no Teatro Recreio. Embora tenha vivido uma vida de luxo em seus tempos de sucesso, seus últimos anos de vida foram marcados como "um período de privações e sofrimentos" no qual ela teria vivido "quase na miséria". Cf. *A Noite*, 6 de outubro de 1921; e *Correio da Manhã*, 3 de julho de 1927.
3. Fundado em 1907, o Centro Musical do Rio de Janeiro tinha o objetivo de "amparar e proteger" os músicos da cidade, "propiciando-lhe beneficências, regulamentando-lhes o trabalho, uniformizando-lhes os honorários". Ela se apresentava assim como uma associação constituída para defender os interesses da classe dos músicos da cidade, com a finalidade de "discutir e representar aos poderes da República sobre questões de interesse da corporação musical". Seu primeiro presidente foi o maestro Francisco Braga, contemporâneo de Vagalume no Asilo dos Meninos Desvalidos. Cf. *Gazeta de Notícias*, 17 de maio e 8 de setembro de 1907.

4. Pouco conhecidos para além dos círculos carnavalescos, Angelino Cardoso e Euclides Pereira eram sócios do Club dos Democráticos. Angelino Cardoso atuava também, no período, como cronista esportivo. Cf. *Diário Carioca*, 28 de janeiro de 1930; e *A Noite*, 22 de junho de 1927.

5. Em maio de 1933, o jornal *A Noite* havia promovido um "concurso de músicas brasileiras" dedicadas a "composições para dança ou canto, de qualquer ritmo", no qual foram inscritas 328 composições. Dentre elas, a comissão julgadora, composta por professores do Instituto Nacional de Música e outros nomes pouco conhecidos, escolheu as 50 que "foram considerados de melhor fatura artística" – sendo a mais votada a canção "Promessa", de José Maria de Abreu e Ary Kerner Castro. Cf. *A Noite*, 3 de junho de 1933.

13. "Omelê" ou "batá"

1. Faustino Pedro da Conceição, conhecido como Tio Faustino, era um músico negro nascido na Bahia que se mudou para o Rio de Janeiro em 1911, passando a participar das atividades de clubes, como o Flor do Abacate e o Corbeille de Flores. Segundo reportagem do próprio Vagalume, ele teria introduzido "nos arraiais do samba carioca" três instrumentos "de estilo africano": o "omelê", o "afouchê" e o "agongô". Em 1931, participava, junto com Pixinguinha e Donga, do Grupo da Guarda Velha. Cf. *Diário Carioca*, 15 de novembro de 1933.

14. *Veritas super omnia*

1. Em 3 de maio de 1933 foram realizadas as eleições para a assembleia constituinte convocada após a revolução de 1930. Ao escolher seus candidatos, Vagalume passava ao largo dos partidos políticos, indicando candidatos de diferentes tendências.

Sampaio Corrêa, que era presidente do Clube de Engenharia, foi lançado candidato pelo Centro Republicano do Distrito Federal, mas se inscreveu como candidato em uma chapa independente – assim como Jones Rocha, que concorria na mesma chapa. O Conde Ernesto Pereira Carneiro, que havia sido patrão de Vagalume no *Jornal do Brasil*, concorria pelo Partido Autonomista, assim como Augusto do Amaral Peixoto. Por fim, ao citar o nome de "Henriquinho", Vagalume parece se referir a Henrique Dodsworth, médico e professor que era candidato pelo Partido Economista do Brasil. Destes, o único que não foi eleito foi Jones Rocha, que era membro do Congresso dos Fenianos e trabalhava como oficial de gabinete do interventor do Distrito Federal. Cf. *A Noite*, 30 de janeiro de 1933; *Diário Carioca*, 30 de abril, 31 de março e 1 de julho de 1933.

2. A canção "Salve Jaú" foi lançada em 1926 por Salvador Corrêa, do grupo "Embaixada do Armorzinho", como uma "homenagem aos aviadores brasileiros". Jaú era o nome do hidroavião com o qual o piloto João Riberio de Barros fez naquele ano a travessia do Atlântico. Ao fazer menção ao Amorim, Vagalume fala do Gregório Amorim, capitão de tropa dos trapiches do Rio de Janeiro com grande penetração entre os estivadores da cidade. Além de ser um dos fundadores do Filhos das Jardineiras, ele era "sócio honorário de quase todas as pequenas sociedades recreativas" e clubes da cidade. Já Átila Godinho era o regente de uma das orquestras que animava os bailes populares da cidade. Cf. *Gazeta de Notícias*, 13 de outubro e 2 de dezembro de 1926; *Diário Carioca*, 28 de janeiro de 1930; e *Jornal do Brasil*, 22 de fevereiro de 1936.

3. "De Chocolat" era o modo pelo qual era então conhecido João Cândido Ferreira (1887-1956), cantor e compositor negro nascido na Bahia. Depois de iniciar sua carreira teatral em companhia local, mudou-se ainda jovem para o Rio de Janeiro, onde passou a atuar em cabarés e nos palcos do teatro de

variedades da cidade. Ao participar no começo da década de 1920 de uma excursão teatral à Europa, começou em Paris a ser chamado de "De Chocolat", assumindo tal designação depois de seu regresso ao Brasil – quando participou da criação da Companhia Negra de Revista. Já Antônio Lopes de Amorim Diniz (1884-1953), que usava o nome artístico de Duque, era um dançarino que havia também se consagrado em 1915 por apresentar o Maxixe na França, junto com sua parceira Gaby. Cf. Orlando de Barros, *Corações de Chocolat*: A história da Companhia Negra de Revistas (1926-1927). Rio de Janeiro: Livre Expressão, 2005; e Matheus Topine, *Nos requebros do maxixe*: raça, nacionalidade e disputas culturais no Rio de Janeiro (1880-1915). Rio de Janeiro: Editora da PUC-Rio, 2021.

4. Agenor de Oliveira (1908-1980), mais conhecido como Cartola, ainda era então um jovem músico compositor que apenas começava a despontar na cena musical carioca, lançando em 1933 canções como "Mulata mentirosa" e "Vamos todos". Nascido no Catete, ele passou parte da infância no bairro das Laranjeiras, onde seu pai passou a frequentar os bailes do Arrepiados, sociedade carnavalesca dos trabalhadores da fábrica de tecido local. Pouco depois se mudou para o Morro da Mangueira, onde ajudou a fundar a escola de Samba Estação Primeira da Mangueira. O próprio Vagalume foi um dos primeiros a destacar o talento do "festejado Cartola", que já definia em março de 1933 como um "ás dos compositores de samba". Cf. *Diário Carioca*, 7 de janeiro e 2 de março de 1933; e Marília Trindade Barbosa da Silva e Arthur Oliveira Filho, *Cartola*: os tempos idos, Rio de Janeiro: Funarte, 1997.

16. Único apelo

1. Antonio da Silva Prado Junior (1880-1955) era um engenheiro e político de uma tradicional família paulista que foi prefei-

to do Distrito Federal entre novembro de 1926 e outubro de 1930, quando foi deposto pelos vitoriosos da revolução de 1930. Olímpio Alves de Castro era, na década de 1930, o cônego da Igreja de Venerável Ordem Terceira de São Domingos de Gusmão. Cf. *A Noite*, 18 de novembro de 1955; e *Jornal do Brasil*, 15 de março de 1930.

PARTE 2.   A VIDA DOS MORROS

1. Os morros

    1. José Francisco da Rocha Pombo (1857-1933), falecido poucos meses antes do lançamento do livro, era conhecido por sua produção como historiador. Cf. *Jornal do Brasil*, 27 de junho de 1933.

2. O Morro do Querosene

    1. Como termo de comparação, em meados de 1933 eram anunciados sobrados e casas no centro da cidade por valores que variavam entre 300$000 e 350$000, enquanto era possível encontrar um cômodo para aluguel em cortiços da mesma região por cerca de 50$000 a 100$00. Cf. *Jornal do Brasil*, 2 de julho de 1933.
    2. Sacadura Cabral e Gago Coutinho eram dois aviadores portugueses que em 1922 haviam feito pela primeira vez a travessia do Atlântico Sul, como faria anos depois o hidroavião brasileiro Jaú. Cf. *Gazeta de Notícias*, 26 de março de 1922.
    3. Lindolfo Magalhães e José Martins Reis apareciam, em 1933, como membros de uma comissão de moradores que procuraram a redação do *Jornal do Brasil* para denunciar a falsidade de uma suposta intimação levada por um oficial de justiça a

500 habitantes do Morro de São Carlos, no complexo no qual se localizava o Morro do Querosene, para que deixassem suas casas. Cf. *Jornal do Brasil*, 16 de junho de 1933.

3. O Morro da Mangueira

1. Majorengo era uma gíria para designar o "delegado de polícia", "Lunfa" era um sinônimo de gatuno, ladrão. Cf. Raul Pedereneiras, *Geringonça Carioca*, Rio de janeiro: Briguet e cia., 1946, p. 41; e "O Dicionário da gíria", *Correio da Manhã*, 13 de junho de 1912.
2. O presidente Rodrigues Alves (1848-1919) havia lançado, em seu governo (1902-1904), a grande reforma urbana da região central do Rio de Janeiro empreendida pelo Prefeito Francisco Pereira Passos (1836-1913). Cf. Oswaldo Porto Rocha, *A era das demolições*. Rio de Janeiro: Secretaria Municipal de Cultura, 1995.
3. Quincas Laranjeira era o nome artístico de Joaquim Francisco dos Santos (1873-1935), um funcionário municipal que ao longo da Primeira República teve destaque como violonista e professor de música, tocando com frequência suas modinhas e choros nas orquestras que animavam os bailes populares da cidade. Cf. Alexandre Gonçalves Pinto, *O choro*, op. cit., p. 58; *Jornal do Brasil*, 16 de junho de 1927; e *Diário Carioca*, 6 de dezembro de 1936.

5. O Morro do Salgueiro

1. Francisco de Castro Araújo (1889-1953) se destacava então por sua atuação como médico e cirurgião, que o levaria em 1935 a ser eleito para a Academia Nacional de Medicina. Cf. *Correio da Manhã*, 13 de agosto de 1953.
2. Macário da Silva Leal era então um investigador do 17º distrito policial que abarcava a região da Tijuca. Cf. *A Noite*, 8 de setembro de 1930; e *Diário Carioca*, 10 de janeiro de 1931.

3. Vagalume faz referência ao caso relativo à morte, em 1927, do comerciante Conrado Henrique de Niemeyer. Levado a depor nas dependências da polícia sob acusação de conspiração política, ele teria sido morto pelos próprios policiais durante o interrogatório – resultado de agressões das quais foram acusados policiais como o suplente de delegado Alfredo do Carmo Moreira Machado (e não José, como registrado por Vagalume), e Francisco Anselmo das Chagas, então 4º Delegado Auxiliar de polícia. Julgados em 1930, os réus acabaram absolvidos, sob a tese de que se tratara de um suicídio. Cf. *A Manhã*, 17 de março de 1927; *O Malho*, 2 de abril de 1927; *Jornal do Brasil*, 22 de março de 1930; e *Diário Carioca*, 6 de abril de 1930.

6. O Morro da Favela

1. "Sete Coroas" era o apelido atribuído em várias reportagens policiais do começo da década de 1920 a um suposto criminoso que, mesmo sendo "desconhecido quase que por completo da polícia, que não tem a sua qualificação", era frequentemente apontado como culpado por muitos crimes ocorridos no Morro da Providência – sendo por isso apresentado pelos jornais como "o terror da favela", em fama que explicava a composição de Sinhô em sua homenagem transcrita em parte por Vagalume. Significativamente, alguns desses crimes tinham como vítimas outros criminosos, como o "Moleque Benedito", morto em 1921 na Favela. Em 1931, no entanto, o jornal *A Noite* publicou uma reportagem identificando o "Sete Coroas" como José Carlos Pinheiro, um assaltante que nunca teria subido "o barulhento morro". Cf. *Jornal do Brasil*, 13 de novembro de 1921; *Gazeta de Notícias*, 17 de novembro de 1921; e *A Noite*, 4 de agosto de 1931.
2. Zilda de Carvalho Espíndola (1904-1985), conhecida como Aracy Cortes, era uma atriz e cantora que, a partir do começo da

década de 1920, havia alcançado o sucesso por sua atuação no teatro de revista, no qual costumava se apresentar "cantando e dançando brasileirissimamente" ao som de sambas de alguns dos principais compositores nacionais. Cf. *O Malho*, 15 de setembro e 8 de dezembro de 1923; e *A Noite*, 17 de janeiro de 1924.
3. Paraty é o modo como se designava então a cachaça. Cf. Raul Pederneiras, *Geringonça Carioca*. Verbetes para um dicionário de gírias. Rio de Janeiro: Briguer, p. 49.
4. Aparentemente Vagalume se refere a José Felisberto Ribeiro, um morador do Morro da Favela conhecido como Joãoda Barra. Tendo chegado de Barra do Piraí nos primeiros anos do século XX, ele ali se instalou, como faziam muitos dos trabalhadores negros que deixavam a região cafeeira do Vale do Paraíba, e em 1910 já era dono de uma venda no morro. Embora tenha se envolvido em alguns casos criminais, exercia certa liderança na comunidade local, motivo de ter sido escolhido em 1914 para atuar como "comissário da Favela" – que era "um auxiliar, quase oficial, das autoridades do 8º distrito". Cf. *Jornal do Brasil*, 9 de dezembro de 1910; *A Época*, 15 de dezembro de 1914; *A Rua*, 17 de setembro de 1916;
5. O engenheiro Carlos Cesar de Oliveira Sampaio (1861-1930) foi prefeito do Distrito Federal entre 1920 e 1922, período no qual se notabilizou pelo arrasamento do Morro do Castelo. Cf. *Jornal do Brasil*, 19 de setembro de 1930.

Um repórter negro na roda do samba

1. "O novo livro de Francisco Guimarães (Vagalume)", *A Noite*, 3 de dezembro de 1932.
2. "Na roda do samba", *A Noite*, 31 de maio de 1922.
3. "Pelos clubs", *A Noite*, 31 de maio de 1922.
4. "Livros novos", *A Batalha*, 3 de agosto de 1933; e "Livros novos", *A Noite*, 17 de agosto de 1933.

5. "Como o samba nasce, vive, morre e se perpetua", *Diário Carioca*, 25 de julho de 1931.
6. Orestes Barbosa. *Samba*. Rio de Janeiro: Livraria Educadora, 1933; e "Samba", *Jornal do Brasil*, 29 de agosto de 1933. Sobre as diferenças entre as duas obras, ver Marcos Napolitano e Maria Clara Wasserman, "Desde que o samba é samba: a questão das origens no debate historiográfico sobre a música popular brasileira". *Revista Brasileira de História*, v. 20, n. 39, 2000.
7. Conferir, a este respeito, Leonardo Pereira. *A cidade que dança*. Clubes e bailes negros no Rio de Janeiro (1881-1933). Campinas: Ed. da Unicamp, Rio de Janeiro: Eduerj, 2020, p. 315-327.
8. Para estas e outas informações a seguir, ver os documentos entregues por sua mãe em 1888 ao Asilo dos Meninos Desvalidos, em PROEDES/UFRJ, Asilo dos Meninos Desvalidos, Pasta 1888, n. 18. Agradeço a Matheus Rezende Caldas, mestrando que desenvolve na PUC-Rio uma dissertação sobre as primeiras produções de Vagalume, pelo envio desta fonte, que corrige referências anteriores sobre sua data de nascimento e sobre a procedência de seu pai.
9. Ver, por exemplo, os anúncios publicados por "uma escrava para lavar e cozinhar" e por "uma preta perfeita cozinheira e lavadeira", no *Jornal do Commercio*, em 3 de março de 1882, p. 8, nos quais constava o mesmo endereço.
10. Cf. Silvana Damacena Martins. *Reformando a Casa Imperial*: Assistência Pública e a Experiência do Asilo de Meninos Desvalidos na Corte (1870-1888). Dissertação de Mestrado em História, UFRJ, 2004; e Alessandra F. M. Schueler. "Crianças e escolas na passagem do Império para a República", *Revista Brasileira de História*, v. 19, n. 37, São Paulo, set., 1999.
11. PROEDES/UFRJ, Asilo dos Meninos Desvalidos, Pasta 1888, n. 18. Sobre as possibilidades e limites do processo de escolarização pública no Rio de Janeiro do pós-abolição, ver Alessandra Schueler e Irma Rizzini, "Entre becos, morros e trilhos: expan-

são da escola primária na cidade do Rio de Janeiro (1870-1906)", *Cadernos de História da Educação*, v. 18, n. 1, 2019, p. 160-175.
12. "E.F. Central do Brasil", *Jornal do Brasil*, 3 de novembro de 1891.
13. Jota Efegê, *Figuras e coisas da música popular brasileira*. Rio de Janeiro: Funarte, 2007; e *Jornal do Brasil*, 23 de março de 1902.
14. "Não pode ser", *Jornal do Brasil*, 23 de dezembro de 1897. Ver ainda "Ineditoriais", *Jornal do Brasil*, 3 de abril de 1899.
15. "Pic-nic", *Jornal do Brasil*, 17 de outubro de 1898. Sobre o perfil popular do *Jornal do Brasil*, ver Eduardo Silva, *As queixas do povo*, Rio de Janeiro: Paz e Terra, 1988.
16. "Sorte... a propósito", *Jornal do Brasil*, 21 de novembro de 1899.
17. "A gatunagem na Piedade", *Jornal do Brasil*, 9 de fevereiro de 1900.
18. "Sorte... a propósito", *Jornal do Brasil*, 21 de novembro de 1899.
19. "Sorte... a propósito", *Jornal do Brasil*, 21 de novembro de 1899.
20. "Reportagem da Madrugada", *Jornal do Brasil*, 9 de abril de 1901.
21. Conferir, a tal respeito, o relato sobre o grupo que voltava de "um samba em casa da baiana Isabel", "Reportagem da Madrugada", *Jornal do Brasil*, 3 de julho de 1901.
22. Sobre a série "Reportagem da madrugada", ver Matheus Caldas. *Da escuridão da madrugada surge o brilho de um Vagalume*: o início da trajetória de Francisco Guimarães na imprensa carioca (1901). Monografia de Graduação em História, PUC-Rio, 2020.
23. "Jornal do Brasil – A edição da tarde", *Jornal do Brasil*, 10 de abril de 1901.
24. Sobre a série "Ecos Noturnos", ver Leonardo Pereira, "A invenção do Vagalume", em Vagalume, *Ecos noturnos*. Leonardo Pereira e Mariana Costa (org.), Rio de Janeiro: Contra Capa, 2016, p. 17-38.
25. *Jornal do Brasil*, 3 de abril de 1903.
26. Cf. Leonardo Pereira, *A cidade que dança*. Clubes e bailes negros no Rio de Janeiro (1881-1933), *op. cit.*, p. 80-93. O próprio Francisco Guimarães era, no entanto, sócio e frequentador dos Fenianos, uma dessas Grandes Sociedades. "A festa do Vagalume", *A Rua*, 31 de janeiro de 1927.

27. Jota Efegê, "Vagalume", *Diário Carioca*, 30 de janeiro de 1946.
28. "Os Zuavos festejarão o aniversário de Vagalume", *A Rua*, 28 de janeiro de 1916.
29. "Associação de Auxílios Mútuos dos Guardas Municipais", *Jornal do Brasil*, 7 de março de 1903; e "O operariado", *Jornal do Brasil*, 8 de fevereiro de 1904.
30. "Ameno Resedá", *Jornal do Brasil*, 20 de fevereiro de 1911; "Riso Leal", *Jornal do Brasil*, 6 de fevereiro de 1916; "Carnaval", *A Noite*, 15 de fevereiro de 1917.
31. *O Malho*, 11 de abril de 1908.
32. "Reportagem da Madrugada", *Jornal do Brasil*, 5 de junho de 1901.
33. "A favela em foco", *Jornal do Brasil*, 26 de julho de 1918.
34. "A favela em foco", *Jornal do Brasil*, 28 de julho de 1918.
35. Além de ser frequentador de tais ambientes, Vagalume era também membro da Irmandade de Nossa Senhora do Rosário e São Benedito dos Homens Pretos, da qual era participante ativo. Cf. *O Jornal*, 13 de novembro de 1924; e *Diario Carioca*, 26 de maio de 1931.
36. *Yaya olha o samba* (1923). *Arquivo Nacional*, 2a. Delegacia Auxiliar de Polícia do Rio de Janeiro (6E), caixa 22, n. 433. Para uma análise mais aprofundada da peça, ver Leonardo Pereira, *A cidade que dança. Clubes e bailes negros no Rio de Janeiro (1881-1933)*, op. cit., p. 298-315.
37. "A verdadeira democracia – Uma conferência do Dr. Robert Abott", *Correio da Manhã*, 6 de março de 1923; e Jota Efegê, *Figuras e coisas da música popular brasileira*. Rio de Janeiro: Funarte, 2007. Sobre a participação de Vagalume na visita de Abbot, ver Leonardo Pereira, "No ritmo do Vagalume: culturas negras, associativismo dançante e nacionalidade na produção de Francisco Guimarães (1904-1933)". *Revista Brasileira de História*, v. 35, p. 13-33, 2015.
38. "Frente Negra Brasileira", *Diario de Noticias*, 16 de fevereiro de 1932.

39. "O carnaval que chega", *Gazeta de Noticias*, 12 de janeiro de 1925; e "Teatro Recreio", *Gazeta de Notícias*, 10 de fevereiro de 1925.
40. "Mais um da velha guarda carnavalesca que fala ao Diário da Noite", *Diário da Noite*, 31 de janeiro de 1931.
41. Ver, respectivamente, Martha Abreu, O "crioulo Dudu": participação política e identidade negra nas histórias de um músico cantor (1890-1920), *Topoi*, v. 11, n. 20, jan.-jun, 2010; Maria Clementina Pereira Cunha. "De sambas e passarinhos, as claves do tempo nas canções de Sinhô", em Sidney Chalhoub, Margarida de Souza Neves e Leonardo Affonso de Miranda Pereira. (Org.). *História em coisas miúdas*: crônicas e cronistas do Brasil. Campinas: Editora da Unicamp, 2005; Maria Clementina Pereira Cunha. *Ecos da folia*. Uma história social do carnaval carioca entre 1880 e 1920. São Paulo: Cia das Letras, 2001; e Nei Lopes. *Enciclopédia brasileira da diáspora africana*, Rio de janeiro: Selo Negro, 2004.
42. Sobre a força fenômeno das favelas no Rio de Janeiro do período, ver Licia Valladares, *A invenção da favela*. Do mito de origem à favela.com, Rio de Janeiro: Ed. FGV, 2005; e Rafael Gonçalves, *Favelas do Rio de Janeiro*: história e direito. Rio de Janeiro: Pallas/Ed. da PUC, 2013.
43. Cf. Leonardo Pereira, *A cidade que dança. Clubes e bailes negros no Rio de Janeiro (1881-1933)*, *op. cit.*, p. 209-226.
44. "Música e discos", *O Malho*, 25 de janeiro de 1930.
45. "Club dos Fenianos", *Jornal do Brasil*, 18 de fevereiro de 1934.
46. *A Noite*, 14 de fevereiro de 1934.
47. *Jornal do Brasil*, 13 de fevereiro de 1934.

Índice onomástico

A
Abbot, Robert, 342
Abedé, Cipriano, 102, 134, 320, 321
Abranches, Dunsche de, 97
Abut, 57, 101
Adamastor, Maria, 105, 107, 134, 321
Agache, Alfredo, 304
Aimoré, 57, 89, 94, 95, 106, 159
Alabá, João, 102, 134, 292, 320, 331
Albuquerque, Arthur, 107
Almeida, Candido Mendes de, 96, 317
Almeida, Fernando Mendes de, 96, 99, 317
Almeida, Irineu, 110, 323
Almeida, Mauro de, 39, 40, 107, 300, 301
Almeida, Oscar José de, 128, 329
Almirante, *ver* Domingues, Henrique Foréis
Alves, Francisco, 115, 141, 142, 144, 276, 293, 299, 305, 307, 323
Amor, *ver* Silva, Getúlio Marinho da
Amorim, Gregório, 11, 12, 13, 150, 334
Andrade, Corinto de, 138
Apóstolo, Arlindo, 107
Apóstolo, João, 86, 87, 315
Araújo, Amélia Silvana, 300
Araújo, Manoel Ignacio de, 13, 106-107
Araújo, Professor Francisco de Castro, 226, 231, 232, 233, 337
Assis Valente, José de, 120, 121, 326
Assumano Mina do Brasil, Henrique, 15, 57, 63, 290, 298
Átila, Godinho, 150
Ator França, *ver* França, Luiz Dornellas de
Azevedo, Artur, 314, 319

B
Babo, Lamartine, 35, 108, 112, 121, 322, 325
Bahia, Manoel Leoncio, 107
Bahia, Xisto, 84, 85, 313
Bahiano, Manuel, *ver* Santos, Manuel Pedro dos
Baker, Josephine, 119, 324

Bambala, 91, 94, 134
Bambino, *ver* Lucas, Arthur
Baptista, João, 104
Barão Ergonte,
ver Múcio Teixeira
Barbosa, Orestes, 275, 340
Barbosa, Rui, 63, 146
Barra, João da, 261, 262, 339
Barraca, Salvador Corrêa, 35,
57, 58, 70, 119, 252, 309, 310, 334
Barros, Prudente José
de Moraes e, 132
Barroso, Ary, 112,
113, 121, 324, 325
Barulho, *ver* Cratinguy,
Augusto de Moraes
Batina, Irineu, *ver*
Almeida, Irineu
Batista, Hilária, 320
Batista, Pedro Ernesto
do Rego, 297
Belém, 57
Bemol, João, 45
Benzinho, 107
Bergamini, Adolpho, 125, 327
Bernardes, Arthur da
Silva, 132, 230, 324
Biju, *ver* Xavier, Dr. Jupiaçara
Bittencourt, Carlos, 66, 304, 310
Bittencourt, marechal, 82
Bonfim, 106
Bonifácio, José, 159
Braga, Antonio Francisco,
41, 42, 303, 332
Brandão, João Augusto
Soares, 97, 319
Brasil, Enéas, 12, 57, 106, 195
Bulhões, José Carvalho,
12, 57, 106, 153, 308

C
Caldeira, 97
Calmon, Francisco, 97, 98, 318
Camargo, 97
Campos Melo, 97, 318
Caninha, *ver* Moraes,
José Luiz de
Caparica, João, 92
Cardona, Lili, 79, 313
Cardoso, Angelino, 11, 143, 333
Cardoso, Mário, 96, 97, 318
Cardoso de Menezes, 66, 310
Careca, *ver* Sampaio, Luiz Nunes
Carneiro, Ernesto Pereira,
7, 150, 297, 334
Cartola, *ver* Oliveira, Agenor de
Carvalho Bulhões, *ver*
Bulhões, José Carvalho
Casemiro de Abreu, 212
Castro, Olimpio Alves
de, 158, 336
Castro Alves, 212
Catita, 101
Cavaquinho, Galdino,
57, 106, 148, 210, 307
Cavaquinho, Mário, 210
Cearense, Catulo da Paixão,
52, 90, 128, 154, 306
César, Maria da
Conceição, 277, 321
Chagas, Francisco
Anselmo das, 338
Chico da Baiana, *ver* Rocha, Francisco da
Chico Francisco de São Francisco, *ver* Nascimento, Francisco do
Chico Viola, 38, 51, 56, 89, 104,
109, 114, 115, 123, 140, 141, 143,
234, *ver também* Alves, Francisco

Claudionor, 191, 192, 242
Cleto, o Clemente, 89,
92, 94, 107, 134
Coelho, Elisa, 120
Coelho, Machado, 71
Conceição, Faustino Pedro
da, 57, 106, 146, 153, 333
Conceição, Fidelis,
13, 57, 106, 307
Conceição, Francisca
Maria da, 276, 277
Conceição, Ida Maria da, 329
Conde Pereira Carneiro,
ver Carneiro, Ernesto Pereira
Cook, Jenny, 79, 312
Côrtes, Aracy, ver Espíndola,
Zilda de Carvalho
Costa, Francisco Arthur, 96, 317
Cratinguy, Augusto de
Moraes, 11, 58, 309
Cuba da Flor do Abacate, 106

D
"De Chocolat", ver Ferreira, João Cândido
D. Pedro I, 101, 132
D. Pedro II, 132, 167
Dantas, Júlio, 51, 204
Dedé, 57, 101, 106
Delorme, Aurélia, 138, 332
Deodoro da Fonseca, 132
Diamante Negro, ver Neves,
Eduardo Sebastião das
(Diamante Negro)
Dias, Eloy Anthero,
106, 107, 292, 322
Didi, 101, 106, 159
Diniz, Antônio Lopes
de Amorim, 335

Dodô, 245, 246, 247, 248, 249,
250, 252, 253, 254, 258, 259,
260, 262, 266, 267, 268
Dodsworth, Henrique, 150, 334
Domingos Dedo de
Cabeça de Cobra, 87
Domingues, Henrique
Foréis, 35, 120, 326
Donga, ver Santos, Ernesto dos
Dudu, 57, 89, 92, 106, 159
Duque, ver Diniz, Antônio
Lopes de Amorim

E
Ernani (Sabiá), 107
Ernesto, Pedro, 11, 126,
181, 182, 215, 292
Espíndola, Zilda de
Carvalho, 253, 338

F
Ferreira, Hilário Jovino,
15, 89, 92, 94, 105, 134,
283, 290, 298, 300, 327
Ferreira, João Cândido,
151, 153, 334, 335
Figner, Frederico,
51, 116, 299, 305
Figueroa, Arnaldo, 81, 313
Flauzina, Luiz da, 92
Floriano Peixoto, 132, 189, 317
Fonseca, Hermes
Rodrigues da, 132
Fontes, Hermes, 128, 329
Fragoso, Antonio Carlos
da Rocha, 5, 297
França, Eduardo, 74, 310
França, Luiz Dornellas
de, 84, 314

Franco, Valentim, 13, 106
Frei Thomaz, 67, 203
Freire Junior, Francisco
José, 111, 112, 130, 324, 329
Freitas, José Francisco,
109, 114, 323
Frontin, Paulo de, 190
Furtado Coelho, 314

G
Gaby, 335
Gago Coutinho, 177, 336
Galdinho, 210
Galdino Cavaquinho, 57,
92, 106, 134, 159, 307
Gentil, 106
Godinho, Átila, 150, 334
Godoy, Izabel de, 67, 203
Gomes, Miguel Luiz, 320, 327
Gomes, Wenceslay
Braz Pereira, 132
Gonçalves Ledo, 159
Gonzaga, Eduardo Pedro,
245, *ver também* Dodô
Gracinda, 94, 134
Guima, 61
Guimarães, José Gomes, 276

H
Henriquinho, *ver*
Dodsworth, Henrique
Herminio, Celso, 97, 319
Hilário, *ver* Ferreira,
Hilário Jovino

I
Índio, *ver* Neves, Cândido das
Isabel, 104
Isasi, Plácido, 97, 319

J
Jangada, 91, 92
João da Baiana, 35, 106, 113, 114,
116, 122, 148, 153, 159, 291, 300
João da Gente, *ver* Morgado, João Wilton
João da Harmonia, 89, 316
Jota Efegê, 23, 304, 311, 322
Juca da Kananga, *ver* Silva,
José Constantino da
Juventino, 106

L
Laet, Carlos de, 97, 99, 317
Laranjeira, Quincas, *ver* Santos,
Joaquim Francisco dos
Leal, Macário da Silva, 229, 337
Lessa, Porphiro, 329
Lucas, Arthur, 97, 319
Luiz, Waldemar, 191, 194,
195, 196, 197, 198, 199,
200, 201, 202, 203
Luiz Cabeça Grande, 92

M
Machado, Alfredo do
Carmo Moreira, 338
Machado, Eduardo, 97, 320
Machado, Irineu de Melo, 321
Machado, Dr. José do
Carmo Moreira, 230
Machado, Julião, 97, 319
Magalhães, Geraldo de, 78, 311
Magalhães, Lindolfo, 178, 336
Maia, Oscar, 12, 57, 106,
107, 134, 292, 307, 328
Marinho que Toca, *ver* Silva,
Getúlio Marinho da
Mariquita, 104

Martins, João, *ver* Alabá, João
Martins, Manoel, 179
Martins, Maximiano,
11, 107, 135, 331
Menezes, Casemiro de, 303
Miranda, Boabdil,
116, 117, 118, 151
Miranda, Carmem, 120
Mirandela, *ver* Miranda, Boabdil
Monteiro, Pedro Aurélio
de Góes, 51, 305
Moraes, Evaristo
de, 86, 314, 315
Moraes, José Luiz de, 35, 41,
42, 43, 50, 53, 54, 55, 56, 57,
61, 74, 89, 106, 111, 112, 113,
115, 141, 153, 159, 302, 303
Morceguinho (Amorim), 150, 153
Moreira, Fonseca, 108
Morgado, João Wilton,
50, 70, 109, 119, 305
Múcio Teixeira, 316
Müller, Lauro, 190

N
Nascimento, Francisco do, 79
Neves, Cândido das,
39, 89, 90, 128, 300
Neves, Eduardo Sebastião das
(Diamante Negro), 15, 76, 77, 78,
79, 81, 83, 84, 86, 87, 88, 89, 90,
210, 264, 290, 298, 300, 311, 314
Niemeyer, Conrado
Henrique de, 338
Nilo Peçanha, 132, 133
Nogueira, Major José
Verissimo, 12, 106

O
Octaviano, J., 204, 205,
206, 207, 208, 209, 210, 211,
213, 214, 216, 220, 221
Oliveira, Agenor de, 152, 335
Oliveira, Benjamin
de, 79, 312, 313
Oliveira, Bomfligio de, 294
Oliveira, Napoleão de,
57, 107, 292, 308
Oswaldo Cruz, 190

P
Paiva, mestre-sala, 106
Pallut, João, 125, 327
Papa Bento XV, 297
Passos, Joaquim Antônio
Terra, 45, 304
Patrocínio, José do, 107
Patrocínio Filho, José do, 63
Peixoto, Augusto do
Amaral,, 11, 150, 334
Penna, Affonso Moreira da, 132
Pequena, 101, 104
Pequeno, Miguel, *ver*
Gomes, Miguel Luiz
Pereira, Eugênio, 97, 318
Pereira, José Clemente, 159
Pereira Passos, Souza,
Francisco, 190, 337
Pessoa, Epitácio da Silva, 132
Pimenta, 194
Pinheiro, Mário, 78, 312
Pinho, José Cupertino
Corrêa de, 107
Pinto, Alexandre Gonçalves, 308
Pinto, General Laurentino, 210
Pixinguinha, 35, 110, 112, 145, 147,
153, 159, 185, 309, 323, 325, 333

Polônio, Cinira, 138, 332
Pombo, José Francisco
da Rocha, 169, 336
Porto, Ramos, 141
Prado Junior, Antonio
da Silva, 158, 335
Prazeres, Dr. Feliciano, 97, 319
Prazeres, Heitor dos, 107, 115,
122, 123, 141, 148, 153, 300, 326
Prazeres, Otto, 97
Prestes, Fernando, 71, 310
Prestes, Júlio, 71, 73, 132,
133, 242, 310, 330
Príncipe dos Alufás,
ver Assumano Mina do
Brasil, Henrique

R
Rabello, José, 107
Rego, Dario de Almeida, 143
Rei Alberto, 95
Reis, José, 178, 336
Reis, Mário, 120, 323, 324
Reis, Vicente, 96, 100, 316
Rio, Pires do, 73
Rocha, Francisco da, 57, 306
Rocha, Jones, 150, 334
Rodrigues Alves, 337
Rohán, Amadeu, 97, 318
Romeu, João Antonio, 328
Ruiz, Pepa, 97, 319

S
Sacadura Cabral, 177, 336
Sacramento, Paulino do, 110, 323
Sá Filho, Antônio
André de, 121, 326
Salles, Manoel Ferraz
de Campos, 132

Sampaio, Luiz Nunes, 47, 48, 304
Sampaio Corrêa, 12, 150, 334
Sandroni, Carlos, 301
Santo Amaro, Maria de, 134
Santos, Antonio Felício
dos, 97, 318
Santos, Ernesto dos, 35, 39,
40, 56, 57, 104, 106, 110, 113,
117, 147, 151, 153, 159, 192,
291, 300, 309, 313, 333
Santos, Joaquim Francisco dos, 300, 337
Santos, Manuel Pedro
dos, 81, 92, 313
Segreto, Paschoal,
87, 311, 315, 316
seu Xande, 227, 237,
238, 239, 240
Silva, Antônio Marinho da, 92
Silva, Arthur José da, 12, 106
Silva, Germano Lopes
da, 101, 105, 320
Silva, Getúlio Marinho
da, 57, 58, 68, 70, 71, 89, 92,
107, 134, 306, 307, 308
Silva, Hilária Pereira
Ernesto da, 39, 101, 103,
104, 134, 301, 320, 327
Silva, José Barbosa da, 15,
75, 298, *ver também* Sinhô
(Rei do Samba)
Silva, José Constantino
da, 57, 106, 306
Silva, Raymundo, 63, 309
Sinhô (Rei do Samba), 15, 35,
39, 40, 41, 46, 48, 50, 51, 52, 54,
55, 56, 57, 59, 61, 62, 63, 64, 65,
66, 67, 69, 72, 73, 74, 75, 81, 89,
111, 115, 118, 129, 135, 146, 154,

264, 284, 290, 291, 298, 302,
304, 305, 310, 326, 338, 343
Souto, Eduardo, 51, 52,
56, 109, 111, 306
Souza, Benedicto de, 9, 297
Souza, Gaspar Ferreira
de, 97, 99, 318
Souza, Washington Luís
Pereira de, 103, 132

T
Teixeira, Múcio, 96, 97, 99, 316
Teixeira, Patrício, 35,
120, 141, 142, 143, 325
Tenente Camargo, *ver*
Ernani (Sabiá)
Theodoro, Germano
(Massada), 106, 134
Thomaz, J., 12, 113, 147, 153
Tia Ciata, *ver* Silva, Hilária
Pereira Ernesto da
Tia Tereza (Tetéa), 94,
95, 97, 98, 99, 100, 101
Tio Faustino, *ver* Conceição,
Faustino Pedro da

V
Vagalume, 9, 23, 24, 25, 149,
194, 196, 214, 254, 297, 301,
303, 308, 309, 313, 317, 318,
320, 321, 325, 330, 331, 332,
333, 334, 335, 338, 339
Valença, João, 322
Valença, Raul, 322
Valente, Francisco, 97, 319
Valentim, Franco, 13, 106, 107, 159
Valle Junior, Manoel do, 97, 318
Vargas, Getúlio, 292,
297, 305, 310, 327, 330
Vasques, Carlos
(Nôzinho), 12, 116, 324
Vianna, Alfredo, 110, 123,
ver também Pixinguinha
Vicente Celestino, 329

X
Xavier, Dr. Jupiaçara, 107

Z
Ziza, 101, 107
Zuza, 57, 107, 134, 159

Este livro marca a estreia da Editora Serra da
Barriga no mercado editorial brasileiro.
É publicado em 2023, ano em que o Grêmio
Recreativo Escola de Samba Portela – a mais
antiga escola de samba em atividade permanente,
vencedora do primeiro desfile das escolas de samba
do Rio de Janeiro – comemora seu centenário.

Foi produzido na tipologia Bona Nova
e impresso na gráfica Bartira.